经世济民
诚信服务
德法兼修

高等职业教育财经商贸类专业基础课

经世济民 立德树人

新形态一体化教材

现代企业管理（第五版）

主　编　由建勋

副主编　王晓红

中国教育出版传媒集团

高等教育出版社·北京

内容提要

本教材是高等职业教育财经商贸类专业基础课"经世济民 立德树人"新形态一体化教材，历版先后被评为普通高等教育国家精品教材、普通高等教育"十一五"国家级规划教材、"十二五""十三五""十四五"职业教育国家规划教材。

本教材坚持正确的价值观引领，深入贯彻党的二十大精神，落实立德树人根本任务，在现代企业管理理论和实践中全面融入课程思政元素。第五版教材优化了知识体系，体现了数智化时代的企业技术创新、工艺创新及管理创新实践，辅以简明实用、富有时代气息和启发意义的案例，充分展示了近年来我国优秀企业的管理创新实践成果。

本教材共十章，主要内容包括企业与企业管理、企业文化、企业经营战略、市场营销管理、技术创新管理、生产组织与计划、质量管理、企业人力资源管理、供应链管理和企业财务管理。本书构建了科学完整的企业管理框架，以帮助学生更好地掌握企业管理核心理论知识，提升现代企业管理高技能人才的科学管理素养、综合管理技能和实践应用能力。

本教材既可以作为高等职业教育专科、本科院校，应用型本科院校和中职学校财经商贸类专业及其他相关专业的教材，也可以作为企业管理相关岗位从业人员和社会人士的参考用书。

本教材配套开发有微课、动画、视频、教学课件、参考答案等数字化教学资源，以二维码形式标注在书中，供读者随扫随学，具体资源获取方式详见"郑重声明"页的资源服务提示。

图书在版编目（ＣＩＰ）数据

现代企业管理 / 由建勋主编 . -- 5 版 . -- 北京：
高等教育出版社，2024.4
ISBN 978-7-04-061600-2

Ⅰ．①现… Ⅱ．①由… Ⅲ．①企业管理－高等职业教育－教材 Ⅳ．①F272

中国国家版本馆CIP数据核字（2024）第023619号

现代企业管理（第五版）
XIANDAI QIYE GUANLI

策划编辑 贾若曦	责任编辑 贾若曦 刘其芸	封面设计 赵 阳		版式设计 李彩丽
插图绘制 李沛蓉	责任校对 吕红颖	责任印制 高 峰		

出版发行	高等教育出版社	网 址	http://www.hep.edu.cn
社 址	北京市西城区德外大街4号		http://www.hep.com.cn
邮政编码	100120	网上订购	http://www.hepmall.com.cn
印 刷	天津市银博印刷集团有限公司		http://www.hepmall.com
开 本	787 mm×1092 mm 1/16		http://www.hepmall.cn
印 张	17	版 次	2008 年 1 月第 1 版
字 数	410 千字		2024 年 4 月第 5 版
购书热线	010-58581118	印 次	2024 年 4 月第 1 次印刷
咨询电话	400-810-0598	定 价	49.80 元

本教材先后获评普通高等教育国家精品教材，普通高等教育"十一五"国家规划教材、"十二五""十三五""十四五"职业教育国家规划教材，还曾被评为山东省普通高等教育优秀教材一等奖。借本教材第五版出版之际，谨向关心和支持本教材的广大师生和社会读者表示真诚感谢！

自第四版出版以来，企业管理理论及实践发生了很多变化，为及时反映这些变化及企业管理的创新成果，编者对本教材的整体内容作了较大修改与完善。

本教材深入贯彻党的二十大精神，落实《职业院校教材管理办法》和立德树人根本任务，挖掘民族企业管理创新成果，结合数智化时代的企业技术创新、工艺创新及管理创新实践，在用翔实、经典的企业管理案例对管理理论进行精确诠释的基础上，形成了以下鲜明特色：

1. 坚持正确的价值观引领，实现润物无声的育人效果

本教材将党的二十大报告提出的"提升企业核心竞争力""完善中国特色现代企业制度，弘扬企业家精神，加快建设世界一流企业""构建新一代信息技术、人工智能、生物技术、新能源、新材料、高端装备、绿色环保等一批新的增长引擎"等精神深度融入各章相关部分，推动党的二十大精神进企业管理教材、进学生头脑。同时，本教材以正确的价值观引领，深挖课程思政育人元素，将改革创新、诚信经营、遵纪守法、职业道德、社会责任等内容融入教材和配套的动画、微课、视频资源中，实现知识传授、素养提升和能力培养与价值观引领同行，实现润物无声的育人效果。

2. 体例设计思路具有前瞻性，框架结构科学合理

本教材基于长期以来对企业管理发展方向及实践工作需具备的核心知识与能力的深刻洞察，按照"体现先进、彰显创新、立足实用、结合实际、兼顾适应"的原则，将管理理论、创新实践、科学决策与企业家精神有机融合，科学构建起原理与实务密切结合的框架体系，以真实企业管理工作任务驱动教学，帮助学习者树立高素质企业管理人员应具备的系统观念、权变观念、战略观念、创新意识、人本意识和质量意识。

3. "迭代"更新前沿内容，突出"学生中心"

本教材对内容进行了与时俱进的"迭代"更新，将我国优秀民族企业最新的管理实践和管理创新成果融入教材，以通俗易懂的语言、灵动鲜活的展现形式营造乐学情境，吸引学生主动探究，带着问题找解决办法，并

将其内化为自己的管理技能。同时，将企业管理工作规范、要求、文化、标准和方法融入教材，最大限度地做到理论联系实际，使学生通过自主学习实现学以致用。

4. 体现理实一体化的职业教育类型特色，建设类型丰富的数字化教学资源

本教材按照"教、学、研、练、做"的一体化建设理念进行编写，具有鲜明的创新性、实践性、开放性和可读性。为引导学生洞察企业管理，参透企业管理的内在规律，提升数智化时代的管理素质，合理布局结构内容，每章都遵循学习目标（素养、知识、技能三维度）—导入案例（问题导向）—知识研习（内化培养）—课后巩固（考核评价）—实战训练（实践提升）的逻辑结构。同时，设置"管理创新""管理洞察"等栏目，帮助学习者理实结合地掌握企业管理的重点及难点。

本教材与数字化教学资源建设一体化设计，建设有动画、微课等多元化数字资源，并择优以二维码形式标注在边白处，与教材内容有机融合。配套数字化教学资源类型丰富，富有感染力、吸引力，能够引发学生思考，推动自我提升。

本教材由建勋主编，王晓红副主编，孟爱霞、王浩名参编。在本次修订过程中，北汽福田汽车股份有限公司、山东京博物流股份有限公司等合作企业相关管理、技术人员做了大量辅助性工作，高等教育出版社的相关领导和编辑给予了大力支持和帮助，许多用书院校教师也提供了有益的建议，在此一并表示感谢。

由于时间及作者水平有限，书中难免存在不足之处，恳请广大读者批评指正，以使本书日臻完善。

编　者

2023 年 11 月

随着经济全球化进程的加快，我国经济与世界经济的融合程度不断加深，日益开放的国际环境对我国市场经济的发展产生了广泛而深远的影响。新的形势、新的环境对企业的生产技术和经营管理提出了一系列前所未有的挑战，作为国民经济有机体中基本经济细胞的企业，必须顺应社会发展要求，加速产品更新，强化经营管理，提高经济效益，使管理理论与方法更加科学化、现代化，以迎接时代的严峻挑战。为此，本书作者经过大量实际调研，在总结普通高校特别是高职高专院校多年来教学改革经验的基础上，充分吸取近年来高职高专院校教材建设的成功经验，本着为培养基层应用型人才所必备的基本管理技能与素质服务的要求，编写了这本教材。

一、课程学习目标

管理素质、知识与能力，不仅是专业人才业务素质不可或缺的组成部分，而且在市场经济条件下越来越成为各类专业人才发挥其专业技术特长的必不可少的条件。作为实用型高级技术人才，必须在注重专业技术素养形成的同时，提升企业管理素养；注意学习企业管理的成功经验，掌握行之有效的、科学的企业管理理论和方法。

二、课程能力标准

鉴于对人才的要求并不仅仅在于其专业技术能力，而是在于其学习和掌握管理一般理论和技能的能力。学生应了解企业经营管理活动的基本理论和规律，逐步掌握企业现场管理的基本知识和常规方法，具有市场观念、经营观念、效益观念和可持续发展观念，能够选择和把握企业常规管理方式，通晓经济预测和决策的方法以及一般管理规程。

三、课程学习建议

为了充分考虑高等职业教育的特点，突出体现"能力本位"的学习思想，逐步建立起符合人才成长规律的能力养成模式，建议采取以下措施：

1. 学习过程中，注意吸收和借鉴西方较为成熟的管理经验和方法，注重内容的实用与创新。一方面，从基层管理岗位的实际需要出发，注重学习内容的实用性。尽可能地增加对实用知识与技能等内容的学习。另一方面，要注重学习国内外最新管理成果，力求体现国家经济体制改革对企业提出的新要求和已经采取或即将采取的重大举措，做到知识结构合理、思想及行为符合国家产业政策导向。

2. 突出学习的就业导向。为体现"能力本位"思想，在学习过程中要养成与职业教育密切结合的新观念、新方法，不断优化内容体系结构。结合教材内容学习课程的前沿知识、经典案例、管理方法、游戏，深入企业参加实践活动，做到理论与实践相结合。

3. 组织教学过程中，应积极采用现代教育手段。为增加教学的直观性，教学过程中最大限度地采用现代信息技术手段，以增加课时容量，同时在教学中注意将问题的形成背景及国内外发展概况等介绍给学生，培养学生的管理素养、创新精神和综合管理能力以及责任感和使命感。

四、教材编写特色

为满足培养目标的要求，体现企业管理课程的较强实践性特点，在内容体系设计上，本书主要具有以下特点：

1. 内容的实用性。本书根据企业基层管理与技术人员对管理知识与技能的实际需要，对全书框架和内容进行安排与设计。在保证必要的管理基础知识的前提下，特别注重了学生的实际管理技能的培养。

2. 知识的先进性。本书力求突出本学科最新研究成果，一是引进国外前沿理论，如战略管理、团队建设、学习型组织、管理组织创新、成本控制、精细生产、准时生产、CIMS、企业资源计划（ERP）等；二是密切结合我国实际，将我国企业改革过程中具有前瞻性的成功经验引入教材，如现代企业管理制度创新、企业效绩评价、产权制度与治理结构、个人独资公司、2000 版 ISO 9000 质量管理系列标准等新内容；同时又注重介绍我国企业管理实践中形成的新理论、新方法和新经验，以充分体现知识的先进性。

3. 教材模式的特色性。为体现教材的编写目标，体现高职高专教材所应有的实践性特色，本书在总结国内外教学改革和多年编写教材经验的基础上，结合国外同类教材的成功实践，对教材编写模式进行了大胆创新，建立了"启发式"教材编写模式。这种模式的特点是通过介绍一个案例或是一个场景，为学员学习相关内容创造一个极富吸引力的客观背景或管理情景；为便于对知识的理解，增强对概念的感性认识，在内容介绍的过程中穿插一些经典并富有时代气息的简短事例；为便于学生对知识的掌握与巩固，每章精选一个案例，特别是每章最后还设计了模拟实训及实践训练，并具体设计了"实训目标""实训内容与要求""成果与检测"等。总之，本书力求探索一种集讲、读、研、练于一体的新型教材模式，以尽可能适应教师精讲、学生多练、"能力本位"的新型教学方式的需要。

4. 适应对象的兼容性。本书充分考虑了财经类和工科类各专业的需要，使用本书的师生可以根据具体专业情况与相关课程衔接，灵活地加以引申；教材难易程度及内容的取舍充分考虑了职业院校多层次教学的要求。

本书适于高等职业学校、高等专科学校、成人高校及本科院校举办的二级职业学院和民办高校开设企业管理课程的各个专业使用，特别适合作为工商管理、市场营销、物流管理、会计、旅游与饭店管理等财经类专业的专业主干课教材，也可供五年制高职、中等职业学校学生及社会培训参考使用。

参加本书编写的有由建勋（第一、二、三、四、九、十章）、王晓红（第五、六章）、王少峰（第七、八章）。本书成稿后，承蒙山东大学杨学津教授、陈志军教授详细审读，在此深表感谢。限于作者的水平，书中难免存在疏漏和不妥之处，恳请读者批评指正。

作　者
2007 年 10 月

目录

企业与企业管理

学习目标

素养目标

- 树立正确的企业经营"义利"观
- 按照中国特色现代企业制度要求，与时俱进实施组织变革

知识目标

- 了解企业及现代企业制度的概念、特征和内容
- 熟悉企业管理的职能和经营领域的确定方法
- 掌握企业管理组织的形式

技能目标

- 能够根据企业经营状况确定经营领域
- 能够选择适当组织结构形式对中小企业管理组织结构进行创新

思维导图

企业与企业管理

- 企业概述
  - 企业的基本特征
  - 企业的性质
  - 企业组织形式
  - 企业确定经营领域的方法
  - 企业的社会责任
- 企业管理概述
  - 企业管理职能
  - 企业管理的基础工作
  - 企业管理方法
- 企业管理的发展
  - 经验管理阶段
  - 科学管理阶段
  - 现代管理阶段
- 现代企业及其治理结构
  - 现代企业制度
  - 现代企业的组织形式
  - 现代企业治理结构
- 现代企业组织结构
  - 组织结构的内容
  - 组织结构设计的原则
  - 组织结构的形式
  - 组织结构的表现形态
  - 组织结构的变革

学习计划

- 素养提升计划

  _____

  _____

  _____

- 知识学习计划

  _____

  _____

  _____

- 技能训练计划

  _____

  _____

  _____

❖【引导案例】

组织变革赋能企业高质量发展

华为技术有限公司（以下简称华为）能快速成长为世界知名企业，得益于其组织结构变革的成功。

1. 直线制组织结构开局

华为起步时，规模很小，采用小企业普遍采用的直线制组织结构。这种组织结构权责明确、反应迅速，做到正确决策、高效实施，推动企业快速发展。

2. 矩阵制组织结构因势而变

随着员工由最初的 6 人扩张到 800 多人，市场范围遍及全国，电信业进入快速发展期，技术迭代更新加快，华为创建了灵活的矩阵制组织结构：按战略性事业划分的事业部和按地区战略划分的地区公司，形成一个静态结构、一个动态结构和一个逆向求助系统组成的结构。一旦出现具有战略意义的关键业务和新增长点，就建立一个相应的负责部门，迅速抓住机遇。

3. 准事业部矩阵组织结构的持续完善与发展。为适应公司业务快速发展的需要，设计出了一种兼有事业部与矩阵组织优点的准事业部矩阵组织结构：按战略性事业划分的事业部和按地区划分的区域组织的二维结构。事业部包括按产品领域建立的扩张型事业部和按工艺过程原则建立的服务型事业部。区域组织面向客户，在规定的区域市场和事业领域内发展，对利润承担全部责任。华为公司的主体结构则是按专业化原则组织的职能部门，有效支持上述二维基本组织结构的运行。

华为以组织结构为基础，紧密围绕公司战略的调整而变化，保持既动态发展又相对稳定，为企业创新发展提供了根本保证。

【启示】华为从成立至今，历经专业化、多元化、全球化等过程，与之对应的组织结构也经历了直线制、矩阵制、准事业部矩阵组织等多次调整，打造出既动态变化又相对稳定的敏捷、柔性、重型火力的组织模式，集聚起强大的创新能力，赋能华为领先竞争对手，推动了企业高质量发展。

第一节　企业概述

企业是指直接组合和运用各种生产要素（土地、劳动力、资本、技术、数据等），从事商品生产、流通或服务等经营活动，为社会提供产品或服务，以营利为目的的经济组织。企业应当是适应市场经济要求，依法自主经营、自负盈亏、自我发展、自我约束的商品生产经营者，是独立享有民事权利和承担民事义务的法人。

一、企业的基本特征

在市场经济条件下，企业应具备以下基本特征：

（一）商业性

企业作为从事商品（或劳务）生产经营活动的基本经济单位，所从事的活动具有明显的商业性，为卖而买、为交换而生产、为社会消费而生产经营并以营利为目的。这是企业的职业特征。

（二）营利性

从事商业活动且以营利为目的的经济组织是企业；从事商业性活动但不以营利为目的的经济组织不是企业。为深化事业单位内部改革，促进事业单位更快发展，许多事业单位也实行了企业化管理。

（三）独立性

企业作为具有法人资格的经济实体，是依法成立，具有民事权利能力和民事行为能力，独立享有民事权利和承担民事义务的组织。它拥有能够独立支配和管理的财产，并达到法定界限。这是企业的人格特征。

（四）企业是经济组织

企业作为社会经济的基本单位，必须是一个能动的有机体，是社会经济的一个细胞。对外界的刺激有反应，能够自我发展、自我壮大。

企业的特征决定了企业不是行政机关的附属物。相应地，企业也没有行政官员和行政级别，企业的拓展没有行政边界。

二、企业的性质

"公司本质的契约说"理论认为，企业的性质是契约。企业可以看作一个"契约的集合"，企业与用户、供应商之间的市场交易体现为一系列的契约关系，企业内部各部门、各单位及各职员的权利与义务也体现为契约。根据此理论，现代公司通过一系列契约关系，将不同生产要素和利益集团组织在一起，进行生产经营，形成一个"契约关系"（或合同关系）的集合。权利与义务通过契约做出清晰界定，可以有效杜绝市场上的机会主义，降低定制和监督成本，以及由契约引起的搜寻成本、订约成本、履行成本等交易成本。

根据企业的性质，企业的发展是有边界的，当企业内部交易的边际成本等于市场交易的平均成本时，企业发展就达到临界状态。

三、企业组织形式

企业组织形式是指企业进行生产经营活动所采取的组织方式或结构形态。无论何种企业组织形式，都有两种基本的经济权利，即所有权和经营权，它表明了企业内部分工协作与外部社会经济联系的方式，是企业经营管理的基础。

（一）企业组织形式的类型

我国目前主要的企业组织形式有以下三种，前两种又称非公司制企业。

1. 个人独资企业

个人独资企业是指在中国境内设立，由一个自然人投资，财产为投资人个人所有，投资人以其个人财产对企业债务承担无限责任的经营实体。

2. 合伙企业

合伙企业分为普通合伙企业和有限合伙企业。普通合伙企业由普通合伙人组成，合伙人对合伙企业债务承担无限连带责任。有限合伙企业由普通合伙人和有限合伙人组成，普通合伙人对合伙企业债务承担无限连带责任，有限合伙人以其认缴的出资额为限对合伙企业债务承担责任。

3. 公司制企业

公司是指依据《中华人民共和国公司法》（简称《公司法》）登记的营利性法人组织，包括有限责任公司和股份有限公司。

（二）不同企业组织形式的区别

企业组织形式不同，法律地位、责任义务、所得税缴纳方式、企业决策机制也不同：

1. 法律地位不同

个人独资企业、合伙企业没有法人资格，依附于投资人而存在；公司制企业具有法人资格，独立于所有者和经营者而存在。

2. 投资人责任义务不同

个人独资企业投资人、合伙企业普通合伙人对企业债务承担无限责任，即当企业资不抵债时，投资人要以个人财产偿还债务；公司制企业投资人一般仅以其认缴或认购的出资额为限对债权人承担偿债责任。

3. 所得税缴纳方式不同

个人独资企业不缴纳企业所得税，仅按经营所得缴纳个人所得税。合伙人从合伙企业取得的利润，基于对收入的定性按经营所得或股息、红利所得征税；合伙企业合伙人是自然人的，缴纳个人所得税；合伙人是法人和其他组织的，缴纳企业所得税。公司制企业缴纳企业所得税，自然人股东利润分配时还需要就分红所得缴纳个人所得税，如图1-1所示。

4. 企业决策机制不同

个人独资企业经营事项由投资人决定；合伙企业的决策机制按合伙协议约定办理，没有约定时重大事项需全体合伙人一致同意；公司制企业重大事项由股东会决定。

另外，个人独资企业、合伙企业注册名称中不能包含"公司"字样，一般注册为"工作室""中心""事务所"等；一人有限责任公司及上市股份有限责任公司，在年终要聘请会计师事务所进行审计等。

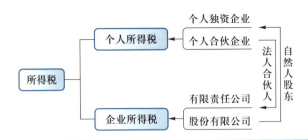

图 1-1 所得税缴纳方式示意图
注: → 表示缴税方向。

选择企业组织形式,要综合考量出资规模、出资目的、经营预期、经营风险和管理能力等因素。经营风险较低的行业,可选择非公司制企业组织形式;而经营风险较高的行业,可选择公司制企业组织形式。

四、企业确定经营领域的方法

经营领域是指企业所从事的行业的业务,它规定着企业在战略期限内的生产范围和市场范围。注重长远发展的企业必须合理地确定自己的经营领域。企业确定经营领域的方法如下:

(一)寻找企业存在的价值和理由

对任何企业来说,市场并不是现成的,任何市场都不是为哪个特定企业准备的。企业必须在广泛的产业联系中,找到自身存在的价值与理由,这样才能找到企业生存与发展的空间,找到发挥自身价值的领域,从而确立自己的市场。企业存在的价值与理由,是能给产业链中某个环节的相关企业,以及最终的消费者或用户创造价值。企业有了存在的价值、理由与依据,就有了对应的目标市场。

(二)明确经营领域

明确经营领域就是要明确企业从事的事业。

企业经营领域的确定,不受产品的品种系列限制,也不受所在的产业限制,而要与市场需求相联系。成功的企业定位使很多企业扭亏为盈,甚至高速发展。拼多多以小城市、县城、乡镇客户作为其经营领域,采用线上拼购的模式,实现了错位竞争。

(三)发挥核心能力

企业的核心能力,是指企业获取、配置资源,形成并保持竞争优势的能力。它包括两个方面:一是企业获取各种资源或技术并将其集成、转化为企业技能或产品的能力;二是企业组织、调动各种生产要素进行生产,使企业各个环节协调一致、高效运转的能力。核心能力是企业确定事业领域的基础,是保持企业可持续发展的内在力量。因此,企业在确定经营领域时,应分析自己最擅长从事什么,自己的优势和劣势各是什么。企业所确定的经营领域应能充分发挥自己的核心能力。

摆脱以具体产品、服务甚至具体业务为中心的思维后再审视企业的核心能力，才会豁然开朗。

五、企业的社会责任

　　《公司法》规定，公司从事经营活动，必须遵守法律、行政法规，遵守社会公德、商业道德，诚实守信，接受政府和社会公众的监督，承担社会责任。企业社会责任是指企业要在实现自身任务、创造利润、对股东和员工承担法律责任的同时，承担对消费者、社会和环境的责任，即企业在追求利润的同时，要关注人的价值实现，以及对环境、消费者和社会做出应有的贡献。

　　企业经济责任和社会责任的动态平衡，可以赋能企业可持续发展。通过技术革新，减少生产活动各个环节对环境可能造成的污染，不仅可以降低能耗及生产成本，节约资源，使产品价格更具竞争力，而且可以提升企业竞争力，树立良好的声誉和形象，提升公司的品牌形象，获得利益相关者对企业的良好印象，增强投资者信心，提升员工的使命感、幸福度及满意度，吸引并留住企业所需要的优秀人才。

肩负社会责任和使命　实现企业可持续发展

作为绿色梦想的坚定实践者，比亚迪积极履行社会责任，坚持以解决问题为导向，以技术创新为驱动，持续通过绿色技术、产品和解决方案，加快二次能源驱动交通体系发展，开发出太阳能、储能电站和电动车，打通能源从获取、存储到应用的全产业链各环节，用电动车治理空气污染、"云巴"治理交通拥堵，构建绿色大交通体系。在全球范围内率先停止燃油汽车生产，打造出中国汽车品牌的首个零碳园区总部。严格执行《中华人民共和国水污染防治法》《中华人民共和国大气污染防治法》等法律法规及《重点行业挥发性有机物综合治理方案》等政策要求，持续运行 ISO14001 环境管理体系，制定规范的环境管理制度，利用工艺源头控制、末端提标治理等方式，有效降低污染物排放。

比亚迪的社会责任不仅体现在绿色生产上，也体现在企业的管理制度和人文关怀上。通过制定一系列供应商管理制度，从劳工标准、职业健康安全、环境管理、贸易安全、反腐败和反商业贿赂等多方面明确了对供应链合作伙伴的社会责任要求。与所有员工签订保密协议，严格保护客户的隐私。建立全员安全责任制，构建保障员工职业健康与安全的长效机制。秉持"科技慈善"的理念，积极参与赈灾救助、教育支持、帮扶弱势群体等慈善公益事业。

【启示】企业作为现代社会的细胞，规模越大，责任越重。比亚迪以更高的社会责任感和社会价值要求自己，通过有效的技术和产品来帮助解决社会发展所面临的问题，在用技术创新满足人们对美好生活的向往，促进社会绿色发展的同时，增进了企业与社会公众的了解与沟通，实现了企业的可持续发展。

第二节　企业管理概述

采用科学的企业管理方法，做好企业管理的基础工作，实现企业管理职能是企业管理的基本目标。

一、企业管理职能

企业管理职能是企业管理者在实施管理中所体现出的具体作用和行动过程。通常管理职能包括计划、组织、领导、控制和创新。

（一）计划职能

计划职能是指企业按照市场需要和自身能力，确定经营思想和经营目标，制订经营计划，实现经营目标的策略、途径和方法的活动。它最基本的特点是预见性，要求对未来一段时间企业内外部环境的变化发展进行推测、估计和判断，事先对实施过程中可能遇到的问题做出正确的规划并形成合理的对策。

（二）组织职能

组织职能是指合理配置和利用各种生产要素，协调企业内部经济活动中发生的各种关系，使企业的人、财、物有机结合起来，使企业的各种活动相互协调起来，形成一个协作系统进行整体运作，以确保企业目标的实现。组织职能一般包括：科学设计管理机构，选择配备管理人员；进行适度分权和正确授权，划分明晰的管理职责；建立科学的人员训练、考核、奖惩和激励制度；进行企业精神培育和组织文化建设，为企业创造良好的组织氛围等。

（三）领导职能

领导职能是指管理者指挥、激励下级，以有效实现组织目标的行为。领导职能一般包括：选择正确的领导方式；运用权威，实施指挥；激励下级，调动其积极性；进行有效沟通等。凡是有下级的管理者都要履行领导职能，不同层次、类型的管理者领导职能的内容及侧重点各不相同。领导职能是管理过程中最常见、最关键的职能。

（四）控制职能

控制职能是指管理者为保证实际工作与目标一致而进行的活动。控制职能一般包括：制订标准、衡量工作、纠正出现的偏差等一系列工作过程。控制职能的基本要求是：①有预见性，尽可能做到事前控制，尽量减少事中和事后纠正；②处理好全面控制和重点控制的关系，使控制活动既有全面性，又能突出重点；③把他人控制和自我控制结合起来；④实事求是，科学合理地使用各种技术经济信息。

（五）创新职能

创新职能是指为适应科学技术的高速发展和日益激烈的市场竞争，企业需要在产品、技术、管理、经营上不断创新，以实现企业的健康、快速发展。华为作为一家高新技术企业，科技创新成效突出，管理创新也走在时代前列。华为通过创新推出了"工者有其股"的制度，让大量员工持有公司的股票，满足了不同阶层的要求和利益，达到一种积极向上的平衡，吸引了五湖四海的人才。在人力资源管理上，华为推行"优胜劣汰"的员工管理方法，促进全员竞争与学习，实现员工持续自我优化。在体制上，华为创建的轮值 COO、轮值 CEO 制度，取得经营上的显著成效。

动画：企业管理创新的要点

上述职能是相互联系和相互促进的。在管理中要协调好各个职能，充分发挥各个职能的作用，以实现管理的目标。

前瞻规划　领跑下一个崭新十年

　　九号科技有限公司（以下简称"九号"），是一家专注于创新短交通和机器人领域的高新技术企业。公司在以"新十年、做自己、领未来"为主题的中国区优秀经销商工作部署会议上，对年度战略规划进行介绍后，宣告"九号新十年"将继续从产品、技术、品牌、服务、产能等诸多维度推陈出新，不断进阶，再度扩大行业领先优势，持续领航，为用户提供更加便捷、有趣的出行体验。公司领导层为公司规划的发展路线是："成为先进制造2.0的科技产品公司，成为以用户价值为导向的创新公司，用面向用户的有效创新来追求蓝海市场。"同时，公司也向经销商传递了下年度的品牌营销组合策略：一方面，持续深耕电竞圈层营销，并与年轻人喜爱的篮球赛事——CUBAL中国大学生篮球联赛达成合作，线上线下全面打通大学生市场；另一方面，线下广告投放持续覆盖全国核心城市的写字楼、地铁和梯媒，线上通过在各大平台实现精准人群巨额营销投放。全面围绕智能化、年轻化、高端化，从用户需求、用户沟通、用户服务出发，持续进化，持续领跑。

【启示】九号站在新十年的新起点上，对未来发展作出前瞻性的规划。持续以改变城市智能短交通为己任，做勇立科技潮头的先行者，通过新技术、新设计、新产品，赋予短交通出行更智能、更舒适、更安全的领先特性，携手经销商合作伙伴一同破局前行，为未来发展打开崭新局面创造条件。

二、企业管理的基础工作

　　企业管理的基础工作，是企业在生产经营活动中为实现企业的经营目标和管理职能所必须做的、必不可少的工作。它主要包括以下六个方面：

（一）标准化工作

　　标准是指为了获得最佳秩序和效益，由权威机构对重复性事物和概念所作的统一规定。标准化是指制订标准和贯彻实施标准的过程。企业的标准化工作是指企业制订和执行各种技术标准和管理标准的工作。技术标准是企业标准的主体，一般包括：基础标准、产品标准、零件标准、原材料及毛坯标准、工艺标准、工艺装备标准、设备使用维修规程、安全与环境保护标准等。管理标准是对企业各项管理职责、程序等所作的规定。

（二）定额工作

　　定额工作是指各类技术经济定额的制订、执行和管理工作。定额是指在一定的生产技术组织条件下，对人力、物力、财力的消耗，利用和占用所应遵守和达到的标准，是用数量和价值形式所做出的界定，如劳动定额、流动资金定额、物资消耗定额、管理费用定额等。

（三）计量工作

　　计量工作是企业用科学的方法和手段，对生产经营活动中的各种数值进行测定，为企业生产、科研、经营管理提供准确数据的工作，包括计量、检验、测试和化验分析等方面的计量技术和计量管理工作。其基本要求是：量具应配备齐全，精度合乎标准，示值清晰；测试方法和测试手段的选择科学合理；量值的传递、量具的修复和数字记录要有严格的制度。

（四）信息工作

信息通常是指由一方传递给另一方的某种消息。管理信息，就是由原始记录、资料、报表、情报等反映出来的有关生产经营活动的消息。信息工作是指信息的收集、处理、传递、储存等管理工作。市场频繁、快速的变化需要信息的动态反馈和及时处理。

（五）基础教育

基础教育是指对企业职工的政治思想、业务技术和技能的教育与培训。企业的发展后劲靠的是人才，人才靠培养，所以企业必须注重教育培训工作。

（六）规章制度

规章制度是指对人们在共同劳动中应当执行的工作职责、工作程序和工作方法所作的规定，是企业全体职工的行动规范和准则。它大体分为三类：基本制度，是指带有全局性、根本性的制度，如企业领导制度；工作制度，是指对企业各项管理工作的范围、内容、程序和方法等所做的规定，如计划、生产技术、劳动、物资、销售、人事、财务管理等工作制度；经济责任制度，是指按照责、权、利相结合的原则，把企业任务（或经营目标）加以分解，层层落实到企业的各部门、各环节及每个职工，并相应地明确各自拥有的权限和利益的制度。责任制度是一切规章制度的核心。

三、企业管理方法

企业管理方法是指企业管理者为实现企业目标，组织和协调管理要素的工作方式、途径或手段。企业管理方法按不同分类标志可以分为不同类型，按作用原理可划分为以下四种：

（一）经济方法

经济方法是指运用经济手段，按照客观经济规律要求，调节各种不同利益主体的经济利益关系的经营管理方法。经济方法主要是通过工资、奖金、罚款、定额管理，以及各种物质利益和经济合同、经济责任等手段进行管理，其主要特点是：

1. 利益驱动性
被管理者是在经济利益的驱使下实施管理者所期望的行动的。

2. 普遍性
经济方法被整个社会所普遍采用。它是管理方法中最基本的方法，也是经济管理领域最重要的方法。

3. 持久性
作为经济管理最基本的方法，经济方法被长期、持久地采用。

（二）行政方法

行政方法是指依靠行政组织，运用行政手段（行政命令、指示、规定等），按照行政方式（根据行政隶属关系运用职责、职位和职权）管理企业的方法。其主要形式有：命令、计划、指挥、监督、检查、协调、仲裁等。其主要特点是：

1. 强制性

行政方法依靠行政权威强制被管理者执行。

2. 直接性

行政方法是采取直接干预的方式进行的，其作用直接、明显、迅速。

3. 垂直性

行政方法反映了明显的上下级行政隶属关系，是完全垂直领导的。

4. 无偿性

行政方法是通过行政命令方式进行的，不直接与报酬挂钩。

强制干预，容易引起被管理者的心理抵触，单纯依靠行政方法很难进行持久的有效管理。

（三）法律方法

法律方法是指借助国家法律法规和组织制度，严格约束管理对象为实现组织目标而工作的一种方法。其主要特点是：

1. 高度强制性

法律方法的强制性大于行政方法。要强化企业的法制意识，严格按规章制度办事，善于运用法律手段保护自己。

2. 规范性

法律方法属于"法治"，而非"人治"，能增强管理的规范性，限制主观随意性。

（四）社会心理学方法

社会心理学方法是指借助社会学和心理学原理，运用教育、激励、沟通等手段，通过满足管理对象社会心理需要的方式来调动其积极性的方法。其主要形式有：宣传教育、思想沟通、各种形式的激励等。其主要特点是：

1. 自觉自愿性

社会心理学方法是通过被管理者内心被激励，而使其自觉自愿去实现目标的方法，不带任何强制性。例如，一家视频会议软件提供商的创始人说，对于公司接到的一些业务，只要告诉员工该项目的重要性，员工就会主动自愿加班做好每一件事，他从来不强求员工加班。对于关心公司利益的好员工，他会主动提出为其发奖金，让他们感觉到为公司做事，领导都心知肚明且会根据其为公司做出的贡献给予回报。另外，公司还会设身处地地在多方面为职工考虑，如设置"父母日"和"子女日"，在这些日子里邀请员工的家人来公司，让员工真切感受到公司领导像家人一样地关心他们，让他们感到既是在为公司工作，又是在为自己工作，企业与员工之间形成水乳交融的关系。

2. 持久性

社会心理学方法是在被管理者的觉悟和自觉服从的基础上形成的，其作用持久，没有负面影响。

经济方法、行政方法、法律方法、社会学心理学方法各有优劣，在实际工作中需要扬长避短，综合运用。同时要提高管理方法的效能，实现管理方法的科学化。

第三节　企业管理的发展

企业管理是工厂制出现以后的产物，至今已有 200 多年的历史。它大体经历以下三个发展阶段：

一、经验管理阶段

经验管理阶段大体上是从 18 世纪末到 20 世纪初，即从资本主义工厂制度出现起，到资本主义自由竞争阶段结束为止，历经 100 多年。这个阶段企业规模不大，生产技术也不复杂，管理工作主要凭个人经验。工人凭自己的经验来操作，没有统一的操作规程；管理人员凭自己的经验进行管理，没有系统的管理理论指导；工人的培养靠师傅带徒弟的传统方式进行，没有统一的标准和要求。经验管理的主要内容是生产管理、工资管理和成本管理。此阶段的管理者只关心和解决如何分工协作，以提高生产效率；如何减少资本耗费，以赚取更多利润等问题。

二、科学管理阶段

科学管理阶段大体上是从 20 世纪初到 20 世纪 40 年代，历经约半个世纪。该阶段主要将过去积累的管理经验系统化和标准化，用科学的管理理论来取代传统的管理经验。主要是以泰罗的科学管理理论、法约尔的一般管理理论，以及韦伯的行政组织体系理论为代表。这些理论对后来企业管理的发展具有重要的作用和影响。

1. 泰罗的科学管理理论

（1）科学管理理论的主要思想如下：

① "经济人" 观点。泰罗认为，每个人都在追求自己的经济利益，资本家追求最大的利润，工人追求最高的工资。于是，形成了两大对立的利益集团。

② 调节不同 "经济人" 之间的矛盾。为了协调劳资双方的矛盾，泰罗提出进行一场 "心理革命"，就是要求人们把注意力从 "分配剩余" 转移到 "增加剩余" 上来。

③ 增加剩余。为了增加剩余，泰罗提出改革过去的经验管理办法，采用 "科学管理" 的方法提高劳动生产率。

（2）科学管理理论的主要内容如下：

① 工作方法的标准化。通过分析研究工人的操作，选用合适的劳动工具和合理的动作，从作业方法到材料、工具、设备和作业环境都实施标准化管理，制定出各种工作的标准操作法。

例如，在伯利恒钢铁公司进行的铁锹试验中，泰罗发现用同一把铁锹铲不同的物料是不合理的。比如铲煤末时，每铲负重是 3.5 磅；而在铲铁矿石时，每铲负重是 38 磅。泰罗通过安排第一流的铲工进行试验后确定，每一铲的合理负重应为 21 磅。泰罗提出应根据不同物料准备 8 至 15 种规格不同的铁锹。

② 工时的科学利用。通过对工人工时消耗的研究，规定完成合理操作的标准时间，定出科学的劳动时间定额。

③ 选择"第一流的工人"。泰罗认为，每种类型的工人都能找到某种工作使他成为"第一流的工人"。"第一流的工人"的含义是对那些愿意努力工作的工人，要为其找出适合的工作，并对他们进行系统、科学的培训，使他们人岗匹配，工作高效。

④ 实行刺激性的付酬制度。这是指要根据实际工作表现支付工资，而不是根据工作类别支付工资。对按标准操作法在规定的时间定额内完成工作的工人，按较高的工资率计发工资，否则按较低的工资率计发工资，以调动工人的积极性。

泰罗建议对完成工作定额的工人，全部工资按正常工资标准的 125% 计酬发放；对完不成工作定额的工人，全部工资则按正常工资标准的 80% 计酬发放。通过这种金钱激励，促使工人最大限度地提高生产效率，而在生产率提高幅度超过工资增加幅度的情况下，雇主也能从"做大的蛋糕"中得到更多的利润。在铁块搬运试验中，每个工人每天平均搬运量从 16 吨提高到 59 吨，工人每天的工资从 1.15 美元提高到 1.85 美元，而每吨生铁的运费则从 7.5 美分下降到 3.3 美分。

⑤ 按标准操作法培训工人，以代替师傅带徒弟的传统培训方法。

⑥ 强调雇主与工人合作的"精神革命"。泰罗认为，雇主和工人都必须来一次"精神革命"，即相互协作，共同为提高劳动生产率而努力。通过劳资双方的真正合作，实现"共赢"。

⑦ 明确划分计划职能与作业职能，让工人尽高效生产之责，管理人员尽组织监督之责，进而逐步发展到管理人员专业化。

⑧ 强调例外管理。企业高级管理人员为减轻处理纷乱烦琐事物的负担，把一般的日常事务授权给下级管理人员去处理，而自己只保留对企业重大事项的决策权和控制权。

除上述几条之外，科学管理理论还包括实行职能工长制等内容。

泰罗对企业管理学的最大贡献是实行各方面工作的标准化，使个人的经验上升为理论，不要单凭经验办事，开创了"科学管理"的新阶段。

2. 法约尔的一般管理理论

1916 年法约尔发表了《工业管理和一般管理》一书，提出了他的一般管理理论。法约尔对管理理论的突出贡献是：从理论上概括出了一般管理的职能，即计划、组织、指挥、协调和控制五项职能。他还根据自己长期的管理经验，提出了实施管理的 14 项原则，即分工、权力与责任、纪律、命令的统一、指挥的统一、个人利益服从整体利益、员工的报酬、集权化、等级链、秩序、公平、职工工作的稳定、首创精神、集体精神，从而把管理科学提高到一个新的高度，使管理科学不仅在工商业界受到重视，而且对其他领域也产生了重要影响。

3. 韦伯的行政组织体系理论

韦伯提出的行政组织体系理论认为，理想的行政组织体系应具有以下特点：组织成员之间有明确的任务分工；上下层次之间有职位、权责分明的结构；组织中人员的任用要根据职务的要求，通过正式教育培训，考核合格后任命；组织成员的任用必须一视同仁，严格掌握标准；管理与资本经营分离，管理者应成为职业工作者，而不是所有者；组织内人员之间的关系是工作与职位关系，不受个人感情影响。

科学管理的局限性主要表现在过分强调管理活动的理论性或科学性，而对人的特性未予足够的重视。

三、现代管理阶段

（一）现代管理阶段的两大学派

尽管现代管理阶段始于 20 世纪 40 年代，呈现出学派林立的繁荣景象，但总起来可分为"管理科学"和"行为科学"两大学派。所谓"管理科学"，是指提倡在管理领域要吸取自然科学和技术科学的新成就，积极采用运筹学、系统工程、计算机等现代科技手段。现代管理理论中的决策理论学派、权变理论学派、系统理论学派和数理学派，均可包括在"管理科学"学派之中。所谓"行为科学"是强调从社会学、心理学的角度，从人际关系和社会环境等方面，研究对企业生产经营活动及其效果的影响。它认为，要处理好人与人的关系，激励人的主动性和创造力，以提高劳动生产率，保证企业获得高利润。

行为科学的早期代表人物是美国学者梅奥。梅奥领导了有名的霍桑试验，并据此对人的本性、需要、动机及行为的规律性，特别是生产过程中的人际关系进行了研究。梅奥的行为科学理论认为：

1. 生产效率主要取决于职工的工作态度和人们的相互关系

管理者不仅要具有解决技术、经济问题的能力，而且要具有与被管理者建立良好人际关系的能力。应力求了解职工行为产生的原因，认识到满足职工各种需要的重要性。要改变传统的领导方式，使职工有机会参与管理，建立和谐的人际关系。

2. 企业中除了"正式组织"之外，还存在着"非正式组织"

企业中的非正式组织是自然形成的，有其特殊的感情、规范和倾向，左右着每个成员的行为。它的存在有利于提高职工的士气，便于彼此沟通，创造和谐的组织气氛，还可以影响到整个正式组织中人们的行为。这就要求管理人员不仅要重视正式组织，还要重视并参加非正式组织，同职工建立感情，以取得职工的协作。

除了梅奥之外，还有许多社会学家和心理学家提出了比较有代表性的理论，如人本主义心理学家马斯洛于 1943 年提出的需要层次理论。他将人的需要从低级向高级发展分为五个层次，即生理需要、安全需要、社交需要、尊重需要和自我实现需要，它们形成一个级差体系。见表 1-1。

表 1-1 马斯洛需要层次表

第五层	自我实现需要	想要取得事业上的成功，实现自我发展目标	心理需要（高层次的需要）
第四层	尊重需要	要求受到尊重，获取名誉	
第三层	社交需要	希望得到友谊	
第二层	安全需要	从长远生存利益考虑希望有安全、稳定的环境	生理需要（低层次的需要）
第一层	生理需要	满足起码的生存条件	

马斯洛认为，人的生理需要位于最低层次，其他需要依次上升，自我实现是最高层次的需要。通常低层次的需要得到满足后，较高层次的需要才会出现，而一种需要一旦得到满足，就会失去动机和行为支配力量，转而由新的占优势的需要起支配作用。

另外，还有赫茨伯格的双因素激励理论以及麦格雷戈的 X 理论和 Y 理论等，这些理论使"行为科学"的内容得到了丰富和发展。

◈【管理洞察】

近年来，随着社会经济形势的发展和一系列新兴科学技术的出现及其在管理中的运用，企业管理理论又出现了一些创新。

1. "人本管理"理论

该理论是指以人为根本的管理思想，即把人作为管理的核心，将对人的管理作为整个管理工作的重心。其核心内容就是对组织系统中所有涉及人的领域的研究。包括运用行为科学，重新塑造人际关系；增加人力资本，提高劳动质量；改善劳动管理，充分利用劳动资源；推行民主管理，提高劳动者的管理意识；建设企业文化，培育企业精神等。

2. "流程再造"理论

该理论是指重新考虑和彻底翻新组织的作业流程，以便在成本、品质、服务与速度上获得戏剧化的改善。其中心思想是强调企业必须采取激烈的手段，彻底改变工作方法。强调企业流程要"一切重新开始"，摆脱以往陈旧的流程框架。

3. "学习型组织"理论

该理论认为，传统的企业类型已越来越不适应现代环境发展的要求，未来真正出色的企业将是能够设法使企业成员全心投入，并有能力不断学习的组织。这种企业由一些学习团队构成，有崇高而正确的核心价值、信心和使命，具有强韧的生命力与实现共同目标的动力；人们胸怀大志，心手相连，脚踏实地，勇于挑战极限及过去的成功模式，不为眼前近利所诱惑。同时，以令成员共同振奋的远大理想以及与整体动态搭配的政策与行动，充分发挥生命的潜能，创造超乎寻常的成果，以便从认真的学习中领悟工作的真谛。

（二）企业管理现代化

1. 管理思想现代化

管理思想现代化要求管理者树立起人本管理、能本管理观念，民主管理观念，服务观念，开拓创新的管理观念，及时准确地捕捉、把握和利用机会的观念，综合型管理模式观念，法制观念，包容与注重双赢的观念，战略管理观念，市场观念，效益观念，信息观念，环境友好观念等。

2. 管理组织现代化

管理组织现代化要求企业的组织形式、管理体制、组织机构、规章制度、人员素质和配备等，能够适应高效率的现代经营管理，顺利与国际商务和国际市场接轨。

紧跟时代步伐　推进管理现代化

韩都衣舍从一家销售额不足 20 万元的淘宝小店，快速崛起为销售额超过 15 亿元的大品牌。其秘诀是采用"阿米巴"小组制模式，即"以产品小组为核心的单品全程运营体系"。每个小组 1~3 人，一个设计师、一个产品页面推广（导购角色），一个货品专员（采购角色），负责供应链组织。所有标准化部分，如客服、仓储、物流、供应链由公司平台提供，形成所有公共资源与服务都为小组做服务和支撑的平台。

每个小组拥有款式设计，确定尺码、库存、基准销售价格、营销活动及打折节奏和深度的权力，每一款衣服都独立核算，小组按照"销售额×毛利率×提成系数"公式进行业绩提成后，按成员贡献进行利益再分配。责权利对等的制度设计使得韩都衣舍一跃成为"互联网快时尚"第一品牌。

【启示】韩都衣舍成功的关键在于其全员参与的"阿米巴"小组制经营模式，调动了每个员工的积极性。这种倒金字塔形的赋能型组织结构，员工围绕客户转，是真正以客户为中心的自主经营管理模式。现代企业要善于重塑管理组织，为员工赋能。

3. 管理方法现代化

管理方法现代化要求在管理工作中综合运用思想教育方法、行政方法、经济方法、法律方法和数字化方法，并在此基础上推广使用和不断探索适应现代经济要求的先进管理技术。

4. 管理手段现代化

管理手段现代化要求在企业管理中，采用各种先进的信息传递、信息处理设备，普遍应用计算机等各种先进的检测手段和显示、监控装置、通信设施和智能化设备等管理手段，提高管理工作的效率。

5. 管理控制现代化

管理控制现代化要求企业通过确立全新的控制标准，建立健全管理信息系统，研发和使用新兴控制原理和技术，建立有效的反馈系统等措施，对管理活动的效果进行校正。

企业管理现代化要求管理人员既要掌握现代经营管理所必需的专业知识和技能，又要头脑灵活，视野开阔，善于交际和不断创新。

第四节　现代企业及其治理结构

现代企业需建立科学的现代企业制度，依据法律法规和企业规章制度形成适合的组织形式和治理结构。

一、现代企业制度

（一）现代企业制度的概念

现代企业制度是指适应社会化大生产的需要，反映社会主义市场经济的要求，以规范和完善的企业法人制度为基础，以有限责任为标志，以公司制为主要形态，以科学管理为保证的企业组织形态、产权安排和治理结构。它包括企业的产权制度、组织制度、领导制度、管理制度、财务会计制度、劳动人事制度，以及处理企业与各方面（政府、投资者、职工、社会各界等）关系的行为准则和行为方式。

（二）现代企业制度的特征

1. 产权清晰

产权清晰是指产权概念清晰、产权边界清晰。首先，要明确企业资产出资者的权利和责任。其次，要有所有权与经营权科学分离的体制，建立经营权对所有权负责的体制，建立所有权对经营权监督、约束体制。

2. 权责明确

权责明确是指出资者与企业法人之间的权利、责任关系明确，并用经营制度和法律来保障。企业内部所有者、经营者以及生产者等利益主体之间关系分明，利益分配合理，既相互制衡，又协同一致。

3. 政企分开

政企分开是指政企职责分开，职能到位。政企职责分开是指国有资产的管理职能和运营职能分开。企业作为市场活动的主体，要按照价值规律、市场经济规律的要求自主组织生产和经营。职能到位则是指政府行使宏观管理职能，但不对企业生产经营活动进行直接干预，只通过经济手段和法律手段对企业的生产经营活动进行调节、引导、服务和监督。

4. 管理科学

管理科学是指在科学的管理思想和管理理念指导下，建立科学、完整的组织结构，并通过规范的组织制度，使企业的权力机构、决策机构、执行机构和监督机构之间职责明确，并形成相互制约的关系。要通过管理创新使出资者、经营者和生产者的积极性都得以调动，行为都受到约束，利益都得到保障，做到出资者放心、经营者精心、生产者用心。

◉【管理洞察】

科学管理出效益

海尔集团（以下简称海尔）规模庞大，为解决传统制造企业的"大企业病"问题，通过持续地管理创新，找到了高质量发展之路：用员工创客化颠覆雇佣制，用客户个性化颠覆产销分离制，用企业平台化颠覆科层制，去掉中间管理层，让有想法的员工以创客精神打造富有活力的小微企业，小微企业作为独立实体，拥有决策权、用人权、分配权，各自根据市场设定目标、制订计划，在企业平台上自主经营和管理，形成一种小微企业持续开发新产品和新服务的创新文化，员工自身价值与用户价值的合二为一，实现全周期、全方位的客户关系管理，驱动利益相关方创造利益、共创共享。

【启示】海尔融合先进管理思想，结合中国国情进行管理创新，作为平台提供者参股小微企业，与小微企业形成股东关系，实行分权化管理，围绕用户需求建立多方共赢的平台生态圈，构建和谐的用户关系模式，实现了其倡导的"人人都是CEO"的经营理念，实现增值共享。

二、现代企业的组织形式

现代企业的典型法律形态是公司制。公司是企业法人，享有法人财产权，并以其全部财产对公司债务承担责任，出资者以认缴的出资额对公司承担有限责任。公司制企业的主要组织形式包括有限责任公司和股份有限公司。企业的组织形式决定了企业的相关性质及地位，是企业运营的基础。为此，企业在成立之初就要明确企业的组织形式。

（一）有限责任公司

有限责任公司是指由法定的一定人数的股东共同出资，股东以其认缴的出资额为限对公司承担责任，公司以其全部财产对其债务承担有限责任的公司。设立有限责任公司，除具备《公司法》规定的条件，在股东共同制定的公司章程中载明相关事项，并由五十个以下的股东认缴出资额外，还要满足以下要求：

一是对以用实物、知识产权、土地使用权等可以用货币估价并可以依法转让的非货币财产作价出资的，应当进行评估作价，核实财产，不得高估或者低估作价。

二是股东应当按期足额缴纳公司章程中规定的各自所认缴的出资额。股东以货币出资的，应当将货币出资足额存入有限责任公司在银行开设的账户；以非货币财产出资的，应当依法办理其财产权的转移手续。

三是公司成立后，发现作为设立公司出资的非货币财产的实际价额显著低于公司章程所定价额的，应当由交付该出资的股东补足其差额；公司设立时的其他股东承担连带责任。

四是公司成立后，应当向股东签发出资证明书，载明公司名称、公司成立日期、公司注册资本、股东姓名或名称、缴纳的出资额和出资日期、出资证明书编号和核发日期等事项，并由公司盖章。

五是置备股东名册，将股东的姓名或者名称向公司登记机关登记；登记事项发生变更的，应当办理变更登记。记载于股东名册的股东，可以依股东名册主张行使股东权利。

六是公司成立后，股东不得抽逃出资。

对于一人有限责任公司和国有独资公司两种有限责任公司的特殊形式，《公司法》也做了特别规定。一人有限责任公司是指只有一个自然人股东或者一个法人股东的有限责任公司。一人有限责任公司应当在公司登记中注明自然人独资或者法人独资，并在公司营业执照中载明。一个自然人只能投资设立一个一人有限责任公司。该一人有限责任公司不能投资设立新的一人有限责任公司。一人有限责任公司的股东不能证明公司财产独立于股东自己的财产的，应当对公司债务承担连带责任。国有独资公司是指国家单独出资、由国务院或者地方人民政府授权本级人民政府国有资产监督管理机构履行出资人职责的有限责任公司。

（二）股份有限公司

股份有限公司是指注册资本由等额股份构成并通过发起设立或者募集设立的方式筹集资本，股东以其所认购股份对公司承担有限责任，公司以其全部财产对公司债务承担责任的公司。股份有限公司可以采取发起设立或者募集设立的方式。发起设立是指由发起人认购公司应发行的全部股份而设立公司。募集设立是指由发起人认购公司应发行股份的一部分，其余股份向社会公开募集或者向特定对象募集而设立公司。其主要法律特征是：

① 发起人数量要符合法定要求。《中华人民共和国公司法》规定，设立股份有限公司，应当有二人以上二百人以下为发起人。

② 公司资本由等额股份构成，每一股份有一表决权。股份可以自由流通。

③ 股东只负有限责任。股东只以其所认购的股份对公司债务承担责任，即债权人只能对公司的资产提出要求，而无权直接向股东起诉。

④ 上市公司必须向社会公开披露财务状况。即上市公司必须依照法律、行政法规的规定，公开其财务状况、经营情况及重大诉讼，在每会计年度内半年公布一次财务会计报告。以保护投资者知情权和投资利益。

⑤ 管理机制健全、规范，有利于形成公司内部的动力机制和激励机制。

三、现代企业治理结构

（一）企业治理结构的含义

企业治理结构又称企业领导制度，是指企业工作机构的设置和企业最高权力的划分、归属、制衡和运行制度。也就是说，企业有哪些最高权力，每一种权力由谁掌管、向谁负责、如何行使，以及各种权力之间的相互关系如何。在企业领导制度中，企业领导权是指通过组织赋予的与其职位、职责相称的，具有法定性质的权力。根据管理者所承担的职责范围，可以将领导权划分为做出决策的权力，为贯彻决策而发出适当命令和指示的权力，以及进行监督的权力，它们分别简称决策权、指挥权和监督权。这三种权力的分合、归属就构成企业领导制度的核心内容，即既要反映生产力的要求，又要符合国家政治体制和经济体制的要求。

（二）现代企业治理结构的形式

现代企业的治理结构，又称法人治理结构。其要求标准是：首先，要给代理人足够的自由，使其能够管理控制公司，发挥其才能；其次，要完善激励与约束机制，保证经营者能从股东利益出发，而不是从个人利益出发来行使权力；最后，要保证股东自由买卖股票的权利，使股东能通过股票市场来左右代理人。

我国的公司治理结构，是通过将决策权、指挥权和监督权三权分立，而形成的股东大会、董事会、监事会和经理层"三会一层"组织结构。其基本组织领导制度为公司董事会领导下的总经理负责制，这种制度按照决策权、经营权、监督权相互分离、相互制约的原则，依据公司章程，由股东大会、董事会及其执行机关、监事会组成公司领导体系（见图1-2）。

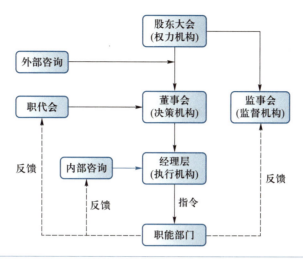

图1-2　现代企业治理结构示意图

1. 股东大会

股东大会由全体股东组成，具有依法管理企业的各项权力。股东大会是公司的最高权力机关，即一切重大人事任免事项和公司重大决策都要得到股东大会的认可和批准方才有效。股东大会委托代理人组成董事会，代表全体股东在股东大会闭会期间行使所有者权力。股东出席股东大会会议，所持每一股份有一表决权。但是，公司持有的本公司股份没有表决权。

2. 董事会及其执行机关

董事会是由董事组成的，设董事长一人，董事长为公司的法人代表，董事由股东和其他方面的代表组成。董事会是公司的经营决策机关，其职责是执行股东大会的决议，决定公司的生产经营决策和聘任或解聘公司经理等。

董事会下设总经理，总经理负责组织实施董事会的各项决议，负责公司的日常经营管理活动，对公司的生产经营进行全面领导，依照公司章程和董事会的授权行使职权，对董事会负责。

3. 监事会

监事会是公司的监督机关，由股东和适当比例的公司职工代表组成，对股东大会负责。监事会依法和依照公司章程对董事会和经理行使职权的活动进行监督，防止滥用职权。

现代企业治理结构作为联结并规范所有者（股东）、支配者（董事）、管理者（经理）、监督者（监事）等相关权力和利益关系的制度安排，为了处理好股东大会、董事会、监事会和经理层之间的关系，在股东大会、董事会、监事会和经理层四者之间应建立相互制衡的有效运行机制。股东大会对董事会是一种委托代理关系，董事会对总经理是一种授权经营关系，而监事会则代表股东对法人财产的受托人（董事会和总经理）实行监督，同时，他们又有各自不同的职权。根据党的二十大报告"完善中国特色现代企业制度，弘扬企业家精神，加快建设世界一流企业"的要求，企业权能在四者之间要合理分配，形成权责分明、相互制衡、运行合理、管理科学的现代企业治理结构。

第五节　现代企业组织结构

在现代纷繁复杂的市场环境中，适应变革是现代组织发展的关键。组织创新是企业管理者的一项重要任务。

组织结构，又称权责结构，是组织内的全体成员为实现组织目标，在管理工作中分工协作，通过职务、职责、职权及相互关系构成的结构体系。

一、组织结构的内容

组织结构具体包括以下内容：

（一）职能结构

职能结构是指完成组织目标所需的各项业务工作及其比例和关系。如企业有经营、生产、技术、后勤、管理等不同的业务职能。各项工作任务都为实现企业的总体目标服务，但各部分的权责关系又不同。

（二）层次结构

层次结构是指各管理层次的构成，又称组织的纵向结构。如按公司机构的纵向层次大致可分为：董事会、总经理、各职能部门。而各职能部门下面又设基层部门，基层部门下面又设立班组。这样就形成了一个自上而下的纵向组织结构层次。

（三）部门结构

部门结构是指各管理部门或业务部门的构成，又称组织的横向结构。如企业设置生产部、技术部、营销部、财务部、人事部等职能部门。

（四）职权结构

职权结构是指各层次、各部门在权利和责任方面的分工及相互关系。如董事会负责决策，经理负责执行与指挥；各职能层次、职能部门之间既相互协作，又相互监督。

二、组织结构设计的原则

企业谋求组织运作的科学有效，需要遵循有关原则。组织结构设计的原则包括：

（一）目标一致原则

企业管理组织设计，首先必须满足实现企业总体经营目标的要求。总体经营目标通过管理组织层层展开，就形成企业内部各级组织机构的目标或任务，直至每一个人都了解自己在总目标实现中应完成的任务，以保证组织目标的实现。

（二）合理管理幅度原则

管理幅度是指一名领导者直接有效地管辖和指挥下属人员的数量。管理幅度的大小取决于多种因素，如领导者的知识能力、经验、工作性质、生产特点以及下级的工作能力、工作性质和分权程度等。一般来说，在一定规模的企业中，管理幅度与管理层次成反比，管理幅度的确定决定了组织的管理层次。管理幅度过大，领导者管不过来；管理幅度过小，则机构层次过多，信息量损失过大，指挥不及时，效率低下。

（三）统一指挥原则

统一指挥是企业经营顺利进行的一个必要条件。统一指挥原则要求每一级生产行政部门或职能部门都只能有一个最高行政主管，统一负责本级的全部工作，每个职位都必须有人负责，每个人都知道他的直接上级是谁，直接下级是谁，并向直接上级负责，向下级传达任务。

（四）集权和分权相结合原则

集权和分权相结合是指要将高层管理者的适度权力集中和放权于基层有机结合起来，做到"集权有道、分权有序、授权有章、用权有度"，即在集中关键权力的同时，要有程序、有步骤地考虑放权。对于授权给什么人、这个人具体拥有什么权力、操作范围有多大、流程是什么样的，都应该有章可循。

微课：企业
要善用分权
管理

（五）权责利相结合原则

职权是人员在一定职务范围内拥有的权力，职责是人员在一定范围内应尽的责任。要在保证管理者权威的前提下，对管理者行使的权限及应承担的责任进行清晰的界定。做到既让职责及权限分明，又让每位管理者在他们负责的领域内都有实质的权力和策略性的位置，完成责任就给予相应的利益，使特长和优势发挥最大化。

（六）专业分工与协作原则

分工就是按照提高管理专业化程度和工作效率的要求，设计部门和确定归属，企业内部管理层次的确定、职能部门的设置，必须正确解决上下左右的分工关系，并明确分工后上下级之间的集权与分权关系，以利于调动下级管理人员的积极性和主动性。由于分工容易产生"隧道视线"，使各部门常常站在自己的立场考虑问题，所以横向协调显得尤为重要。

（七）稳定性与适应性相结合原则

稳定性与适应性相结合原则指的是既要保证组织的相对稳定性，又要在目标或环境变化情况下让组织能够适应或及时调整。

（八）决策执行和监督机构分设原则

为了保证公正和制衡，决策执行机构和监督机构必须分别设置。

（九）精简高效原则

企业在服从组织目标所决定的业务活动需要的前提下，力求减少管理层次，精简机构和人员，充分发挥组织成员的积极性，提高管理效率及工作效率，节约非生产性开支。

三、组织结构的形式

企业的组织结构采取什么形式，应根据企业的生产经营情况和有关方面的管理要求而定。企业组织机构的形式大体有以下七种：

1. 直线制组织结构

直线制组织结构是指企业各级领导直接行使统一指挥和管理职能，不设专门的职能管理机构（如图 1-3 所示）。在直线制组织结构中，上下级职权关系贯穿于组织的最高层到最低层，管理者的职责与职权直接对应着组织目标，指挥链的组织结构简单高效。但是，它要求行政负责人通晓多种专业知识及技能，能够亲自处理各种事务。因此，这种形式只适用于规模较小、生产技术较简单的企业。

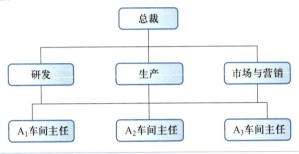

图1-3　直线制组织结构示意图

2. 职能制组织结构

直线制的企业主身兼数职，当企业发展到一定阶段，人员越来越多时，弱点就会表现出来，需要采用职能制。

职能制组织结构是在"直线制"基础上为各级领导者设置职能机构或人员，他们既协助领导人工作，又在各自的职权范围内有权直接指挥下级，如图 1-4 所示。它能适应企业生产技术和经营管理复杂的特点，减轻领导者的工作负担，但容易形成多头领导，削弱统一指挥，不利于建立和考核各级行政负责人和职能机构。

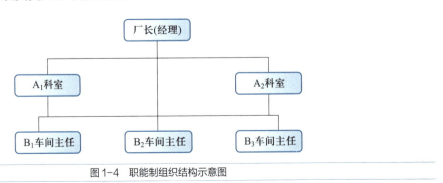

图1-4　职能制组织结构示意图

　　　　　　　　　　　　　　　　　　　　　　　　　现代企业管理

3. 直线–职能制组织结构

直线–职能制组织结构是指在各级领导者之下设置相应的职能机构和人员，分别从事专业管理，如图1-5所示。作为各级领导的参谋或助手，这些职能机构和人员对下级业务职能机构只能进行业务指导，无权进行指挥。这种形式既能发挥职能机构专业管理的作用，又便于领导者统一指挥，避免多头管理。其缺点是各职能单位自成体系，下级缺乏必要的自主权；各个专业职能部门之间的横向联系较差，容易产生脱节和矛盾；企业上下信息传递路线较长，难以适应环境的变化等。这种组织结构形式适合中小规模、产品和技术较简单而稳定的企业。

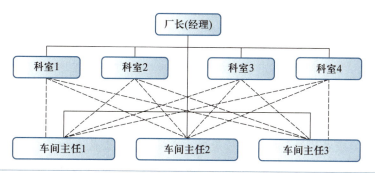

图1-5　直线–职能制组织结构示意图

4. 事业部制组织结构

事业部制组织结构是指按照产品、地区或者顾客划分，并依据划分结果组建的独立组织结构。事业部制有时也被称为产品部式结构或战略经营单位。各事业部统管产品设计、采购、生产和销售活动，并在内部的经营管理上拥有自主性和独立性。事业部既是受公司控制的利润中心，又是产品责任单位或市场责任单位。这种组织结构形式的突出特点是"集中决策、分散经营"，即公司集团决策，事业部独立经营。

各事业部在总公司政策目标和计划的指导和控制下，发挥主动性，并可以根据生产经营活动的需要设置组织机构。事业部制组织结构示意图如图1-6所示。

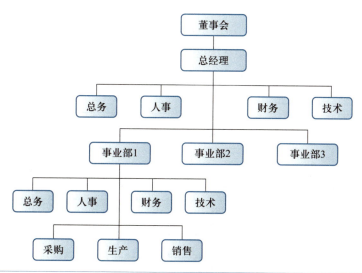

图1-6　事业部制组织结构示意图

事业部制组织结构的优点是：有利于总公司最高领导摆脱日常行政事务，成为真正的决策机构；有利于加强事业部领导者的责任心，发挥其搞好本单位生产经营活动的积极性和主动性，增强适应能力；有利于提高经济效益；有利于培养和考察干部。

事业部制组织结构的缺点是：职权下放过多，容易产生本位主义；各事业部与公司的职能部门之间常出现矛盾，不利事业部之间的横向联系，影响相互协作；职能机构重复设置，管理人员相应增加。一般适用于规模大、品种多、技术比较复杂和市场广阔多变的大型企业。

❀【管理洞察】

长城汽车的"3.0"组织结构

面对汽车新势力的快速崛起，长城汽车总裁指出，"传统车企最大的挑战就是体制、机制、文化的变革"，为此，他提出长城汽车要打造30~40个蔚来、小鹏之类的"创业公司"，以直面用户和市场。此后，诞生了"一车一品牌一公司"的3.0版本组织结构理念。

长城汽车1.0版本的组织结构对应着创业公司时代，合伙人和老板事无巨细，都面向市场，创新性、灵活性、应变能力虽然非常强，但没有后台的支持，缺乏未来资源储备及研究。企业做大后，升级到2.0版本，即以精英管理为代表的职能制组织结构，提升了组织管理能力，也造成了部门割据，部门之间的协同难度增加。而3.0版本是一个极其扁平化，以用户、项目和流程为导向的管理组织结构，是一种组织灵活，强后台、大中台、小前台的组织结构。强后台，是指储备更加前沿的技术；大中台是指商品研发和营销网络等支援部门；小前台是指具体的产品品牌代表。如长城赖以起家的皮卡车，更名为"长城炮"。"炮"品牌以业务单元直面市场及用户。

【启示】3.0版本使长城汽车管理趋于扁平化，面对危机和突发热点能快速决策，抢占先机。企业不仅可以直接与用户对话，让用户参与企业、品牌决策，而且实现了在观念和组织结构上向互联网、数智化趋势进化。

5. 矩阵型组织结构

矩阵型组织结构由纵横两套管理系统叠加在一起组成一个矩阵，如图1-7所示。其中，"纵向"强调的是资源性，来自于部门。

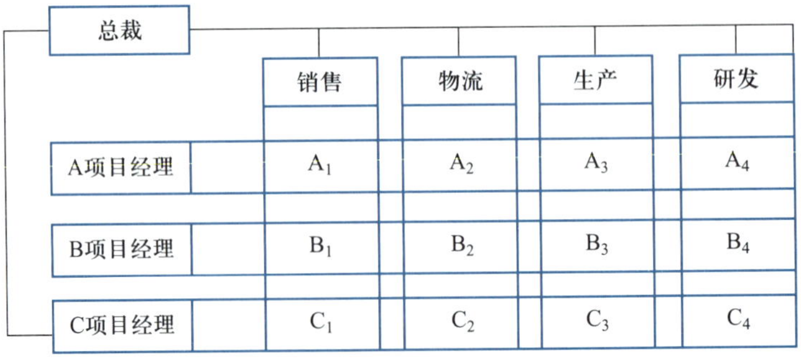

总裁	销售	物流	生产	研发
A项目经理	A_1	A_2	A_3	A_4
B项目经理	B_1	B_2	B_3	B_4
C项目经理	C_1	C_2	C_3	C_4

图1-7　矩阵型组织结构示意图

"横向"强调流程线、项目线、产品线。当环境既要求专业技术知识，又要求每个产品线能快速做出变化时，就可以采用矩阵型组织结构。在矩阵型组织里面，员工将面对"1+*N*"的领导关系："1"是其部门领导，行政线；"*N*"是其项目线、产品线、横向线。矩阵型组织的背后是流程，要忘记部门，构建面向客户自然状态的流程，去快速满足客户需求。在矩阵型组织里，横向的所有工作都是项目运作，包括项目团队的目标、责任、人与人之间的沟通，以及项目化的运作方式、团队的决策机制等，这些都是矩阵型组织运作的关键。

当职能制等其他组织结构均不能很好地整合横向的联系机制时，矩阵型组织往往是较好的选择。

6. 模拟分权组织结构

模拟分权组织结构是介于直线职能制和事业部制之间的组织结构形式。模拟分权组织结构是指模拟地将企业分成若干个相对独立的生产经营单位，并给予尽可能多的生产经营自主权和相应的经济责任，每个单位担负模拟性的盈亏责任，但是不作为利润中心看待，一般也不直接同市场发生联系，各生产组织单位之间按内部转移价格进行经济核算。一般适用于生产规模较大、生产过程具有连续性的大型联合企业。

7. 委员会组织结构

委员会是指执行某方面管理职能并实行集体决策、集体领导的管理者群体。企业中的委员会可以是临时的，为某一特定目的而组织，完成特定任务后即行解散；也可以是常设的组织机构。

❖【管理创新】

小米的委员会组织

小米集团先后组建质量、技术、采购、经营管理和人力资源五个委员会组织。质量委员会的目标直指强化集团的品质管理。技术委员会整合研发投入，提升研发效率，为技术创新创造条件。采购委员会负责整合公司各部门的采购需求，提升采购能力，优化采购流程和效率，提升全品类、全渠道产品采购能力。经营管理委员会统筹管理业务战略、规划、预算、执行及日常业务管理。人力资源委员会统筹管理人力资源战略、制定重大人力资源政策和审批重大组织结构调整及高级干部任免。

四、组织结构的表现形态

组织结构的成果可以用组织图、职位说明书和组织手册的形式表现出来。

1. 组织图

组织图又称组织树，它是用图形的方式表示组织内的职权关系和主要职能。组织图的垂直形态显示权力和责任的关系体系，其水平形态则显示分工与部门化的分组现象。图1-2至图1-7就是组织图的典型形式。

2. 职位说明书

职位说明书用于详细说明职位名称、主要职能、职责、执行此责任的职权和此职位与组织其他职位的关系，以及与外界人员的关系。

3. 组织手册

组织手册通常是职位说明书与组织图的综合，它表示直线部门的职权与职责，每个职位的主要职能及其职权、职责，以及主要职位之间的相互关系。

五、组织结构的变革

企业只有根据战略和目标对组织结构进行与时俱进的变革，才能激活企业，从而适应市场，带动产品、盈利方式的创新，占得发展先机。

（一）扁平化

扁平化是指通过减少管理层次、裁减冗余人员来建立一种紧凑的扁平组织结构，使组织变得灵活、敏捷，提高组织效率和效能。扁平化组织结构的决策周期缩短；创造性、灵活性加强，使士气和生产效率提高；运营成本降低；反应能力和协调能力增强。

（二）网络化

网络化主要表现为企业内部结构网络化和企业间结构网络化。企业内部结构网络化是指在企业内部打破部门界限，各部门及成员以网络形式相互连接，使信息和知识在企业内快速传播，实现最大限度的资源共享。企业间结构网络化包括纵向网络和横向网络：纵向网络是由行业中处于价值链不同环节的企业共同组成的网络型组织；横向网络是由处于不同行业的企业所组成的网络型组织。组织的网络化使各种资源的流向更趋合理化，通过网络浓缩时间和空间，提高企业组织的效率和绩效。

（三）无边界化

无边界化是指企业各部门间的界限模糊化，这更易于消除部门之间的沟通障碍，有利于信息的传送。数智化时代，企业组织越来越没有边界，并产生了大量众包、虚拟团队、内部创业和业务小组、临时团队等组织形式。

（四）柔性化

柔性化是指根据环境变化，调整组织结构，建立临时的以任务为导向的团队式组织。组织的柔性在于"去中心化"、小团队作战，激活员工的潜力，让员工成为自己的"老板"。

（五）虚拟化

虚拟化的企业组织结构是指通过网络技术把现实目标所需的知识、信息、人才等要素联系在一起，组成一个动态的资源利用综合体。虚拟组织的典型应用是创造虚拟化的办公空间和虚拟化的研究机构。

（六）敏捷化

敏捷化是指组织要随时准备应对突然且深刻的变化。数智化时代，企业必须营造一种将改变视为机遇的文化，能在尽可能短的交付时间内交付价值，快速引入新策略并为快速把握新兴机遇做好准备。让资源流向组织中产生更多价值的业务领域，减少流动过程中的消耗，提高流动的速率。

 【管理洞察】

美的"789"组织结构

在互联网时代，一些互联网企业涉足家电产品领域，使家电企业传统的大规模低要素成本商业模式失效。为应对竞争，美的集团股份有限公司（以下简称"美的"）实施"一个美的、一个体系、一个标准"的组织变革，大幅度缩减集团总部职能部门，建立敏捷型组织，形成"789"组织结构，即7个平台、8个职能部门、9大事业部，形成以产品和客户为中心的"小集团、大事业部"组织结构，如图1-8所示。

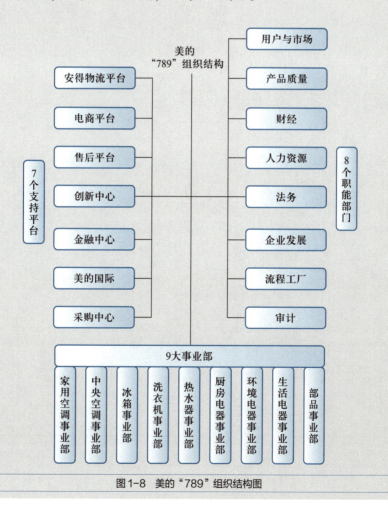

图1-8　美的"789"组织结构图

　　　　　　　　　　　　　　　第一章　企业与企业管理

美的组织结构的9大事业部是经营中心，"7"和"8"主要体现价值传递职能，对经营中心起到支持、服务和协调作用。改革后，前端平台人员拥有较大的自主权和自我判断力，对所有事业部共享，而后端则尊重前端平台人员的提案和决策。

【启示】美的"789"组织结构是企业为应对市场竞争而创建的。该企业组织结构趋向扁平化、网格化，使企业从规模导向转为利润导向。各事业部通过自我检视、突破，针对目标提出各种改进可能及解决思路，各经营单位及职能部门的责任意识、市场反应能力和积极性都得到明显提升。

一、单项选择题

1. 企业是从事商品生产、流通或服务等经营活动，为社会提供产品或服务，以（　　）为目的的经济组织。

　　A. 销售　　　　　　　B. 生产　　　　　　C. 营利　　　　　　D. 企业价值最大化

2. "非正式组织"是（　　）提出的。

　　A. 泰罗　　　　　　　B. 梅奥　　　　　　C. 法约尔　　　　　D. 马斯洛

3. 注册资本由等额股份构成并通过发起设立或者募集设立的方式筹集资本的企业法人是（　　）。

　　A. 有限责任公司　　　B. 股份有限公司　　C. 合资公司　　　　D. 跨国公司

4. 管理幅度与管理层次成（　　）关系。

　　A. 正数　　　　　　　B. 倒数　　　　　　C. 正比　　　　　　D. 反比

5. （　　）组织结构形式适用于规模大、品种多、技术比较复杂和市场广阔多变的企业。

　　A. 直线-职能制　　　B. 矩阵制　　　　　C. 委员会组织　　　D. 事业部制

二、多项选择题

1. 市场经济条件下的企业应具备的特征是（　　）。

　　A. 商业性　　　　　　B. 营利性　　　　　C. 独立性　　　　　D. 企业是经济组织

2. 企业确定经营领域的方法包括（　　）。

　　A. 寻找企业存在的价值和理由　　　　　　B. 明确经营领域

　　C. 发挥核心能力　　　　　　　　　　　　D. 确定企业的性质

3. 企业管理现代化可从（　　）和管理控制现代化等方面展开。

　　A. 管理思想现代化　　B. 管理组织现代化　C. 管理方法现代化　D. 管理手段现代化

4. 现代企业制度的特征有（　　）。

　　A. 产权清晰　　　　　B. 权责明确　　　　C. 政企共管　　　　D. 管理科学

5. 组织结构的变革体现在（　　）柔性化、敏捷化等方面。

　　A. 扁平化　　　　　　B. 网络化　　　　　C. 虚拟化　　　　　D. 无边界化

三、判断题

1. 除了管理四项职能以外，创新也是企业管理的重要职能。（　　）

2. 泰罗提出了"社会人"的观点。（　　）

3. 马斯洛的需要层次理论中提出生理需要位于最低层次。（　　）

4. 现代企业治理结构是决策权、指挥权和监督权三权分立的。（　　）

5. 在"直线制"基础上设置职能科室分别从事专业管理，作为领导的参谋和助手的组织结构形式是职能制。（　　）

四、思考题

1. 企业的经营领域应该如何确定？

2. 简述马斯洛的需要层次理论。

3. 管理组织未来的变革方向是怎样的？请结合你的理解进行阐述。

五、综合实训

1. 实训目的

理解企业经营领域确定的方法，认识现代企业治理结构，学会运用管理组织相关理论分析管理组织结构模式。

2. 实训内容

（1）调查企业经营领域确定的方法。

（2）研究企业治理结构形式。

（3）分析企业管理组织结构模式。

3. 实训组织

（1）按 7~8 人为单位分组，每组选定一名组长负责拟定实训方案。

（2）教师对学生进行参观前的培训，提醒参观注意事项，帮助学生分析方案实施过程中可能存在的问题，并提出解决办法。

（3）老师带领学生进入选定企业参观，听取企业情况介绍，开展座谈。

（4）各小组结合企业发展现状讨论分析企业治理结构，提出改进意见。

（5）以小组为单位填写实训报告，并认真准备展示汇报。

4. 实训考核

（1）各小组提交实训报告，由指导教师批阅，教师根据完成情况评分。

（2）教师选取实训报告写得较好的两个小组派代表向全体同学汇报，教师现场点评。

企业文化

第二章

学习目标

素养目标

- 将企业文化植根于中国传统文化土壤中，体现企业文化的民族性
- 增强文化自信，弘扬中华民族自强不息的民族精神
- 在企业管理过程中坚持以人为本的价值取向

知识目标

- 了解企业文化的概念、构成、特征和功能
- 熟悉企业形象的设计
- 掌握企业文化建设和企业形象优化的基本思路

技能目标

- 能够根据中小企业发展现状引入适当的企业文化
- 能够运用企业形象设计对企业进行形象塑造

思维导图

企业文化
- 企业文化概述
  - 企业文化的概念和构成
  - 企业文化的类型
  - 企业文化的主要内容
  - 企业文化的功能
- 企业文化建设
  - 企业文化建设的内容
  - 企业文化建设的影响因素
  - 企业文化建设的基本理念
- 企业形象的设计与优化
  - 企业形象的概念及其构成要素
  - 企业形象设计
  - 企业形象优化的重要意义
  - 企业形象优化的基本途径

学习计划

- 素养提升计划

_____

_____

_____

- 知识学习计划

_____

_____

_____

- 技能训练计划

_____

_____

_____

用户为本，科技向善

腾讯公司在成立 21 周年之际，将其新的使命愿景升级为"用户为本，科技向善"，公司价值观也更新为"正直、进取、协作、创造"。腾讯将"用户为本"放在使命愿景的首位，只有足够了解用户，满足用户，尊重用户，用户才会成为产品的使用者和支持者。体现出腾讯公司通过创造新的用户价值去实现更大的商业价值，而不以牺牲用户价值为代价去追求短期商业化。早期一些互联网企业贪图短期利益，导致虚假医药与金融欺骗等广告滋生时，腾讯就从"开户审核""广告审核"与"广告巡查"三个环节严格审核，捍卫业务底线，防止损害用户利益。

倡导"科技向善"是因为科技的飞速发展，在带来很多有利因素的同时也带来诸多问题。特别是近几年大数据与人工智能技术的发展，出现一些侵犯用户数据隐私与利用人性弱点牟利的商业模式。对此，腾讯认为应该主动承担更多责任，善用科技，避免滥用，杜绝恶用。如社交与内容产品坚决杜绝色情与低俗；游戏出台防止青少年沉迷的举措；微信的订阅号，拒绝基于算法的机器推荐模式，而是坚持社交推荐模式等。

"正直"与"进取"一直是腾讯的核心价值观。"正直"让腾讯始终做正确的事情，不走歪门邪道；"进取"则是永不满足现状，始终向上生长。将"合作"改为"协作"，是要求员工除了要在双方都有利的领域合作，还要在对"小我"没有直接利益，但有利于"大我"的领域进行热情友善的无私协助。而用"创造"替代"创新"，则要求员工突破现状，实现更多前所未有的创造。

【启示】长期以"用户为本"的经营理念叠加"正直"，使得腾讯"一切以用户价值为依归""关心员工成长"，尊重、信任员工，给员工释放能力的空间，要"科技向善"及以宽广的胸怀去"协作""创造"，促进员工与企业同步成长，企业与员工齐心协力，在服务社会的过程中取得更辉煌的业绩。

第一节　企业文化概述

组织的目的是使平凡的人做出不平凡的事。评价一个企业是否优秀，要看其企业文化能否使每个成员取得他（她）所能取得的最好绩效，能否使每个成员的长处都发挥出来，并利用每个人的长处来帮助其他人取得优异的绩效。

一、企业文化的概念和构成

企业文化有广义和狭义之分。广义的企业文化是指企业在长期发展过程中创造并逐步形成的，能够推动企业发展壮大的，企业所特有的意识形态和物质财富的总和。狭义的企业文化是指企业在一定的社会经济文化环境下，为谋求自身的生存和发展，在长期生产经营活动中自觉形成的，并为绝大多数职工认同信守的共同意识、思想作风、经营宗旨、价值观念和道德行为准则。企业文化作为一个整体系统，是由物质文化层、制度文化层以及精神文化层三个层次构成的。其中，精神文化层为企业文化结构的核心，如图2-1所示。

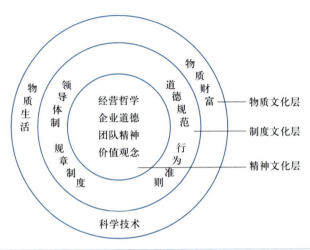

图2-1 企业文化基本框架

（一）物质文化层

物质文化层是指企业环境和企业文化建设的"硬件"，是企业文化结构的表层部分，包括企业开展生产经营活动所需要的基本物质生活、物质财富和科学技术。如厂容、厂貌、机器设备，产品的外观、质量、服务，以及厂徽、厂服等。它是企业精神文化的物质体现和外在表现。

（二）制度文化层

制度文化层是指企业中的习俗、习惯和礼仪，以及成文或约定俗成的制度规范等。它是企业文化结构的中间层部分，是具有本企业文化特色的，为保证企业生产经营活动正常进行所必需的领导体制、各种规章制度、道德规范和行为准则的总和。

（三）精神文化层

精神文化层是指企业在长期活动中逐步形成的，并为全体员工所认同信守的共同意识和观念。它作为企业文化结构的核心层，其内容包括经营哲学、价值观念、团队精神、企业道德等。

1. 经营哲学

经营哲学也称企业哲学，是企业从事生产经营活动的基本指导思想，是对经营活动中发生的各种关系的认识和态度的总和。它由一系列观念组成，主要解决企业为什么生产、为谁生

现代企业管理

产、欺诈还是诚信、应当成为什么样的企业等问题。经营哲学决定了企业文化，如果没有利他性的经营哲学，不能信守合作共赢的理念，或者不去渗透和贯彻经营哲学，企业就不可能具有社会担当，也不可能成为长寿企业。

2. 价值观念

价值观念是辨别是非好坏、尊崇与鄙视、效仿与抛弃的标准。企业价值观是指企业在追求经营成绩的过程中所推崇的基本信念和企业决策者对企业的性质、目标、经营方式的取向所做出的选择，是为全体员工所接受的共同观念。它是企业精神文化层的核心，是把所有员工联系到一起的精神纽带，是企业生存、发展的内在动力，是企业行为规范制度的基础。它能最大限度地调动全体员工的积极性，使其为实现企业目标努力奉献，使其明白企业整体利益是个人价值目标实现的前提。

微课：个人与企业价值观要统一

3. 团队精神

团队精神的核心是协作共进。"协作"是指团队成员分工合作，"共进"是指团队成员共同努力、共同进步。要达成个体利益和整体利益的统一，保证组织高效率运转，就要从团队的角度，营造轻松快乐、积极进取的工作氛围，为团队工作效率提升、工作业绩拓展提供支持，及时将团队的最佳实践提炼成工作标准、工作模板，为员工高效工作提供资源支持库，让员工切实感受到团队的支持，形成团队归属感、荣誉感和自豪感。同时，个人工作作为团队工作中的一环，每个人都要有大局意识，个人利益要服从团队利益，要将"团队精神"寓于新时代"工匠精神"之中。如"复兴号"列车，一列车厢所需的 37 000 多道工序，由众多车间或班组团队协作完成，只有大家都坚守"精益求精的品质精神"，才能保证整体产品的高质量。

4. 企业道德

企业道德是指企业依靠社会舆论、传统习惯和内心信念来维持的，以善恶评价为标准的道德原则、道德规范和道德活动的综合。它作为调节企业与社会、企业与员工、员工与员工之间相互关系的基本准则，包含职业道德和经营道德两个方面。前者要求每个员工养成正确的幸福观和苦乐观；后者要求企业信守合同，讲究信誉，用户第一，善待员工，以及尊重自然规律、保护环境、珍惜节约资源能源等。企业应自觉提高对国家、社会的责任感。

二、企业文化的类型

根据管理实践，通常将企业文化分为以下几种类型：

（一）挑战型企业文化

挑战型企业文化又称强悍型企业文化，是指企业成员具有风险偏好意识，决策果断，不拖泥带水，鼓励内部竞争和创新。企业成员的信念是：做任何事情都追求成功，不允许失败。

（二）柔性企业文化

柔性企业文化又称工作休闲并重型企业文化，这类企业对待工作的信条是：回避风险，随机应变，善于根据企业环境的变化来调整企业内的群体意识。在企业内，不提倡做有勇无谋的冒险家，坚信企业目标的实现必须要齐心协力。因此，在这类企业中更重视团队凝聚力的培养，用团队凝聚力去协调团队成员的行为。

（三）冒险型企业文化

冒险型企业文化强调放眼未来，不拘于一时一事的得失，要在周密分析的基础上孤注一掷。当企业需承担较大的风险时，往往采用冒险型企业文化。高度的容忍力和耐心、坚韧不拔的毅力是冒险型企业文化中的必备要素。

（四）过程型企业文化

过程型企业文化关注某项工作的具体操作程序。企业成员追求技术完善，工作态度认真，强调工作秩序井然。但这类企业在处理管理问题时容易思路狭窄，内部协调比较困难。这种企业文化适用于风险程度较低而工作信息反馈较慢的企业。

三、企业文化的主要内容

企业文化的主要内容包括以下几方面：

（一）最高目标或宗旨

企业的最高目标或宗旨是指企业及全体员工的共同追求。具备明确的"共同的目标"，才能更好地协调员工的步伐，将值得员工追求的崇高理想与其岗位责任联系起来，充分调动员工的积极性和创造性。如果仅仅强调企业股东权益最大化，就无法让员工形成坚定的"协作意愿"。

（二）共同的价值观

企业文化必须反映这个经济组织的价值观、目标、经济效益和实现这些价值的行为准则、组织原则和思维习惯。成功的企业一般都有以下三个共同特点：有明确的最高目标；企业管理部门极为注意塑造和调整企业价值观，使之适应企业的经济和业务环境，并把这种价值观向组织传播；企业中的所有人员都明了并信奉这种价值观。

（三）作风和传统

企业的作风和传统是在长期实践中逐步形成的，体现了企业的最高目标和价值观，并为之服务。在服务过程中，作风和传统会因环境与条件的变化而变化、发展。作为企业文化的一部分，作风和传统对员工具有潜移默化的作用。

❀【管理洞察】

以创业心态激发团队

小米科技有限责任公司（以下简称小米）的创业心态是"热爱"。为持续激发团队的热爱，小米采取了两项措施，一是让员工成为粉丝，二是"去KPI（关键绩效指标考核法）

现代企业管理

化"。每一位小米员工入职，都会领一部工程机，当作日常主机使用；同时每月还可申领几个 F 码（朋友邀请码，在小米网上优先购买），送给亲朋好友。以此让员工及其朋友成为产品品牌的粉丝。没有 KPI 的背后是以用户反馈来驱动开发，从而快速响应市场需求。

为贴近用户，小米研发团队采用三层结构，一层是员工，一层是核心主管，一层是合伙人。研发部门不设正经理、副经理。创业心态促进了研发人员与用户的循环互动，直接快速地响应用户需求。研发人员认真对待用户，换来用户用心对待公司。

【启示】小米以创业心态激发团队，使员工自我驱动，主动面对用户持续创新。在小米企业文化的影响下，不仅公司建立起好的管理制度，而且员工也能做到真正爱自己的产品和用户。小米的探索值得借鉴。

（四）规章制度和行为规范

企业文化的建立离不开规范的管理，由于企业文化中的企业最高目标或宗旨、价值观、作风和传统等"软件"内容往往较为抽象，看不见、摸不着，为了使它们在员工日常行为中得到贯彻，必须制定相应的行为规范和管理制度。通过一定的强制手段，营造由管理作风、管理制度和管理观念构成的管理氛围，并通过各种仪式和庆典强有力地表明企业的宗旨和价值观，增强团队意识，规范并强化员工的共同行为习惯。

◉【管理洞察】

现代企业管理靠制度

华为能快速发展壮大，除了得益于坚强、有力的领导集体及一个有着强大执行力的奋斗群体外，还依赖于公司严格有序的制度。

华为将制度管理贯穿到生产经营的各个环节，用流程把重复、简单、大量的工作"模版化"，通过建立 IPD（产品集成开发）、LTC（收款）和 ITR（售后）三个系统，并用流程 IT 的方式进行固化，实现了从接受客户需求到交付给客户满意产品的端到端跨职能部门的集成管理流程。为了确保流程中各个环节安排得合理与规范，通过"何人、何处、何时"三个问题加以验证和严格把控，一旦发现不合理之处，立即推倒重来，使各个环节保持高效合理的顺序。同时，建立包括控制环境、风险评估、控制活动、信息与沟通、监督五部分在内的内部控制体系，公司发布的内控管理制度规范统一，适用于公司所有流程、子公司及业务单元，确保以极低的内耗促进公司的生产经营与发展。

【启示】成功的结果=制度（规则、职责、流程）+执行（落实、检查、考核），且三分靠制度，七分靠执行。企业走向规范化后，不仅要依靠制度规范生产行为，而且要刚性执行。华为完善的管理制度及刚性贯彻执行，不仅提高了企业的效益，而且推动了企业的发展。

（五）跨文化沟通

现代企业文化不可避免地会受到技术、市场和社会文化的国际化影响。重视"学习型企业"的建设，其实质就在于面对跨文化的经营和管理，必须跨越文化障碍，实现有效沟通。要面向未来，要参与竞争，就要充分重视跨文化沟通，否则就无法取得资源和市场竞争的主动权和优势，即使在顺境中，也容易错失经营良机。

四、企业文化的功能

企业文化具有以下功能：

（一）导向功能

企业文化强调通过对企业中群体共同的价值观念的塑造，从精神上引导员工的心理和行为，使员工在潜移默化中形成共同的价值观念，自觉地向着企业的目标努力，为企业发展贡献智慧和力量。

（二）凝聚功能

企业文化有着把企业成员紧密团结起来，形成统一体的凝聚力量。这种凝聚力的产生，使企业员工之间有更多的共同语言、共同目标、共同精神。员工对企业目标、准则、观念产生认同感、使命感、归属感和自豪感，从而使企业中产生一种强烈的向心力和凝聚力。

（三）激励功能

企业文化有助于激励企业成员培养自觉为企业发展而积极工作的精神。由于强调以人为中心，承认人的价值，尊重人、爱护人，注重对人的思想、行为的"软"约束，从而使全体员工的使命感和责任心进一步增强，能发挥出任何物质资源等硬件所无法比拟的功能和作用。

（四）约束功能

企业用厂风、厂貌等物质文化启发员工，用文化习俗和制度规范等制度文化引导员工，使员工接受企业的价值观念，从而影响员工的个人思想、性格、情趣、思维方式等，提高员工融入集体的主动性，增强员工自我约束、自我控制的意识和能力。

（五）辐射功能

企业文化对企业内外都有着强烈的辐射作用。对内，企业文化通过强烈的感染传播力量对员工产生着影响。员工的来去、职位的调动、甚至领导的更换都难以影响企业文化的固有力量。对外，企业向社会展示自己良好的管理风格、经营状况，以及积极的精神风貌。企业文化对内外的辐射过程中，塑造出的良好企业形象，将赢得顾客和社会的承认与信赖，形成一笔巨大的无形资产。

（六）社会贡献功能

优秀的企业文化可以促使企业在社会责任和企业利润目标，长期利益与短期利益之间做出正确的选择，做到企业与社会之间的互利协调，从而保证企业的顺利发展和员工素质的提高，让企业承担起应有的社会责任，促进社会风气的改善和精神文明的提高，对社会做出综合的贡献。

第二节　企业文化建设

一、企业文化建设的内容

企业文化建设的内容包括：

（一）物质文化建设

物质文化建设的目的在于树立良好的企业形象。其主要内容包括：

1. 塑造产品及品牌文化价值

品牌文化是指通过赋予品牌深刻而丰富的文化内涵，建立独特的品牌定位，利用各种有效的内外沟通方式，获得消费者对品牌精神的高度认可，创造品牌信念，最终形成强大的品牌忠诚度。企业要找准自己的品牌定位，凝练公众认同水平较高的品牌文化理念体系，塑造个性鲜明、触动消费者心弦的品牌形象。

动画：找准品牌定位塑造文化价值

2. 优化厂容、厂貌

厂容、厂貌要能体现企业的个性，设计上要体现合理的企业空间结构布局，工作环境要与人的劳动心理相适应，从而促进员工的归属感和自豪感，有效地提高工作效率。

3. 优化企业物质技术基础

要加大智力投资和对企业物质技术基础的改造力度，使企业技术水平不断提高。

（二）制度文化建设

制度文化建设的目的是使物质文化更好地体现精神文化的要求。其主要内容包括：

1. 确立合理的领导体制

要明确企业的领导方式、领导结构和领导制度，理顺企业中党、政、工、团的关系，做到领导体制的统一、协调和通畅。

2. 建立和健全合理的企业结构

要明确企业内部各组成部分及其相互关系，以及企业内部人与人之间相互协调和配合的关系，建立高效精干的结构，以利于企业目标的实现。

3. 建立和健全企业规章制度

要以明确合理的规章制度规范员工的行为，使员工的个人行动服从企业目标的要求，以提高企业系统运行的协调性和管理的有效性。

（三）精神文化建设

精神文化建设是企业文化建设的核心。其主要内容包括：

1. 明确企业的价值观

企业要将价值观作为生存的思想基础和发展的精神指南，由企业领导者身体力行地宣传贯彻，并渗透到企业日常经营过程中的每个环节，并清晰地传达给社会。

2. 塑造优良的企业精神

企业要在吸收借鉴中外优秀文化成果的基础上，精练概括出企业精神并付诸实施，边实施，边逐步完善，使之成为企业生存和发展的主体意识。

3. 通过宣传培训加以内化

企业文化都要经历一个培育、完善、深化和定型的过程。在这个过程中，企业文化必须经过广泛宣传、反复培训，才能逐步被员工所接受。

二、企业文化建设的影响因素

企业文化建设的影响因素包括：

（一）企业领导者素质

企业领导人不仅是企业文化的重要载体，还是企业文化走势、模式等的设计者和倡导者。根据党的二十大报告"弘扬企业家精神，加快建设世界一流企业"的要求，企业领导者需要具备坚定正确的政治思想素质、广博的文化知识素质、卓越的组织领导素质、高尚的道德品质素质和健康的心理身体素质，做到权衡利弊后果敢决策，知人善任，不断开拓创新。

❀【管理洞察】

小胜凭智，大胜靠德

　　为助力国人实现"牛奶、乳制品自由"，蒙牛创始人筹集到有限的创业资金后，在一间民房里开启了创业之旅。然而，这家不起眼的小企业，竟很快发展成国内领先、世界知名的乳制品企业。其成功的秘籍是创始人"小胜凭智，大胜靠德"的经营理念。为了企业获得更大的成就，应以"德"为标准关怀员工、广纳人才，并与利益相关方合作共赢。

　　蒙牛不仅强化了雇主的品牌意识，还致力于增强员工认同感。为引导员工摒弃"打工心态"，为自己奋斗，遵循"财聚人散，财散人聚"的经营哲学，给员工分配股权；塑造同乐文化——从物质上坚持"共同富裕"，从精神上坚持"共同快乐"；按照"上礼下"的原则经营人心。在用人上坚持"有德有才破格重用，有德无才培养使用，有才无德限制录用，无德无才坚决不用"的原则。

　　在与利益相关方关系处理上，企业坚持诚信经营，与各大合作伙伴构建起相互信任的深度合作伙伴关系。在合作时，不是优先考虑自身利益最大化，而是综合考量利益相关方的盈亏，并将这一思想写入蒙牛创业纲领："股东投资求回报，银行注资图利息，员工参与为收入，合作伙伴需赚钱，父老乡亲盼税收。"蒙牛在经营中对各方利益进行全面考量，实现多方利益共享和共赢的结局，形成有利于企业发展的共生共赢"生态圈"文化。

【启示】现代企业竞争已不再是一个企业与另一个企业的竞争，而是一个生态圈与另一个生态圈的竞争。蒙牛以德为先、讲究诚信，凭借良好的德行聚揽人才，激发员工工作热情；践行"同乐文化"，以物质上的"共同富裕"和精神上的"共同快乐"汇聚人才；以诚信之道经营合作伙伴的心、消费者的心、员工的心，建立起良好的企业形象。

（二）领导方法和领导艺术

领导方法，是指领导者为达到一定的领导目标，按照领导活动的客观规律采取的领导方式和手段。领导者必须掌握基本的领导方法，同时也要掌握各种日常的工作方法，如制定贯彻目标规划的方法、发挥员工效能的方法、安排工作顺序和时间的方法、信息沟通和利用的方法等。

领导艺术，是指领导者在一定知识、经验和辩证思维的基础上富有创造性地运用领导原则和方法的才能。如沟通、激励和具体指导的艺术，用权、待人和理事的艺术等。领导艺术的内容丰富多彩，但存在着某些共有的准则，如：要与人为善；要善于听取不同意见；要相信值得信任的人；对表现好的人，要进行适度表扬；不应在管理人员下属在场的情况下申斥他；不要把下属划分为"好的"和"坏的"，每个人身上的优良品质比不良品质多得多，要善于激发前者，抑制后者。

（三）企业管理的个性

企业管理是一门艺术，战略、结构、制度是刚性的，技能、人员、作风、目标是柔性的。要通过修订并完善企业职业道德准则，强化纪律约束机制，将现代企业制度、科技创新、管理变革、市场开拓、竞争发展等有机结合起来，使遵守企业各项规章制度成为干部职工的自觉行为。做到既倡导温情管理，又防止用温情管理代替理性管理。

（四）历史文化传统

企业文化是社会大文化的亚系统，与社会文化之间有着密切的联系。因此，企业文化必然要受社会大文化的影响和制约。如中华优秀传统文化思想中所体现的价值取向对当代企业文化的形成起着积极作用。

三、企业文化建设的基本理念

企业文化建设的基本理念包括：

（一）精心策划，培育企业理念

企业理念是企业精神的高度概括和理性总结。它是企业的"聚光镜"，照耀着企业前进的方向；它是企业的灵魂，统率着企业的整体行为；它是企业文化的"原子核"，可裂变出精神文化层、制度文化层和物质文化层。因此，企业是否有正确的理念，对于企业的成败影响重大。

（二）树立顾客至上、诚信为本的理念

市场的竞争说到底是争夺顾客的竞争。企业兴衰的命运取决于顾客的选择，只有清楚地了解顾客需求，并满足顾客要求的企业才能获得持续发展。在企业文化建设过程中，要不断强化顾客至上的理念，实行"顾客导向"的经营策略，通过诚信经营将企业产品与顾客融为一体，让顾客产生认同感、归属感、自豪感、怀旧感，培养顾客忠诚的"惠顾"精神。

（三）树立以人为本的经营理念

现代企业产品中凝结了大量的知识和先进技术。掌握住人才，就掌握了企业的最佳资源。以人为本的理念就是把人视为管理的主体，把人和人际关系作为重要的管理内容。在管理过程中，尊重人、理解人、关心人、爱护人，以文化引导人、培育人，提倡团队合作，让理解、信任、支持和默契融入企业文化，形成良好的团队合作氛围，增强员工的归属感和向心力，使员工尽职尽责地进行优质高效产出，实现企业更远大的目标。

🔵【管理洞察】

以人为本　凝聚人心

广州视源电子科技股份有限公司（以下简称视源股份）取得液晶控制板市场世界第一位置的背后，是公司的人性化管理。公司不仅有五星级食堂，还有豪华的宿舍、健身房等休闲设施。公司设施先进，环境以及工作方式自由，员工可以自己决定上班时间，不需要打卡，且工资可以自己定，加班费很高。

尽管公司人工成本很高，但年盈利却超百亿元，控制板市场份额占全球的36%，世界排名第一。行业龙头地位的取得得益于公司拥有的三千多个专利，这些专利开发来源于宽松的企业文化氛围所激发的员工积极性。员工选择最适合自己的职位，得到与自己能力匹配的报酬，在没有压力的环境下加班加点工作，激发了天赋，大幅度提高了工作效率。

【启示】新时代的年轻人追求个性的释放。人性化管理，有利于提高员工主观能动性，促使员工提高工作效能，为企业创造更大的生产力，收获更高的经济效益。视源股份的人性化管理方式，契合了员工需要，实现了企业、员工双赢，非常值得企业管理者借鉴。

（四）树立创新理念

创新是社会进步的动力，是企业获得超额利润的源泉。企业创新大致包括五个方面：一是引入一种新产品，二是采用一种新方法，三是开辟一个新市场，四是获得一种新原料，五是采用一种新的企业组织形式。

企业文化建设是一个极其复杂的系统工程。企业文化建设必须坚持创新理念，要从国情、厂情出发，坚持实事求是，要创造出个性。同时要重视对员工进行创新意识教育并激励他们

创新。在日常培训中，要结合实践对员工进行求异思维、反向思维、替代思维、模仿思维、逆向思维及想象思维等创造性思维的教育，并制订有关政策鼓励员工创新。

第三节　企业形象的设计与优化

企业形象作为企业文化的重要组成部分，是企业文化的展示和表现。企业要在竞争中取得优势地位，不仅要发挥企业文化的导向、凝聚、激励等功能，还要对企业形象进行设计与优化。

一、企业形象的概念及其构成要素

优秀的品牌和企业在市场竞争中取胜的重要法宝之一是用企业形象（Corporate Image，CI）战略支撑起来的、经过长期市场竞争考验的优良的品牌形象和企业形象。要在激烈的市场竞争中占得先机，就必须掌握 CI 战略，创造一种良好的能表现企业经营理念的个性化的企业形象。

企业形象是指社会公众和企业职工通过企业的各种标志（如产品特点、人员风格、行销策略等）形成的对企业的总体印象与评价。其构成要素如下：

（一）产品形象

产品形象是指产品的质量、性能、价格以及设计、外形、款式、名称、品牌、商标、包装和服务等给人的整体印象。产品和服务是连接企业与社会的纽带和桥梁，企业优秀形象的建立，在相当程度上依赖其产品形象。公众对企业的印象，往往首先通过其产品形成，产品形象自然成为建立良好企业形象的关键。

（二）人员形象

人员形象主要表现为企业家形象、管理者群体形象、员工形象。企业家形象是指企业领导人的政治思想水平、知识水平、工作能力、创新精神、气质风度等给外界公众和企业内部职工的印象。它既是企业形象的缩影，也是企业形象建设的关键。企业家的文化素质、战略眼光、能力、魄力、品质、管理风格等都深深地影响着社会公众对企业的评价。管理者群体形象反映了企业管理群体的实力，其阵容及结构也极为重要，它要求企业的管理人才、技术人才、营销人才、专业操作人才、公共关系人才等素质较高，并且结构合理。员工形象主要包括员工的思想觉悟、职业道德、技术水平、文化素质、精神风貌、服务态度、服装仪表、言谈举止以及自觉维护企业形象的行为等。员工形象是反映企业形象不可忽视的方面。

（三）环境形象

环境形象是指企业生产经营和工作生活条件的建设及总体表现。它反映企业的整体管理水平、经济实力和精神面貌，包括企业的生产经营环境、技术条件、生产设备、建筑物式样、装饰涂色、造型、结构、装潢、建筑群的配套结构与布局，以及企业内外的环境布置与绿化等方面。建筑物形象的优化要求能体现企业特色，强化人们对它的印象。例如，天津天士力制药股份有限公司有独特的厂区形象造型：厂区的两个入口由相距150米的"天"字门和"力"字门组成。"天"字门以该公司三角形徽标造型，气势雄伟，高耸入云，寓示天人合一、积极上进的企业理念；"力"字门结构简练，粗犷有力，表现刚毅果敢的奋斗作风；两门之间则是展现古代医家贤士风姿的浮雕墙，即寓意"士"，三者共同构成了"天士力"。

二、企业形象设计

企业形象设计又称企业识别。企业识别系统（Corporate Identity System，CIS）有三个组成部分，即企业理念识别（Mind Identity，MI）、企业行为识别（Behaviour Identity，BI）和企业视觉识别（Visual Identity，VI）。其基本内容是，将企业自我认同的经营理念与精神文化，运用一定的信息传递系统，传达给企业外界的组织或公众，使其产生与企业一致的认同感和价值观，从而在企业内外展现出本企业区别于其他企业的鲜明个性。其目的是能建立良好的企业形象，使企业的产品或服务更易于被消费者认同和接受。

（一）企业理念识别

企业理念是塑造企业形象、构筑独特企业文化的灵魂和核心，包括企业的价值观念、企业文化、精神追求和经营哲学等内容的统一识别。这种统一就是全体员工共同信守，并以此作为规范员工行为的唯一标准，它旗帜鲜明地突出了企业的个性。企业理念识别在具体行为活动中，概括形成具有强大鼓舞性和感染力的宗旨、口号、标语、使命等。

（二）企业行为识别

企业行为识别是指以特定企业理念为基础的企业独特的行为准则，是CIS的动态识别形式，包括对内和对外两个部分。对内就是建立完善的组织管理、职工教育（服务态度、电话礼貌、应接技巧、服务水准、工作精神）、工作环境、生活福利、内部修缮、废弃物处理、公害对策、发展项目与策略研究；对外是指市场调查、产品促销、公共关系、社会活动，以及公益性和文化性等方面的活动。

（三）企业视觉识别

企业视觉识别是指通过组织化、系统化的视觉符号来传达企业的经营特征。它分为基本系统和应用系统两大类。基本系统包括不可随意更改的企业名称、企业品牌标志及其标准字体、标准色、辅助色、企业造型、企业形象图案、宣传标语和口号等。应用系统包括事务用品、办公器具、标志牌、衣着制服、交通工具、产品包装、名片、信函用品、票券及卫生用具等。视觉识别系统是对独特企业形象的传播，是企业理念的具象化，能使社会公众与消费者对企业的基本精神与经营特点一目了然。

走出去的"国家名片"

中国中车股份有限公司（简称中国中车）"以高端装备为核心的全价值创造者"的品牌定位，昭示了其品牌"高端"的市场定位。品牌的庄严承诺落实在以打造受人尊敬的国际化公司为目标，推动产品、技术、服务、资本、管理和系统解决方案全面"走出去"的行动中，坚持用匠心营造，把每道工序、每个零件做精。其口号是"10万个紧固件无松动，万个接线点无差错，千米焊缝无缺陷"。一列时速 350 公里的高速动车组有 10 万多个线路节点，每个接线器上都标有操作者的名字，标志着对产品质量安全责任的庄严承诺。中国中车的英文品牌名称"CRRC"恰好体现了其品牌核心价值，即客户导向（Customeroriented）、负责任（Responsible）、可靠（Reliable）、创造（Creative），表明了对用户永远的承诺。其高端品牌形象，成为国际高端装备行业的推动性力量。地铁车辆产品得到许多国家认可，在为世界提供安全、可靠、高速、舒适、环保的产品和服务的同时，进一步提升了中国智造"国家名片"的含金量。

【启示】中国中车走向世界的一件又一件案例，将品牌效应持续放大，在全球范围内树立了优质、安全、可靠的品牌形象，赢得了世界和用户的尊重与信赖，加快了国际化经营及提升整合全球资源和满足全球需求的能力，承载更多大国品牌应负的责任和担当。

塑造良好的企业形象是增强企业竞争力的有效途径之一，导入 CIS 是一项整体作业，而非临时、短期的企业行为。MI、BI、VI 三者构成了一个有机整体，彼此相互关联、有机统一，共同组成了 CIS 系统。如果把 CIS 战略比做一部性能优越的汽车，那么企业理念就是发动机，企业行为就是底盘和车轮，企业视觉就是外壳，三者相互作用、相互促进，共同构成协调统一的有机整体。成功的 CIS 导入，首先要调动 MI 的各要素去激活企业内部机制——组织管理、制度等，并将它辐射到企业对社会公益活动的参与等方面。

三、企业形象优化的重要意义

企业形象优化可使企业提高整体素质和在市场中的竞争能力，实现企业发展战略。良好的企业形象，能使企业凝聚起强大的市场竞争力，战胜竞争对手，占领市场，获得长期的经济效益，从而实现企业发展战略。因此，良好的企业形象是企业的无形财富和长期保险。

企业形象优化有助于扩大企业知名度，带动企业名牌战略。良好的企业形象对消费者具有强大的吸引力，有助于获得公众的信任，使消费者产生认牌购买行为。因此，企业要讲究商标文化，突出自身文化情调，追求名牌、名人、名厂、名店效应，从多方面创造产品的名牌形象。

企业形象优化有助于获取社会的帮助和支持，增强企业筹资能力，获得投资者、银行等金融机构的信任和支持。良好的企业形象，在企业发展顺利的情况下，可以为其锦上添花；在企业遇到困难的情况下，可以助其从困境中挣脱出来。可以说，具有良好形象的企业，就像拥有众多朋友的人，遇到困难，容易让人伸出友谊之手。

企业形象优化有助于增强本企业员工的荣誉感、自豪感和社会责任感。良好的企业形象可以赋予企业员工一种荣誉感，使他们获得心理上的满足；可以赋予员工一种信念，增强员工的使命感和责任感，自觉地把自己的命运同企业的命运联系在一起；还可以为企业创造吸引人才的有利条件，真正起到"内聚外引"的作用，使企业充满生机和活力。

企业形象优化有助于企业参与国际竞争、振兴民族经济。国际社会公众、媒体和国际消费群体对企业的了解、认识和接受，会对企业国际文化、价值、观念、行为产生积极影响，扩大企业在国际上的贸易往来，使企业的形象与竞争力持续提高。

四、企业形象优化的基本途径

企业形象的塑造和改善，既需要企业决策人员和 CIS 专业人员的策划设计，又需要全体员工积极参与，只有企业全体员工共同为实现企业理想而团结奋斗，才能有效地塑造和改善企业形象。

（一）树立良好的企业信誉

企业信誉是指企业及其产品与服务在社会公众中的受信任程度。信誉是企业的灵魂，是开拓和占领市场的重要资本，是提高竞争力的有效手段。企业信誉的高低与企业形象及营利能力强弱存在着明显的正相关关系。企业信誉度高，才会在社会公众心目中塑造良好的形象，才能对社会公众产生吸引力，增强获利能力。企业在经济交往中要诚实守信、塑造品牌、创立名牌、实行优质服务，杜绝失信和欺诈行为。

（二）提供优质服务

现代企业重视服务的目的，绝不是局限于促销产品，更多的是着眼于塑造良好的企业形象。优质服务声誉的作用不亚于产品、技术和质量。

（三）培育良好的企业精神

塑造良好的企业形象的根本在于培育企业精神。企业内部团结、和谐、融洽、宽松的环境气氛和催人奋发的群体形象是发扬企业团队精神、增强企业内驱力、塑造良好企业形象恒定持久的动力源。

（四）加强公关活动

加强公关活动就是通过与公众的双向沟通，达到恰当展示自身形象，并为公众所接受和热爱的目的，是一项着手于平时努力，着眼于长远打算的经常性、持久性的工作。

（五）吸收和借鉴优秀企业的 CIS 战略的理论和方法

企业形象塑造要与中华优秀传统文化相结合，塑造我国独特的企业形象。在借鉴国外经验时要有鉴别，要具有批判的眼光，防止把一些糟粕的东西作为先进的东西来学习。

（六）要将美育导入企业形象的塑造

企业美育的提出，符合世界文化发展的趋势与潮流，是时代的需要。企业美育和美学的主要特点是以人为本，按照审美方式陶冶员工的思想情操，构建美的企业、美的产品、美的环境，促使员工追求高尚与美好，并由此成为沟通企业目标、企业精神和全体员工的桥梁，把外在的东西变为内在的信念，提高员工队伍的素质，从而使企业处于最佳运行状态。

一、单项选择题

1. 企业文化结构的核心层是（　　　）。

    A. 物质文化层　　　　　　　　　　　　B. 制度文化层

    C. 精神文化层　　　　　　　　　　　　D. 行为文化层

2. （　　　）是企业精神文化的核心，是将所有员工联系到一起的精神纽带。

    A. 经营哲学　　　　　　　　　　　　　B. 价值观念

    C. 团队精神　　　　　　　　　　　　　D. 企业道德

3. 企业中每个员工都要有大局意识，个人利益要服从组织整体利益，并将（　　　）寓于新时代"工匠精神"之中。

    A. 企业价值观　　　　　　　　　　　　B. 企业行为识别

    C. 团队精神　　　　　　　　　　　　　D. 企业宗旨

4. （　　　）形象反映企业的整体管理水平、经济实力和精神面貌。

    A. 物质　　　　　　B. 环境　　　　　　C. 员工　　　　　　D. 产品

5. 塑造良好的企业形象的根本在于培育（　　　）。

    A. 企业精神　　　　　　　　　　　　　B. 企业经营方式

    C. 企业道德　　　　　　　　　　　　　D. 企业经营理念

二、多项选择题

1. 企业文化作为一个整体系统，是由（　　　）构成的。

    A. 物质文化层　　　　　　　　　　　　B. 制度文化层

    C. 精神文化层　　　　　　　　　　　　D. 行为文化层

2. 根据管理实践，通常将企业文化分为（　　　）几种类型。

    A. 挑战型企业文化　　　　　　　　　　B. 柔性企业文化

    C. 冒险型企业文化　　　　　　　　　　D. 过程型企业文化

3. 企业文化建设的影响因素包括（　　　）。

    A. 企业领导者素质　　　　　　　　　　B. 领导方法和领导艺术

    C. 企业管理的个性　　　　　　　　　　D. 历史文化传统

4. 企业形象的构成要素有（　　　）。

    A. 品牌形象　　　　　　　　　　　　　B. 产品形象

    C. 人员形象　　　　　　　　　　　　　D. 环境形象

5. CIS 系统包括（　　　）。

    A. 企业理念识别　　　　　　　　　　　B. 企业行为识别

    C. 企业视觉识别　　　　　　　　　　　D. 企业形象识别

三、判断题

1. 企业文化的功能不包括社会共享功能。　　　　　　　　　　　　　　　（　　）

2. 企业文化建设由外到内包括物质文化建设、制度文化建设和精神文化建设。　（　　）

3. 品牌形象属于产品形象。 （　　）

4. 人员形象主要表现为企业家形象、管理群形象、员工形象。 （　　）

5. 在企业形象塑造和改善过程中，应当注意将企业美育导入企业形象塑造中。 （　　）

四、思考题

1. 企业文化建设应从哪几方面入手？

2. 企业识别系统是怎样构成的？

3. 企业形象优化的基本途径有哪些？

五、综合实训

1. 实训目的

运用企业形象设计的相关理论知识进行企业形象系统的设计。

2. 实训内容

（1）提炼企业理念内涵。

（2）设计简单的企业视觉识别系统。

3. 实训组织

（1）按 7~8 人为单位分组，选定一家初创企业，研究其企业文化。

（2）分组讨论确定该企业视觉识别系统有关的品牌标志和企业形象图案。

（3）以组为单位设计企业形象应用系统要素，制作汇报 PPT。

4. 实训考核

（1）提交实训报告及过程资料，由教师评价，占总成绩的 30%。

（2）小组代表向全体同学汇报，教师现场点评，评选出优秀创意作品，占总成绩的 70%。

第三章 企业经营战略

学习目标

素养目标

- 具有全面、辩证、长远的眼光，将企业发展融入国家发展战略
- 契合国家发展战略改革创新，与国家发展同呼吸、共命运
- 建立科学决策的体制机制，与时俱进地把握时代新机遇

知识目标

- 了解企业经营战略的类型、特征、目标思想和制定策略
- 熟悉企业经营决策的特征、类型和原则
- 掌握企业经营决策的制定方法和技巧

技能目标

- 能够运用定性决策方法进行不确定决策
- 能够熟练运用定量决策方法对企业的常规问题进行决策

思维导图

```
                                    企业经营战略的特征
                                    企业经营战略思想
                    企业经营          企业经营战略方针
                    战略概述          企业经营战略目标
                                    企业经营战略对策

企业经营战略                          企业经营战略的类型
                    企业经营
                    战略体系          企业经营战略的制定与实施

                                    企业经营决策的特征
                                    企业经营决策的类型
                    企业经营          企业经营决策的原则
                    决策             企业经营决策的程序
                                    企业经营决策的方法
```

学习计划

● 素养提升计划

_____

_____

_____

● 知识学习计划

_____

_____

_____

● 技能训练计划

_____

_____

_____

战略决定未来　执行决定成败

　　苏州纳微科技股份有限公司（简称纳微科技）创立之初，基于企业技术团队在材料学上的深厚背景，决定开发一款可以较快获得现金流的微球产品，支撑公司在生物医药领域的研发投入。

　　公司步入正轨后，公司创始人又将目光瞄向了平板显示领域用于控制液晶面板盒的间隔物微球，该产品质量和性能要求高，长期被两家日本公司垄断。纳微科技凭借其技术优势，在短时间攻克技术难关，产品推出后，迅速实现市场导入。入市一年多就获得盈利，实现年收入 2 000 余万元。该项目只花费公司约 10% 的资源，而耗费公司近 90% 的资源研发的生物医药用微球却始终亏损不止。公司高层对未来业务发展出现分歧，多数领导认为应放弃亏损业务，专注于平板显示业务。而创始人却认为：中国 14 亿人口不能没有药，大量需求决定了国内生物医药市场崛起是必然趋势，公司必须抓住机遇，赶在市场充分打开前完成产品研发。由于意见不一，公司重要管理人选择离开，创始人不得不接手公司所有工作，独自带领公司历经十年独创出模板法制造技术，该技术不仅工艺简洁高效，减少了固体废弃物产生，而且降低了设备投资成本，缩短了生产周期，使我国在二氧化硅微球领域实现了从一张白纸到引领者的角色转变。

　　【启示】公司创始人作为专注于产品和研发的科学家，在合作伙伴执意离开后，果敢接手公司管理及市场运营等各方面的工作，坚持在富有前景的生物医药领域持续研发，历经 10 年，从一片空白的业务领域开始，直至成为全球引领者。战略决定未来，执行决定成败。在确保战略正确的情况下，通过创新并坚决贯彻实施，最终获得企业高速发展的机会。

第一节　企业经营战略概述

　　战略这个概念最初只应用于军事领域。从字面上来看，战略是一个复合词，是"战 + 略"，是对战争谋略的简称。直到 1965 年这个概念才开始在企业领域使用，并发挥了非常重要的作用。

　　企业的生存和发展不仅取决于目前的经营状况，而且取决于企业对未来发展做出的总体性筹划。企业经营者必须从更高、更远、更全面的角度来考察企业发展问题，以战略眼光和全局观念把握企业长期发展的趋势，为企业谋求生存和发展。战略已经成为企业发展的重要因素，企业经营已经进入了"战略制胜"的时代。

　　所谓经营战略，是指企业的高层领导为保证企业的持续发展，通过对企业内部条件和外部环境进行全面估量和分析，从企业发展的全局出发做出的较长时期的总体性、综合性、决定性、创造性的谋划和活动纲领。

一、企业经营战略的特征

企业经营战略具有以下特征：

（一）全局性

全局性是指经营战略要从企业全局出发，根据企业总体发展需要而制定。其着眼点是企业的全局发展和总体行动。例如，海信依靠其拥有的市场端、用户端的优势，在高端 LCD、激光显示、LED 显示等方面的先进技术以及在芯片、云服务、人工智能、操作系统等领域的多年布局，为其产品制定了围绕家庭、商用、车载三大应用场景，深耕激光显示、LCD、LED、AR/VR、云服务和芯片六大产业的全场景显示布局战略。彰显了其进一步扩大市场影响力的雄心壮志。

（二）长期性

长期性是指经营战略要着眼于企业的未来，谋求企业的长远发展，关注企业的长远利益，特别是对企业未来较长时期（5 年以上）如何生存和发展的规划。

（三）适应性

适应性是指经营战略要根据企业内部条件和外部环境的变化，适时调整以适应各种变化因素，化劣势为优势，不断寻求新的发展机遇。

（四）竞争性

经营战略谋求的是在未来竞争中与对手的比较优势，因而要保证能充分发挥自己的优势，扬长避短，不断增强自身实力，保证企业的生存发展。例如，阿里巴巴集团以 20 亿美元全资收购了网易旗下跨境电商平台网易考拉。阿里巴巴通过并购网易考拉，不仅可以实现业务深度融合，优势互补，协同发展，还可以在跨境贸易上深度布局，助力海外战略实施。

（五）指导性

尽管经营战略的内容大都是原则性的、概括性的规定，但具有行动纲领的意义，对企业的一切行动都具有指导性作用。

二、企业经营战略思想

企业经营战略思想，是指贯穿企业经营活动全过程的指导思想，它是由一系列观念构成的对经营过程中发生的各种关系的认识和态度的总和。具体包括：

（一）市场观念

市场是企业的生存空间，是企业从事生产经营活动的舞台。因此，市场观念是企业必须树立的首要观念。树立市场观念，就是要求企业以市场为导向，面向市场，适应市场，紧跟市场；要善于创造需求，培育市场，主动开拓并引导市场；研究市场，掌握市场规律，把握和驾驭市场。

（二）用户观念

用户是市场的具体组成部分，是企业直接服务的对象。一个企业拥有用户的多少，直接关系着企业的兴衰。这就要求企业产品开发和项目设计构思不能只考虑少数高收入者，更应考虑大多数中低收入者，努力扩大用户数量。如果企业"眼睛盯着大款大腕"，不仅会助长畸形消费的狂热，而且还会使企业难以了解市场、了解广大消费者，使其经营战略受虚假信号误导。

（三）竞争观念

竞争是商品生产者在商品生产和商品交换过程中为争取生产和销售的有利地位而进行的交锋。在经济全球化时代，市场营销已经趋向国际化、全球化。每个企业在经营中必须树立正确的竞争观念：既要敢于竞争，不怕对手和敢于超过对手；又要善于竞争，讲究策略。例如，华为的经典语录"我们的人生，痛并快乐着""伟大的背后都是苦难"诠释了华为知难而进，力求在竞争激烈的手机市场战胜竞争对手的经营战略。如今，华为不仅能在高端手机市场上和苹果、三星竞争，还能在5G专利技术上和高通、诺基亚等科技公司对抗。成功的竞争观念使其成为中国科技的一张亮眼名片。

（四）创新观念

企业的生命力在于不断创新。企业在经营管理中的创新，既包括开拓新产品、新工艺、新市场及新的经营领域，也包括创造和采用新技术、新经营方式和经营手段，创立新的组织结构形式和领导体制，建立新的经营体制和制度等。

（五）效益观念

效益观念是指企业用尽可能少的劳动消耗与劳动占用，提供尽可能多的符合社会需要的产品或劳务。但企业不能把追求盈利作为唯一的目的，要正确处理和兼顾微观效益与宏观效益、近期效益与长远效益、经济效益与社会效益之间的关系，坚持效益与效率、数量与质量、增产与消耗之间的统一。

（六）战略观念

战略观念是企业经营战略思想的综合体现，居于一切经营观念的统领地位。它要求企业领导者在经营中，既要有争创一流、敢冒风险的战略头脑，做到创新求实、灵活应变，又要具有远见卓识，能够居安思危、审时度势；要善于通过搞好经营战略决策，制订科学的经营战略计划，加强经营战略管理。

聚焦数字安全的战略观

   360 集团创始人发布的内部信强调，将 360 政企安全集团更名为 360 数字安全集团，并提出 360 的未来观、世界观和大局观。内部信强调，企业要把自己放到大时代里看机遇，方向对了投入才有效果。未来三到五年，不主动向网络安全公司转型将无法匹配数字中国战略，会被市场淘汰。内部信宣布了集团战略升级的三项决定：360 政企安全集团升级为 360 数字安全集团，调整组织阵型以保持创新，关键岗位将竞聘上岗；成立城市产业群，引领服务模式变革，为城市打造数字安全能力体系；以服务为核心，继续为中小微企业提供免费 SaaS（Software as a Service，软件即服务）服务。集团创始人称，要以互联网和数字化的基因做安全，对用户负责，做一家"顶天立地"的公司。

【启示】数字化时代的中国，数字安全变得越来越重要。企业只有契合国家发展战略，服务社会，与时代同频共振，才能真正创造新的价值，提升核心竞争力。

（七）资本经营观念

   资本经营观念是指把企业的一切生产要素资本化，即将企业拥有的法定资本和增值资本、固定资本和流动资本、自有资本和借入资本、投资资本和债权资本、有形资本和无形资本等各种形态的资本，都作为可以经营的价值资本，通过优化配置与流动，进行有效经营，以实现资本的最大限度增值。资本经营是现代企业经营战略和管理上的一种高层次运作。通过资本经营可以促进企业资本的合理、有效流动，优化资本结构，实现资本的最大增值。例如，腾讯的投资业务收入是其第二大收入来源。如腾讯曾入股京东，并将自身重金投入数年却没有太大起色的电商业务移交给京东，换来京东大股东权益。此外，腾讯的投资范围很广，如搜狗、拼多多等，对这些公司的投资使其获益甚丰。

三、企业经营战略方针

   企业经营战略方针是指企业在某个时期所采取的全面的经营计划和策略，它是企业经营活动的行动纲领，是贯彻经营思想、解决经营问题的行动指南。它分为经营战略总方针和具体方针两大系列。其中，经营战略总方针是根据企业生产经营中带有全局性或关键性的问题而制定的方针，对企业总体目标的实现具有直接支持作用。具体方针是针对企业生产经营中某一问题而制定的方针，对总目标的实现起间接支持作用。企业经营战略方针通常包括以下基本内容：

（一）确定经营方向方针

   确定经营方向方针是指围绕市场和顾客选择来确定产品的发展方向和服务方向。如可以选择国内市场或是国际市场；可以选择面向农村消费者或是面向城市消费者；可以选择为工业生产提供原材料、设备服务或者是为消费者提供消费品服务等。只有确定正确具体的经营方向，才能有的放矢地做好经营管理工作。

（二）品种发展方针

品种发展方针主要解决产品的品种及其结构问题，促使企业根据市场需要不断推出新品种。

（三）产品质量和价格方针

产品质量和价格方针是指企业要力求做到质优、价廉、交货及时，为用户提供满意的服务。例如，20世纪60年代曾发现过一批保存了几十年甚至百余年的同仁堂中成药，这些药香气浓郁，润而不干，就像是近期制作的一般，其过硬的质量背后是严格的质量管理。在制作成药的过程中，同仁堂严格按照祖训"炮制虽繁，必不敢省人工；品味虽贵，必不敢减物力"行事。店内的中成药，从购进原料、炮制加工到包装上柜要经历上百道工序，每道工序都有严格的标准。所售饮片，均需经过再加工，除去杂质方可销售。

（四）技术发展方针

技术发展方针包括产品技术、工艺技术、设备技术、材料技术和能源技术等多方面的内容。技术发展方针可以采用一般技术，实行物美价廉的中低档产品取胜的方针；也可以采用先进技术，实行优质高档产品取胜的方针。

（五）市场营销方针

市场营销方针包括市场开拓方针、产品销售方针和产品组合方针等。企业应结合自身条件，发挥优势，确定市场营销方针。市场营销方针可以是扩大产量，薄利多销，也可以是发展新品种，保持多样化经营等。

现代企业经营战略方针的制定，要从长远考虑，从企业实际出发，扬长避短，发挥优势，形成自己的经营风格和特色。同时，注意根据企业条件和市场形势的变化，适时地调整和修订经营战略方针。

四、企业经营战略目标

企业经营战略目标是企业生产经营活动在一定时期内预期要达到的成果与水平。它一般用时间、数量、数字或项目表示。从层次上分为总体经营战略目标、中间经营战略目标和具体经营战略目标。

（一）总体经营战略目标

总体经营战略目标是指决定企业长期发展方向、规模、速度的总目标或基本目标。由于各个企业所处的地位不同、经营者的价值观念不同，总体目标又可分为若干个阶梯。第一阶梯包括产值、利润额、销售额等增长目标；第二阶梯包括市场占有率、利润率等目标；第三阶梯的目标是成为本行业的领先企业；第四阶梯的目标是走向世界市场。

（二）中间经营战略目标

中间经营战略目标分为对外目标与对内目标。对外目标包括产品、服务以及其对象的选择、定量化，如产品结构、新产品比例、出口产品比例等；对内目标则是改善企业管理的目标，如设备目标，人员数量、比例目标，材料利用、成本目标等。

（三）具体经营战略目标

具体经营战略目标是指市场和生产销售的合理化与效率目标，如劳动生产率、合理库存、费用预算和质量指标等。

总体经营战略目标制约着中间经营战略目标，中间经营战略目标服务于总体经营战略目标；中间经营战略目标制约着具体经营战略目标，具体经营战略目标服务于中间经营战略目标。这就形成了一个树状的经营战略目标体系。

五、企业经营战略对策

经营战略对策是指为实现经营战略思想和经营战略目标而采取的措施和手段。经营战略对策的制定要满足以下四个要求：

（一）预见性
预见性是指要充分考虑未来可能出现的各种不确定因素，增强对未来事件的适应能力。

（二）针对性
针对性是指对已存在和即将出现的各种问题要找准突破口，寻求最有效的解决办法。

（三）综合性
综合性又称组合性，即对在战略制定实施过程中出现的多种多样的问题，可以采取组合策略，综合各种有效方法，灵活应变。

（四）灵活性
灵活性即根据具体情况和个体问题，随时采用有效的解决办法，避免墨守成规，要具有创新精神和冒险精神。

【管理洞察】

自制与外包相结合　效益与效率双兼顾

华为在终端制造上采用自制与外包相结合的策略，既保持了核心竞争力，又维持了供应稳定性。位于东莞松山湖的华为南方工厂，投资约100亿元，配备先进的生产设备，拥有全球领先的生产工艺和质量控制体系，负责华为终端产品的新产品导入，验证测试，部分高端产品的生产和测试，高精尖制造，以及多品种、小批量生产。华为的终端代工企业有富士康、比亚迪、长城科技等，承接大规模批量生产和技术含量不太高的产品生产，华为计划、制造、物流、品质、研发等部门的工程师常年驻厂，进行管理和生产跟踪。当自制生产出现异常情况时，外包工厂可以作为"备份"迅速替补，确保终端产品的持续稳定交付，既降低了成本，又维持了供应链端的稳定。

因终端业务变化快，技术更迭快，产品需求波动大，为减少市场波动给代工企业造成的反应滞后问题，华为主动与代工企业分享市场信息，让厂商预知产品的需求信息，提前做好相关的生产准备，实现合作共赢。

【启示】华为看清了保持核心生产能力的重要性。聚焦核心制造，选择以本土企业为主的代工企业，形成优势互补的供应链合作形式，既降低了生产经营成本，又扶持了本土民族企业的发展。

第二节　企业经营战略体系

一、企业经营战略的类型

企业经营战略是分层次的。第一层次是企业的总体经营战略，第二层次是企业经营分战略。不同层次之间紧密联系的各种战略构成了企业经营战略体系。

（一）企业总体经营战略

企业总体经营战略是强调站在企业整体高度，所制定的未来长远发展规划，是企业最高层次的战略。它在企业经营战略体系中居于指导地位，是企业各项分战略的指导纲领。企业总体经营战略可按企业所处的环境与市场地位进行划分。

1. 按企业所处的环境划分

根据企业所处的环境不同，企业经营战略可以分为以下三种：

（1）发展型战略。发展型战略是指通过扩大生产经营规模，积极发展多品种经营和实现经营多样化，以促进企业长足发展的一种战略。扩大经营规模表现为对现有产品和市场从深度和广度进行全面渗透和扩大；经营多样化表现为企业利用其规模、技术和资金等优势，开拓新市场、新业务、新产品。发展型战略又进一步分为一体化战略、密集型战略、多元化战略。一体化战略又分成纵向一体化战略和横向一体化战略两种类型。其中，纵向一体化战略又可分为前向一体化战略和后向一体化战略。密集型战略分为市场渗透、市场开发、产品开发三种类型。多元化战略又分成两种类型，一是相关多元化，二是非相关多元化。

（2）稳定型战略。稳定型战略是指企业基本维持现状或仅缓慢增长的战略。在企业已逐步取得优势地位，内部条件和外部环境又没有发生重大变化的情况下，企业往往采取这种致力于改善经营管理、巩固成果、维持现状的战略。这种战略的风险较小，但只能取得短期的成功。

（3）收缩型战略。收缩型战略是指企业从原有的经营领域逐渐收缩，甚至完全退出，另谋出路的战略。企业在原有经营领域中处于不利地位，而又没有能力改变这种局面时，往往采取这种战略。收缩型战略又可进一步分成紧缩与集中战略、转向战略、放弃战略三种类型。

如果企业所处的内外部环境条件有利，一般应选择发展型战略，谋求将企业进一步做大做强；如果企业所处的环境未来不会发生明显变化，一般应选择稳定型战略；如果企业内部条件出现大问题，外部环境出现很多风险，应采用收缩型战略，设法渡过难关后，再谋求进一步发展。

2. 按企业所处的市场地位划分

根据企业所处的市场地位不同，企业经营战略可分为以下四种：

（1）市场领导者战略。大多数行业存在着一家为大众所熟悉的市场领导者。该企业在相同的产品市场上拥有最大的市场占有率。它通常在价格调整、新产品导入、市场覆盖面及促销密度等方面都领导着其他企业。国际市场上有一些较著名的市场领导者，如5G技术领域的华为等。市场领导者战略的核心是使企业保持领导地位。

（2）市场挑战者战略。市场挑战者战略是指向市场领导者发动攻势的战略。市场挑战者大多是在本行业产品的销售额中处于前几名的大公司。实施市场挑战者战略要首先确定战略目标和竞争对手，在进攻中运用"密集原则"，集中优势兵力在关键时刻和地点，向市场领导者发动攻势。在进攻中可以根据市场情况选择正面进攻、侧翼进攻、包围进攻、迂回进攻、游击进攻等策略中的一种或几种策略的组合。

（3）市场跟随者战略。市场跟随者战略是指企业跟随市场领导者行动的战略。实施这种战略的企业具备一定实力，但在某个行业领域缺少具有吸引力的业务领域，难以形成品牌优势，消费者忠诚度偏低。跟随市场领导者是一种"借势"，一旦时机成熟则会转变为市场挑战者。

（4）拾遗补缺者战略。拾遗补缺者战略是指企业专做被大企业忽略或不重视的业务。成为拾遗补缺者的关键是专业化，表现为最终用户专业化、垂直层次专业化、顾客规模专业化、特殊顾客专业化、产品专业化、服务专业化、销售渠道专业化等。

企业可根据某一时期环境的变化，采取某一种战略，或者采用两种甚至多种战略组合，做到有进有退，能进则进，需退则退，不能抱残守缺，陷入被动。

（二）企业经营分战略

企业经营分战略是指企业内部各部门、各单位在企业总体经营战略的指导下所制定的具体战略。企业经营分战略一般包括产品战略、市场战略、投资战略、资源战略、科技发展战略、联合或联盟战略、国际化经营战略和企业形象战略等。

1. 产品战略

产品战略是指企业根据市场、技术、资源、资金等不同因素的变化，决定发展哪些产品，淘汰哪些产品，继续生产哪些产品，并促使产品结构优化和产品更新升级的一种经营战略。

2. 市场战略

市场战略是指企业依据对市场环境变化及发展趋势的分析，对有关市场长期发展方向、发展重点和发展途径所做出的总体谋划。它包括目标市场的选择，市场的开辟、拓展、巩固、渗透方式，市场的进攻与防守等。

3. 投资战略

投资战略是指对有关投资活动所作的全局性谋划。它分为扩大现有生产能力的投资战略、寻求规模经济的投资战略、联合型投资战略、垂直扩张型投资战略。

4. 资源战略

资源战略是指对资源的开发、筹措和利用的总体谋划。它是为实施企业总体经营战略而确定的企业所需战略资源的战略，主要围绕着人力、物力、财力等资源展开，以利于形成科学的资源配置。

5. 科技发展战略

科技发展战略包括确定对产品发展具有举足轻重作用的科技进步目标，决定科学研究的深度，决定由传统技术向现代技术过渡的方式等。

6. 联合或联盟战略

联合或联盟战略是指有密切联系的企业通过联合或联盟方式，形成能够创造竞争优势的伙伴关系。它采取的形式多种多样，既可以是联合性的产品开发，即两家或多家公司共同分担研发和营销新产品的费用；也可以是纵向联盟，即一家公司向另一家公司提供产品或部件，再由后者分销或以它的品牌出售。

◈【管理洞察】

"牛羊"巨头强强联合　多业协同优势互补

内蒙古伊利实业集团股份有限公司（以下简称伊利）通过全资子公司战略入股澳优乳业（中国）有限公司（以下简称澳优乳业）。入股后两家企业在婴幼儿配方奶粉的供应链、渠道、产品布局等方面实现优势互补和高效协同。

（1）"牛＋羊"的业务整合。伊利要实现其"2030年全球乳业第一"的战略目标，奶粉业务最关键。伊利奶粉凭借"IMS全域创新管理体系"获得全球食品行业首个"创新认证"，跻身全球顶尖创新高地。伊利布局羊奶粉、有机奶粉等细分品类，能助力其实现翻倍增长。澳优乳业羊奶粉品牌佳贝艾特是婴幼儿配方奶粉领域的标杆性产品，全球羊奶粉销量第一，同时还掌握着大部分荷兰羊奶资源，垄断全球80%的羊乳清蛋白。面对羊奶粉"新国标"带来的"纯羊时代"，伊利入股澳优乳业，可实现优势互补、多业务协同。

（2）整合打通营养品赛道。伊利正在从乳制品企业向健康食品企业转型。澳优乳业在保健品、益生菌、特殊医学用途食品领域有全方位布局，拥有高端营养和草本配方制造商NutritionCare，还具备稀缺的保健品"蓝帽子"资质，与伊利健康食品战略协同性较强，实现"1+1>2"，有利于伊利打通营养品赛道。

（3）完善国际战略布局。伊利在亚洲、欧洲、美洲、大洋洲等乳业发达地区构建了覆盖全球资源体系、全球创新体系、全球市场体系的战略布局。而澳优乳业则在荷兰、澳大利亚、新西兰等全球"黄金奶源地"完成研发及供应链布局。伊利与澳优乳业联手，可在全球形成15个研发创新中心、13个海外生产基地，产品销往60多个国家和地区，使伊利国际化迈上新台阶。

【启示】伊利与澳优乳业强强联合，不仅会使二者在业务布局、供应链、渠道建设等方面实现优势互补，协同实现自身的更大发展，而且能进一步提高其在国际市场的竞争力。

7. 国际化经营战略

国际化经营战略是指在国外直接投资，发展壮大企业实力，或积极参与国际分工与国际竞争，以出口为导向的战略。例如，三一重工通过收购曾经的老师——普茨迈斯特控股有限公司，获得了梦寐以求的国际顶级品牌，还有其遍布世界110多个国家和地区的销售服务网点，将其国际化进程缩短了5~10年，使其从中国第一大工程机械企业跃升至世界级，成为混凝土机械领域的世界领先企业。

8. 企业形象战略

企业形象战略是指通过企业形象的设计和优化，使公众（包括员工、社会大众、政府机关、社会团体和个人）及消费者产生信赖感和认同感，从而使产品畅销，企业知名度提高，将企业导向高层次、国际化、全方位的发展轨道，达到推动企业发展的目的。

二、企业经营战略的制定与实施

为科学有效地制定和实施企业经营战略，应把握以下步骤：

（一）研究战略规划

战略规划牵扯面很广，需做好以下相关因素分析：

1. 企业外部环境分析

企业外部环境分析是指对制约企业经营活动的外部环境因素及其变化趋势进行调查研究，寻求外部环境对企业发展可能提供的机会，发现潜在的危险和威胁。构成企业外部环境的因素有：

（1）经济因素。经济因素是指国民经济的发展情况，包括利率、通胀率、可支配收入、证券市场指数，以及一般的经济周期等。这些因素的变动，会通过改变企业的供给环境和市场环境来影响企业的经营与决策。由于未来的经济环境难以准确预料，企业在制定发展战略时，往往需要准备几套替代方案，以减少风险，把握成功的机遇。

（2）政治法律因素。政治法律因素是指总的国际形势、国家政治，以及立法和司法现状，包括政治局势、社会制度、党派关系、相关法律法规，以及产业政策等。

（3）社会文化因素。社会文化因素包括社会价值观的变化，以及由此引起的社会成员行为态度的变化和人口数量及结构的变化等。它会对产业结构和规模产生影响。如人口老龄化现象会使原来以青少年为主要服务对象的企业不得不对其产品结构进行调整。

（4）技术因素。技术因素是指目前社会技术总水平及其变化趋势。技术因素具有变化快、变化大和影响面广的特点，有时某些新技术的产生能够引起一场社会性的技术革命，创造一批新产业，同时迫使一批现有产业被淘汰。一些企业正是通过技术优势来保持其竞争优势的。

（5）自然资源因素。自然资源因素包括地理位置、气候、资源、自然灾害、环境污染等因素。一个国家的自然资源和生态环境的变化也会给企业带来发展机会或某种威胁和限制。随着低碳环保政策的深入实施，汽车厂商和电池厂商都在追求低碳化，哪个企业能够实现低碳甚至零碳，哪个企业就更容易得到政策的支持并率先实现规模化发展。

（6）市场因素。市场因素包括顾客和潜在顾客的需求和期望，原材料供应，协作厂家，销售渠道，当前的竞争对手和潜在竞争对手的数量、优势和不足，进入市场的障碍，产品的价格结构，市场对价格的敏感性，产品生命周期的潜在销售量和盈利性等。

2. 企业内部条件分析

企业要具有能够提供满足市场所需的产品和服务的能力。当发现危机，特别是发现威胁之后，企业需要尽早对内部条件进行评审，以便及时弥补企业本身的不足，同时要与竞争对手比较企业的优势和不足。需要评价的企业内部条件包括以下方面：对市场的了解和适当的营销能力；现有的产品和服务；现有的顾客及与顾客的关系；现有的分配和交付系统；现有的供应商网络及与供应商的关系；人力资源情况；管理层的能力、当前工人的技能和积极性、工人必要技能的获取；自然资源的拥有情况及获取能力；当前的设施、设备、工艺及其位置；对特殊技能的掌握；产品和工艺的专利保护；可获得的资金和财务优势。

（二）确定分阶段经营目标

企业分阶段经营目标要求把总体经营战略目标分解成各个阶段性的短期目标，明确规定什么目标，到什么时候完成到什么程度，要做到便于实施、利于检查。分阶段目标必须是具体的、定量的、有时间限制的。在制定时要注意前后阶段目标之间的衔接，以及同一阶段不同目标之间的平衡，使分阶段目标之间不至于产生矛盾。

（三）制订具体行动计划

具体行动计划是一个企业为追求其总目标，而对相应行动作出的具体安排。其内容包括行动时间、地点、方式、工具、具体行动方向和目标、参与人员等。企业具体行动计划不是一成不变的，可以根据实际情况，在经营战略指导下，随时加以调整和修正。行动计划通常由各职能部门贯彻和落实，因而需要与各职能部门的职能战略相协调。

（四）科学地配置资源

企业要实现经营战略目标必须有相应资源做保证。对任何企业的任何发展阶段而言，资源都是有限且需要合理配置的，如果配置不合理，就会造成资源浪费，也会影响经营战略的有力实施。因此，在资源配置中，应当通过分析人力资源、物力资源、财力资源和时间、信息等各种资源的特点，把握其规律，寻找科学合理的配置方案，并且要明确指出对各种不同行动计划的资源配置的优先程度。

（五）制订应变计划

所谓应变计划是指企业通过对经营战略实施时可能发生的有利或不利事件的预测，以及一些可能采取的对策措施等来制订的具体计划。它必须保证环境出现突然变化时，企业能够立即做出反应，利用环境带来的机会，避免因事先估计不足，对企业造成损害。制订应变计划时应思考的内容包括：倘若某些假设或预测是错误的，会给企业带来多大的损失？企业该如何处置这种情况？要对原先的总经营目标、分阶段经营目标、经营战略和策略进行怎样的修改？实施哪些应变计划，需要采取哪些行动？变更后的行动计划将使企业达到什么样的分阶段经营目标和总经营目标？企业在什么时候应放弃一项经营战略而根据实际情况选用另一项经营战略？如何判断需要实施应变计划的特殊"转折点"？

（六）进行战略控制

战略控制的作用在于检查工作是否按既定的谋略、计划、标准和方法进行，准确地把握和分析偏差，并及时、有效地进行纠偏，以确保经营战略顺利实施。

第三节 企业经营决策

现代经营管理理论认为，管理的重心在经营，经营的重心在决策。科学的经营决策是现代企业管理的关键。

一、企业经营决策的特征

企业经营决策是指管理者为实现企业目标，在充分掌握市场信息的基础上，运用科学理论和方法从若干个可行性方案中选择或综合得出最优方案，并加以实施的活动总称。科学的企业经营决策一般具备以下几个特征：

1. 目的性

目的性是经营决策的出发点和归宿，是解决经营决策中各种问题的依据。为了使经营决策不致失误，在进行决策前必须对相应的业务有清晰和明确的目的，否则，将容易被形似轰轰烈烈的业务引入误区。

2. 选择性

选择性是指进行经营决策时要有不少于两个的备选方案。例如，当安卓系统不再支持华为的应用时，华为因很早就有自主研发的鸿蒙系统的决策预案而转危为机。

3. 过程性

过程性是指经营决策是一个将部署谋划、比较分析、拍板定论和组织实施串联在一起的全过程。方案的提出和论证是科学决策的基础。

4. 未来状态

未来状态是指经营决策时面临的各种未来的客观情况。

5. 风险性和灵活性

企业的经营环境处于不断变化之中，这就要求领导者必须有敢冒风险的精神。同时，面对瞬息万变的市场环境，企业还应当具有相应的灵活性，将风险降到最低。

二、企业经营决策的类型

企业经营决策的类型见表 3-1。

表 3-1 企业经营决策的类型

经营决策分类标志	类型	主要内容
按在企业经营中的地位不同分类	战略决策	对长期、全局的方针和发展中至关重要问题的决策
	战术决策	实现战略目标的方式、途径、措施的决策
	业务决策	为了提高日常业务活动效率而做出的决策
按时间长短不同分类	中长期决策	一般为 3~5 年，甚至时间更长
	短期决策	一般在 1 年以内
按制定决策的层次不同分类	高层决策	企业高层管理人员作出的决策
	中层决策	企业中层管理人员所作出的决策
	基层决策	企业基层管理人员所作出的决策
按重复程度不同分类	程序化决策	按规定程序、处理方法和标准进行的决策，如签订合同
	非程序化决策	对不经常发生的业务所作的决策，如新产品开发决策
按经营决策的内容不同分类	生产决策	根据企业内外环境确定生产方向、目标、方针及方案
	供应决策	根据企业内外环境，制定、评价、选择企业实物资源、无形资源的供应方案
	财务决策	根据企业内外环境，甄别与选择企业的财务方案和财务政策
	技术改造决策	根据宏观形势及技术政策，选择技术进步目标、技术改造方案，以及技术经济手段和方法
	人力资源开发决策	根据人力资源环境现状及变动趋势，制定、评价、选择企业人力资源开发决策方案
按经营决策的方法不同分类	定性决策	主要依靠决策者或有关专家的智慧来作出决策，属于决策"软技术"
	定量决策	主要用数学模型和公式对决策问题进行定量分析与决策，属于决策"硬技术"

经营决策分类标志	类型	主要内容
按经营决策问题所处的状态不同分类	确定型决策	决策事件未来的自然状态明确，只有一种确定的结果
	风险型决策	自然状态不能预先肯定，但可以测出各状态出现的概率
	不确定型决策	未来的自然状态完全未知，只能凭决策者主观作出的决策

三、企业经营决策的原则

企业经营决策的原则，是指那些反映经营决策过程的客观规律和要求，在经营决策工作中必须遵循的原则。具体包括：

1. 整体性原则

要从维护企业整体利益出发，按照整体利益的要求调整好企业内部各部门、各单位、各环节之间的关系及相互作用，考虑企业整个系统所处的环境条件，并进行综合平衡，从而实现经营决策的整体化和综合化。

2. 科学性原则

从事经营决策活动时，必须以实事求是的科学态度，深入调查、分析和研究决策问题。运用科学的决策标准和方法，做好经营决策的组织工作。没有情报、资料、数据作依据，靠"拍脑袋"是做不出科学决策的。

【管理洞察】

科学决策　赢得竞争

比亚迪股份有限公司（简称比亚迪）靠关键的六次重大战略决策，赢得国际竞争优势。

一是果断进军汽车产业。早年，比亚迪收购西安秦川汽车 77% 股权（一年后增持至92%），成功进入汽车领域。

二是勇于在全产业链布局。比亚迪是全球唯一掌握电池、电机、电控及芯片等新能源车全产业链核心技术的车企。在很多人质疑"什么都自己造，难怪增收不增利"时，比亚迪的全产业链布局不仅避免了被国外供应商卡脖子，而且重塑了与国外供应商的关系，使企业处于非常有利的地位。

三是全力推进新能源车研发。在很多国际知名汽车依然看好"燃油车"时，比亚迪背负着销量落后、报表难看、股价低迷的包袱，以燃油车维持现金流，重资投入新能源车研发。现在，许多传统车企新能源车的年销量不及比亚迪的月销量。

四是坚守磷酸铁锂电池。与锂电池相比，磷酸铁锂电池的优点是安全性高、成本低、循环寿命长，缺点是能量密度低。比亚迪将安全放在第一位，兼顾成本和循环寿命，成功开发出刀片电池。

五是坚持自研芯片。比亚迪芯片研发几乎与动力电池同时起步。在自研芯片周期长、成本高，不如外协的背景下，比亚迪不停地在芯片上投入经费。当"芯片荒"来袭时，比亚迪安然无恙。

六是混动汽车、纯电动车比翼齐飞。在世界电动车领导者认为纯电动车是"最终"出路时，比亚迪却认为纯电动车、混动汽车都是过渡，做出混动汽车、纯电动车"比翼齐飞"的战略决策。

【启示】现代企业往往会因为一次正确的经营决策，就站上风口，获得成功；也会因为一次经营决策失误就导致衰败。面对数智化发展，电池、芯片等新能源汽车发展瓶颈，比亚迪创始人通过科学决策，把核心技术掌握在了自己手中，不仅解决了"卡脖子"之忧，而且获得了竞争优势。

3. 集团性原则

要广泛听取各方面的意见和建议，发挥集体智慧，重视参谋、顾问及智囊团的作用，防止个人专断，使可行性方案更丰富，经营决策方案更切实可行，富有成效。

4. 可行性原则

要从实际出发，分析现有人力、物力、财力、科学技术能力等主客观条件，分析发展过程中可能发生的种种变化，分析决策实施后在政治、经济、道德上的利弊等，经过慎重论证，周密审定、评估，确定其可行性。

5. 效益性原则

要以提高经济效益作为出发点，在不断提高社会效益的前提下，用经营决策方案来预测经济效益的高低，作为方案取舍的标准。

6. 定性分析和定量分析相结合的原则

既要注重定性分析，又要重视定量分析，使每个可行性方案都能得到充分论证。

7. 反馈性原则

经营决策方案必须有应变措施，一旦发现决策与客观情况有不适应之处，就要及时反馈信息，据此采取措施，进行必要的修改与调整。

8. 创新性原则

创新性原则要求决策者要有战略眼光和进取精神，特别是在寻找可行性方案的过程中，要勇于打破习惯性思维的束缚，提出新设想，出奇制胜，使企业不断创新，开拓前进。

四、企业经营决策的程序

企业经营决策的程序包括发现问题、确定目标、收集资料、制订方案、评估与优选方案、贯彻实施、追踪检查及反馈等步骤（如图 3-1 所示）。当然，这种划分是相对的，既可简化步骤，也可进一步细分。

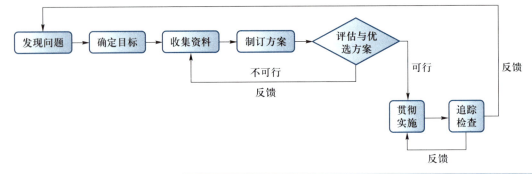

图 3-1　企业经营决策的程序

五、企业经营决策的方法

近些年来出现了为数众多的经营决策方法，但概括起来可分为两大类：一是定性决策方法（软决策技术），二是定量决策方法（硬决策技术）。成功的经验是软、硬决策方法和技术相结合，并交叉使用。一般而言，定性决策方法侧重于经营战略、企业形象、产品声誉、组织、机构、管理水平、资金、产品质量、劳动力等。定量决策方法主要用于分析企业的技术状况、人员素质情况、资金情况、产品生命周期情况等。无论定性决策还是定量决策，都应当坚持实事求是的原则，切忌偏激。

（一）定性决策方法

定性决策又称主观决策，是指在经营决策过程中，充分发挥专家和各类管理人员的集体智慧和创造力，并直接利用他们的知识、经验和能力，根据已掌握的情况和资料作出决策的方法。其优点是集思广益，有利于充分利用各类专家和专业人才的聪明才智，应用灵活方便，通用性强。适用于社会因素影响较大、所含因素错综复杂的战略性决策。定性决策的常用方法有：

1. 头脑风暴法

头脑风暴法是一种邀请专家、内行，针对组织内某一个问题，让大家开动脑筋，畅所欲言地发表个人意见，充分发挥个人和集体的创造性，经过互相启发，产生连锁反应，集思广益，而后进行决策的方法。它有四条规定：一是激发与会者自由交换意见，思考活跃，思路越广、越新越好；二是不要重复和怀疑别人的意见，不要批评，也不要作结论；三是可以对已提出的设想进行改进和综合；四是为修改自己设想的人提供优先发言的机会。与此相反的是反头脑风暴法。所谓反头脑风暴法就是赞同和肯定的意见一概不要，而专门找矛盾，出难题，从一个新的角度去思考问题。这两种方法只要运用得当，就可以起到互补作用。

2. 方案提前分析法

方案提前分析法的出发点是每个方案都有几个前提作为条件，方案正确与否关键在于前提假设是否成立。这种方法的特点是只分析方案的前提能否成立，不涉及方案本身的内容，只要方案的假设前提成立，那么方案的选择就有保证。为此，在分析讨论方案的前提时，要尽量详细具体并刨根问底，找出前提的前提，根据的根据。

3. 德尔菲法

德尔菲法是指通过征求意见表，分别向有关专家征询意见和看法，被遴选的专家事先不接触、事后接触的一种决策方法。专家之间不接触、不产生互相影响，他们通过书面方式提问题，提建议，或回答所提问题。之后由组织者将每个人匿名的书面材料整理汇编并公布于众。这样，在随后针对汇编的讨论中就会使每个人毫无顾虑地发表意见。最后，把大家达成一致的成熟意见集中起来，做出决策。

4. 哥顿法

哥顿法又称提喻法。其特点是不讨论决策问题本身，而用类比的方法提出类似的问题，或者围绕主题提出一些相关问题，以启示专家发表见解。最后，把好的见解集中起来形成决策。

（二）定量决策方法

定量决策方法是指运用数学模型及计算手段，在对决策问题进行定量化分析的基础上进行决策的方法。它主要用于经常出现的、重复性的决策，通常也称决策硬技术。其主要优点是：有利于提高决策的准确性和实效性；有利于决策过程的规范化和程序化；有利于克服决策的主观随意性。定量决策方法包括以下三类：

1. 确定型决策方法

确定型决策方法常用的主要有盈亏平衡分析法、损益分析法和线性规划法。

（1）盈亏平衡分析法。盈亏平衡分析法是通过分析产量（Q）、成本（C）和利润（E）三者之间的数量依存关系，确定项目盈亏平衡点（BEP），分析和预测产销量，价格和成本等因素的变动对项目盈亏影响的一种分析方法。在一定生产能力条件下，生产一定数量的产品必须消耗一定数量的生产费用，这些生产费用就构成了产品的生产成本。按照生产成本与产量的关系不同，可以将生产成本划分为固定生产成本（F）和变动生产成本（V）两部分，即：产品生产成本 $C=F+V$。固定生产成本是不随产量变动而变动的费用，如设备折旧、企业管理费等；变动生产成本是与产量变动呈正比例变化关系的费用，如原材料费、人工费等。

若以 C_V 表示单位变动成本，Q 表示产量，则总成本为：$C=F+QC_V$

以 P 表示产品的销售价格，则产品销售收入（S）为：$S=PQ$

当项目收入等于支出时，即盈亏平衡时，$PQ=F+QC_V$，即利润 $E=PQ-(F+QC_V)=0$，则有盈亏平衡时的年销量：

$$Q_0 = \frac{F}{P-C_V}$$

此时，盈亏平衡时的销售收入（销售额）为：

$$S_0 = PQ_0 = \frac{PF}{P-C_V} = \frac{F}{1-\frac{C_V}{P}}$$

销售收入、成本与产量之间的关系，如图 3-2 所示。

从图 3-2 可见，在售价和成本一定的情况下，产量必须保证在盈亏平衡点以上方案才能获利，否则就亏损，即：当 $Q>Q_0$ 时，企业盈利；当 $Q<Q_0$ 时，企业亏损。

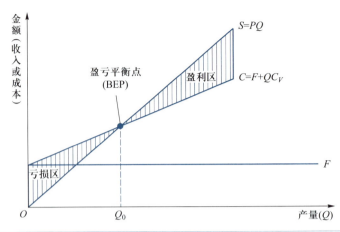

图 3-2 盈亏平衡分析图

如果要实现企业的目标利润（E），则产品生产量（Q）应当为：$Q = \dfrac{F+E}{P-C_V}$

盈亏分析在经营决策中的应用范围非常广，如销售决策、价格决策、成本控制，以及企业经营状况分析等。企业经营状况可通过计算经营安全率来判定，其公式为：

$$D = \frac{Q_1 - Q_0}{Q_1} \times 100\%$$

式中，D 表示经营安全率；Q_1 表示实际销售量（销售额）；Q_0 表示盈亏平衡点的销售量（销售额）。经营安全率的数值越大，说明企业的经营状况越好。通常经营安全率大于 30% 表示安全，25%~30% 表示较安全，10% 以下表示危险。

例1 某企业生产一种新产品，其年固定成本为 50 000 元，售价 20 元/件，若销售 5 000件产品时，将亏损 15 000 元。如果企业计划年实现盈利 20 000 元，则本年应生产多少件产品？此时销售额应是多少？

解：已知：F=50 000 元，P=20 元/件，Q_1=5 000 件，E_1= -15 000 元，E_2=20 000 元。

① 先求单位变动成本 C_V：

$$Q_1 = \frac{F+E_1}{P-C_V}，\quad 即：5\ 000 = \frac{50\ 000 - 15\ 000}{20 - C_V}$$

解之，得 C_V=13（元/件）。

② 求盈亏平衡时的产量 Q_0

$$Q_0 = \frac{F}{P-C_V} = \frac{50\ 000}{20-13} = 7\ 143（件）$$

③ 求实现目标利润 E_2=20 000 元时的销售量：

$$Q_2 = \frac{F+E_2}{P-C_V} = \frac{50\ 000 + 20\ 000}{20-13} = 10\ 000（件）$$

④ 求实现目标利润时的销售额：

$$S_2 = PQ_2 = 20 \times 10\ 000 = 200\ 000（元）$$

　　　　　　　　　　　　　　　　　　　　　　　　　　现代企业管理

⑤ 求经营安全率：

$$D=\frac{Q_2-Q_0}{Q_2}\times100\%=\frac{10\,000-7\,143}{10\,000}\times100\%=28.57\%$$

即企业保本销售量为 7 143 件；要实现目标利润 20 000 元，应销售 10 000 件新产品，销售额至少应达到 200 000 元；此时的经营状况较安全。

（2）损益分析法。损益分析法是通过计算每个可行性方案的损益值来评价优选方案的一种决策方法。其损益值大的方案为最优方案。它主要是考虑现有资源（包括人力、物力和财力）怎样使用，才能够使之得到最合理、最充分的配合，以此来降低成本，扩大销售，谋取最佳经济效益。决策标准常用边际贡献。边际贡献是销售收入与变动成本的差额，包括固定成本和利润。现举例说明其应用：

① 追加销售决策。

例 2　某企业生产 A 产品，年设计能力为 2 000 件，单位成本 1 200 元，售价 1 800 元。已知直接材料成本 500 元。目前已接订货 1 400 件。现有一客户希望订购 600 件，但每件只愿出价 1 100 元。试做出能否接受订货的决策。

分析：从传统的利润角度分析，若接受订货，企业每件要亏损 100 元（1 100−1 200=−100）。实际上并非如此。因为新增订货量是利用剩余生产能力，因此，固定费用总额在接受订货前后是定值，即不管接受还是不接受，都得支出相同的数额。故只需要考虑边际贡献即可。

解：计算边际贡献：

接受前边际贡献 =1 800×1 400−500×1 400=2 520 000−700 000=1 820 000（元）

接受后边际贡献 =（2 520 000+1 100×600）−（700 000+500×600）=3 180 000−1 000 000= 2 180 000（元）

因为 2 180 000 元大于 1 820 000 元，故应做出追加订货的决策。

② 亏损产品是否应停产或转产的决策。在企业生产经营过程中，一旦出现激烈竞争，就会使市场上的商品供求关系和行情发生很大变化。当某种产品供过于求时，会导致产品滞销、仓库积压、企业亏损等情况出现，这时就引起了亏损产品是否应停产的决策。

企业停产时，机器设备等固定资产未变，固定成本照旧发生，亏损往往更大。因此，企业为维持生产和就业，保住市场，减少亏损，只能以边际贡献额作为企业能否停产或转产的决策依据，只要边际贡献大于零就不能停产。若转产后能获得更高的边际贡献则应转产。

（3）线性规划法。线性规划法是在环境条件已定，在满足一些线性等式或不等式的约束条件下，寻求目标函数的最大值或最小值，以求取最优方案的方法。它主要解决两类问题：一是在人力、物力、财力资源一定的情况下，如何安排生产，合理利用资源，使产量最高或利润最大；二是企业在生产任务（订货合同）一定的情况下，如何合理地使用资源才能使消耗最小或成本最低。

运用线性规划法建立数学模型的步骤是：

① 确定影响目标的变量；

② 列出目标函数方程；

③ 找出实现目标的约束条件，列出方程组；

④ 求最优可行解。

例 3 某企业计划利用其剩余的两种库存材料生产甲、乙两种自销产品，甲产品每台利润50 000元，乙产品每台利润60 000元。它们的材料、设备资源、消耗定额和利润如表3-2所示。

表3-2 产品的材料、设备资源、消耗定额和利润

产品	钢材/吨	铜材/吨	专用设备/台时	利润/元
甲产品	2	1	0	50 000
乙产品	1	3	30	60 000
资源限额	15	20	180	—

解：设 x_1、x_2 为计划期内甲、乙两种产品的产量，p 为企业获得的利润，则目标函数为：

$$\max(p) = 50\,000x_1 + 60\,000x_2$$

约束条件为：

$$2x_1 + x_2 \leq 15$$
$$x_1 + 3x_2 \leq 20$$
$$30x_2 \leq 180$$
$$x_1 \geq 0$$
$$x_2 \geq 0$$

此决策问题只有两个变量，可用图解法求解，如图3-3所示。

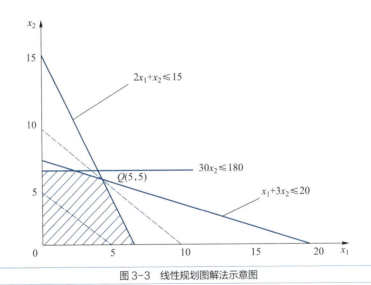

图3-3 线性规划图解法示意图

图中阴影部分为凸多边形，是线性规划的可行解域。根据目标函数 $\max(p) = 50\,000x_1 + 60\,000x_2$，移项得 $x_2 = -(5/6)x_1 + (p/60\,000)$，令 $p = 0$，可得斜率为 $-(5/6)$ 的直线（用虚线表示），将此直线向右上方平移，直至距离原点最远的 Q 点，该点 Q 就是所求线性规划问题的最优解点。再通过解上述联立方程式，求得 Q 点的坐标值为：$x_1 = 5$，$x_2 = 5$，此时利润最大。最大利润为：

$$\max\ (p) = 50\ 000 \times 5 + 60\ 000 \times 5 = 550\ 000\ （元）$$

图解法比较简单，但只适合于两个变量。如果三个以上的变量，就需要用单纯形法求解。

2. 风险型决策方法

常用的风险型决策方法有期望值法、决策树法和贝叶斯决策法，这里只介绍前两种。

（1）期望值法。期望值又称概率平均值，它是指将每个方案的所有损益值分别与其相对应的各个状态的概率相乘，再求和得到期望值。通过比较各个方案的期望值，从中选取一个最有利的方案作为决策方案。

例4 某企业拟开发一种新产品，可考虑新建大厂或扩建老厂两个方案。新建大厂需要投资 370 万元，扩建老厂需要投资 150 万元；经市场调查与预测，未来市场有销路好和销路差两种自然状态，其中销路好的概率为 0.6，销路差的概率为 0.4。方案建成后均可使用 10 年。两个方案在各种状态下的损益值如表 3-3 所示。

表 3-3　企业损益值表 　　　　　　　　　　　　　　　单位：万元

方案	好（0.6）	差（0.4）
新建大厂	100	-10
扩建老厂	50	15

请问该企业应如何决策？

解：各方案期望损益计算如下：

新建大厂时：$E_1 = \left[0.6 \times 100 + 0.4 \times (-10) \right] \times 10 - 370 = 190$（万元）

扩建老厂时：$E_2 = （0.6 \times 50 + 0.4 \times 15） \times 10 - 150 = 210$（万元）

由计算结果可知，企业应选择期望损益值较大的扩建老厂方案。

（2）决策树法。决策树法是辅助决策用的一种树型结构图。其决策的依据仍是期望损益值。它是一种用树枝图形简单明确地表明各种可行性方案，各种可能出现的自然状态，各种状态发生的概率，以及各种方案在各种状态下的损益值，并通过损益值比较进行决策的方法。

在决策树图中，"□"表示决策点，由此引出的分枝叫方案枝；"○"表示方案结点，由此引出的分枝叫概率枝，分枝条数与自然状态的个数相等。各概率枝末端数字是每个方案在相应状态下的损益值。仍以表 3-3 的资料为例，绘制决策树结构图，如图 3-4 所示。

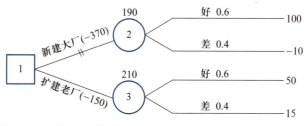

图 3-4　决策树结构图

　　　　　　　　　　　　第三章　企业经营战略

运用决策树法进行决策的具体步骤是：首先，画出决策树图；其次，计算各方案的期望损益值；最后，剪枝决策，选择最佳方案。上面的例子中，只包括一次方案的选择，称作单级决策。若在决策过程中，有两次以上的方案选择，称为多级决策。

例5 某企业由于某项工艺不过关，致使产品成本较高，在产品滞销时盈亏平衡，只有产品畅销时，才盈利5万元。为改变这一落后面貌，该企业准备对生产工艺进行技术革新，预计科研费用为30万元，且技术革新成功的概率为0.9。若成功，生产规模有两种方案供选择，一是大批量生产，二是保持原产量。据市场预测，今后五年内产品畅销的概率为0.7，产品滞销的概率为0.3。若大批量生产，产品又畅销时，扣除技术革新费用仍能获利80万元；产品滞销时，扣除技术革新费用后亏损5万元。若保持原产量，产品畅销时，扣除技术革新费用后盈亏平衡；产品滞销时，扣除技术革新费用后，企业亏损10万元。用决策树法进行决策，该企业是否应进行技术革新？

解：这是多级（两级）决策问题，先绘制决策树，如图3-5所示。

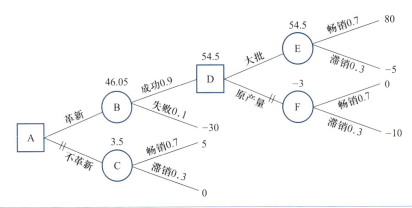

图3-5 多级决策树图

在图3-5中，在各树枝的末端都标注上了对应的损益值，从右向左依次计算各结点的期望值：

E点：$80 \times 0.7 + (-5) \times 0.3 = 54.5$（万元）

F点：$0 \times 0.7 + (-10) \times 0.3 = -3$（万元）

D点：将E点与F点的损益值比较，应选择大批量生产方案。因为在研制成功的条件下，采用大批量生产还是保持原产量，完全由决策者主观决定，因而应选择对企业有利的方案。因此，D点的期望值为54.5万元。

C点：$5 \times 0.7 + 0 \times 0.3 = 3.5$（万元）

B点：$54.5 \times 0.9 + (-30) \times 0.1 = 46.05$（万元）

最后，比较B点和C点的期望值，不难发现B点的期望值有利，因而应选择技术革新方案作为最优方案。

3. 不确定型决策方法

不确定型决策方法是指所要解决的问题有若干个方案可供选择，但对事件发生的各种自然状态缺乏概率资料，这时主要依据决策者的经验、知识和风险承受能力作出判断的方法。决策结果易受个人情绪和心理素质的影响。因此，对于同一决策，不同的决策者可能会作出完全不同的决策。

例6 某企业准备生产一种新产品，未来的销售情况会出现畅销、一般、滞销三种自然状态，企业有三种方案供选择：一是改建原生产线；二是新建一条生产线；三是进口一条生产线。预计五年内企业损益情况如表3-4所示。

表3-4 企业损益值表 单位：万元

方案	损益值		
	畅销	一般	滞销
改建	400	300	100
新建	600	400	50
进口	800	500	-50

在此情况下，决策者可以根据以下五种不同的决策方法进行决策。

（1）乐观决策法。乐观决策法又称大中取大法。它是建立在决策者对未来形势估计非常乐观的基础之上的，是在最有利的情况下，选择一个最好的方案作为决策方案。本例中，进口方案获利最大。因此应选择进口方案为最佳方案。

（2）悲观决策法。悲观决策法又称小中取大法。它是建立在决策者对未来形势估计悲观的基础上的，是在最不利的情况下，从各方案最小损益值中，选择具有最大损益值的方案作为最佳方案。本例中，最坏的自然状态为"滞销"，此时改建车间损益值最大。因此，选择改建方案为最佳方案。

（3）折中决策法。折中决策法又称折中系数法。它是对未来情况采取折中的态度进行决策。其做法是根据掌握的情况，凭个人经验确定一个折中系数 α（α 取值在 0~1 之间），然后计算各方案的现实估计值，根据现实估计值选择最佳方案。现实估计值 = 最乐观的结果 $\times\alpha+$ 最悲观的结果 $\times$（1-α）。若本例中折中系数确定为 0.7，则：

改建方案的折中损益值 =0.7×400+（1-0.7）×100=310（万元）

新建方案的折中损益值 =0.7×600+（1-0.7）×50=435（万元）

进口方案的折中损益值 =0.7×800+（1-0.7）×（-50）=545（万元）

选择折中损益值最大的进口方案为最优方案。

（4）平均法。平均法又称等概率法。它是将未来不确定的自然状态出现的可能完全等同地看待，即认为各种自然状态出现的概率都相同，从而将其转化成风险性决策。本例中应选期望值最大的进口方案为最优方案。

（5）后悔值法。后悔值法又称大中取小法。它的基本思想是如何使选定决策方案后可能出现的后悔值最小，即蒙受的损失最小。各种自然状态下的最大收益值与实际采用方案的收益值之间的差额，叫作后悔值。其步骤是先计算出每种自然状态下，由于未采纳相对最佳方案而造成的"后悔"损失值，然后求出每个方案中的最大后悔值，再从中选出最小的后悔值，与其对应的方案即为最佳方案。本例中，各方案后悔值计算如表 3-5 所示。

表 3-5 各方案后悔值计算表　　　　　　　　　　　单位：万元

	畅销		一般		滞销		最大后悔值
	损益值	后悔值	损益值	后悔值	损益值	后悔值	
改建	400	800-400=400	300	500-300=200	100	100-100=0	400
新建	600	800-600=200	400	500-400=100	50	100-50=50	200
进口	800	800-800=0	500	500-500=0	-50	100-（-50）=150	150

从表 3-5 中计算可知，进口方案的后悔值最小，故进口方案为最佳方案。

上述几种方法，在实际中往往同时运用，并将几种决策方法中被选中次数最多的方案作为决策方案。

一、单项选择题

1. 企业经营战略的着眼点是企业的全局发展和总体行动，这体现了企业经营战略的（   ）特征。

    A. 全局性   B. 长期性   C. 竞争性   D. 适应性

2. 以下（   ）不属于企业经营战略思想的观念。

    A. 效益观念   B. 指导观念   C. 市场观念   D. 创新观念

3. 扩大生产经营规模，积极发展多品种经营和实现经营多样化，以促进企业长足发展的战略是（   ）。

    A. 发展型战略   B. 稳定型战略

    C. 市场领导者战略   D. 市场挑战者战略

4. 决策是从不少于（   ）备选方案中选优的过程。

    A. 1个   B. 2个   C. 3个   D. 多个

5. 定性决策方法不包括（   ）方法。

    A. 头脑风暴法   B. 德尔菲法   C. 哥顿法   D. 期望值法

二、多项选择题

1. 以下属于企业经营战略方针的有（   ）。

    A. 品种发展方针   B. 技术发展方针

    C. 确定经营方向   D. 市场营销方针

2. 企业经营战略体系由（   ）构成。

    A. 企业总体经营战略   B. 部门经营战略

    C. 企业经营分战略   D. 业务战略

3. 发展型战略包括（   ）。

    A. 密集型战略   B. 一体化战略

    C. 多元化战略   D. 竞争战略

4. 构成企业外部环境的因素包括（   ）、自然资源因素和市场因素。

    A. 政治法律因素   B. 经济因素

    C. 社会文化因素   D. 技术因素

5. 按照决策问题所处的状态不同，决策可以分为（   ）。

    A. 确定型决策   B. 不确定型决策

    C. 业务决策   D. 风险型决策

三、判断题

1. 企业经营战略目标分为总体经营战略目标、中间经营战略目标和具体经营战略目标。（   ）

2. 企业应根据内外环境状况制定相应的经营战略，可以采取一种战略，也可以采取两种甚至以上的战略组合。（   ）

3. 投资战略是企业经营分战略之一。（   ）

4. 方案的提出和论证是科学决策的基础。（   ）

5. 悲观决策法又称小中取小法。它是建立在决策者对未来形势估计悲观的基础上的。（   ）

四、思考题

1. 现代企业应具有哪些经营思想观念？

2. 某企业某种产品的年计划产量为 1 250 件，预计产品计划销售收入为 3 000 万元，产品变动费用为 600 万元，年固定费用占变动费用总额的 45%，试计算：

（1）盈亏平衡点的销售量和销售额。

（2）企业经营安全率。

（3）若企业计划期内的目标利润为 30 万元，售价及固定费用不变，单位变动费用增加 10%，该企业的年度目标销售量应为多少？

3. 某企业生产甲产品，年设计能力为 3 000 台，产品总成本为 600 万元，预计产品能全部销售，销售收入为 780 万元，已知直接费用占总成本的 60%。目前，已接受订货 2 200 台。现有一客户希望订购 700 台，每台愿意出价 2 000 元，请做出能否接受订货的决策。

五、综合实训

1. 实训目的

认识企业经营战略规划，养成初步的编制企业经营战略规划的能力。

2. 实训内容

（1）制订简单的企业经营战略行动计划。

（2）制订简单的应变计划。

3. 实训组织

（1）以 8~10 人为一组，根据上一章各组选定的初创企业经营领域，分析企业内外环境，确定企业经营目标，制订具体行动计划。

（2）各组开展头脑风暴，定性预测企业可能发生的不利事件，制订应变计划。

（3）各组推选出发言人，向全班同学汇报计划内容。

4. 实训考核

（1）各组提交实训报告和企业经营战略规划，由教师评价，占总成绩的 30%。

（2）师生共同评价各组预测、应变计划、代表发言，占总成绩的 70%。

第四章 市场营销管理

学习目标

素养目标

- 培育并践行"诚信经营""顾客至上"的积极的营销价值观
- 倡导绿色营销，培育绿色生态意识
- 结合数智化发展，树立数字化营销理念

知识目标

- 了解企业产品整体概念及结构优化
- 了解市场调查的概念和类型
- 熟悉消费者需求的特征及行为模式
- 掌握现代企业市场营销观念和策略

技能目标

- 能够根据背景材料，为企业设计调查问卷，并根据调查资料进行预测
- 能够根据背景材料，运用市场营销理论制定营销组合策略

思维导图

市场营销管理
- 市场营销概述
  - 市场营销的内涵
  - 市场营销观念的发展
  - 市场营销组合
- 市场营销研究的内容
  - 消费者需求研究
  - 市场研究
  - 产品研究
- 市场营销策略
  - 目标市场的确定及营销策略
  - 产品生命周期
  - 品牌策略
  - 包装策略
  - 定价策略
  - 渠道策略
  - 促销策略

学习计划

- 素养提升计划

_____

_____

_____

- 知识学习计划

_____

_____

_____

- 技能训练计划

_____

_____

_____

火星人的市场营销致胜之道

在集成灶领域，火星人厨具股份有限公司（以下简称"火星人"）凭借其敏锐的市场洞察和成功的市场营销，实现线上、线下双突破。

1. 及早布局电商渠道，攫取线上红利

由于火星人进入集成灶行业较晚，为规避线下友商的锋芒，开启线上经销模式，在电商渠道采用线上经销与电商直营并重策略。电商直营获取较高的毛利率，带动公司整体销售毛利率提高，使公司能有更多资金进行市场营销。

2. 多样化市场营销策略并用，稳固品牌形象

火星人采用高投入、多花样、强针对及高频次的宣传手段作为其市场营销策略。一是传统媒体和新媒体双布局。二是传统营销与新营销并行，从明星代言、综艺植入、电视广告、户外广告，到达人推荐、电商直播、品牌联动等，花样不断翻新。三是"代言人＋宣传标语＋植入节目"精准切入。品牌形象代言人标签契合公司厨电形象，"炒 100 个辣椒都不怕"的宣传标语突出产品强大的吸油烟力，"现在流行火星人集成灶"的广告有利于建立品类与品牌连接；植入综艺节目《向往的生活》，烹饪场景有助于宣传推广。四是新媒体平台高频次宣传，天猫、抖音平台收获的粉丝数量以及小红书平台推荐数量行业领先，占据流量高地。五是对"618""双 11"等大促高度重视，线上、线下联动宣传，推出全新系列产品，借助超额优惠配合大促自带热度，提升线上销量及排名。

3. 多维度赋能经销商，形成渠道营销推力

一是在对经销商高标准、严要求、优化数量的基础上，对经销商窜货、统一定价、品牌排他性、线上销售等均做了明确规定，建立考核体系，确保线下销售规范有序。二是在通过较大的返利确保经销商利润空间的同时，在物流、广告、门店装修等方面承担更多费用，提升经销商黏性及推广积极性。三是以 CSS 系统打造渠道云平台，经销商进销存、质保、售后等全部信息均录入 CSS 系统，数字化操作方便经销商运营。

【启示】火星人市场营销的成功，离不开公司在营销准备、品牌宣传、渠道赋能等方面构建的良好机制和科学的利益分配所形成的强大推力。在新媒体时代，企业要充分利用新媒体营销与消费者友情互动，在加深对消费者认知的基础上，逐步成为真正懂消费者的运营商。

第一节　市场营销概述

一、市场营销的内涵

市场是企业营销活动的出发点和归宿。市场营销是指企业为实现自身及利益相关方的利益

而创造、沟通、传播和传递客户价值，为客户（顾客、消费者）[①]、合作伙伴以及整个社会带来经济价值的活动、过程和体系。市场营销具体表现为企业营销人员针对市场开展经营活动和销售行为的过程。把握市场营销的内涵，需要注意以下几点：

① 顾客的需要与欲望是市场营销的起点，也是市场营销的中心目标。企业的市场营销活动只有建立在充分满足用户需要的基础上，才具有生命力。

② 交换是市场营销行为的核心。企业要善于营销，要尽力与交换的另一方建立良好的关系，以利于实现长久交换。

③ 市场营销要以消费者为中心。通过收集销售终端（Point of Sale，POS）、线上商城、App、社区团购、社群等众多中台上离散的数据，将线上线下渠道整合在一起，构筑一个面向消费者，以数据为驱动、以运营为导向的全域消费者营销体系。

二、市场营销观念的发展

市场营销观念，是企业市场营销活动的指导思想，是企业在经营活动中所遵循的一种观念或导向。它的核心是"以什么为中心"来指导企业开展生产经营活动。从企业发展的历程看，企业的市场营销观念经历了"以生产为中心"的传统市场营销观念到"以需求为中心"及"以市场需求和社会利益为中心"的现代市场营销观念的变化，如表 4-1 所示。

表 4-1　市场营销观念发展变化情况对照表

分类	营销观念	经营背景	经营着眼点	基本策略	基本方法	企业机构设置
传统市场营销观念	生产观念	产品明显供不应求	以产定销，即"我能生产什么"	提高劳动生产率	等客上门	销售 财务 生产 采购 人事
	产品观念	产品供不应求	同上	精心制作产品	同上	销售 财务 生产 采购 人事
	推销观念	供不应求状况得到一定缓解	生产的产品如何销售出去	运用各种推销术，改进推销队伍	重视销售渠道选择，运用广告宣传	销售 人事 生产 财务 采购
现代市场营销观念	营销观念	产品供过于求	以需定产，"能为市场生产什么"	满足需要，吸引顾客	加强市场调研，综合运用营销策略	生产 人事 营 需求 销 采购 财务

---

① 注：客户、顾客、消费者可一致解释为企业产品或服务的购买者。

分类	营销观念	经营背景	经营着眼点	基本策略	基本方法	企业机构设置
现代市场营销观念	社会营销观念	环境污染资源短缺	企业必须承担社会责任	参与社会生活方式设计，注重创造市场需求	发展一整套大营销方案	生产·营销采购·人事·财务·市场需求和社会利益

为应对环境污染、价格大战、畸形消费等不良现象导致的企业社会形象受损，企业利益与社会利益、顾客利益的冲突等问题，"友情营销""绿色营销""个性化营销""关系营销""智慧营销"等一系列新的营销观念，越来越为企业所接受。

管理创新

迎接数字化　实施智慧营销

面对经营背景的不断变化，营销观念也随之推陈出新。在数字化时代的背景下，企业要善于打造个性化产品，并通过大数据、物联网、区块链、虚拟现实等数字技术进行智慧营销体系建设，提升营销的精准度和转化效率，并进行精准的营销传播，实现品牌与营销观念的有机结合。所谓智慧营销是指把营销与数字技术结合，打造新颖且对顾客有吸引力的营销模式，使企业实现全渠道的数字化连接，进行多维度的数据分析，实现营销的智慧化升级。实施智慧营销，能为品牌带来更高的产品复购率，有效地解决了传统营销模式无法满足的营销需求。数字化驱动的智慧营销体系如图4-1所示。

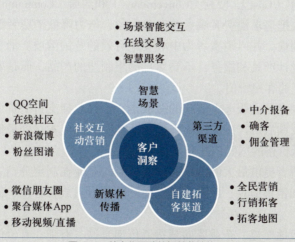

图4-1　数字化驱动的智慧营销体系

三、市场营销组合

（一）"4P"及"6P"营销组合

"4P"营销组合指的是产品（Product）、价格（Price）、渠道（Place）和促销（Promotion）这四个基本策略的组合。

产品是传递客户价值的有形或无形载体。要使产品从众多竞争者中脱颖而出，赢得客户群，就要调查研究自己的产品特性及竞争对手，找到适合的客户群，然后持续迭代更新。以产品为核心的营销模式的一个例子便是智能手机。面对各品牌间的激烈竞争，手机厂商快速更新迭代其产品，使其富有市场竞争力。例如，小米手机将产品迭代更新与"饥饿营销"相结合，借助互联网的传播速度和爆发力，迅速建立起自己的品牌。

价格策略包括基本价格、折扣价格、津贴、付款期限、商业信用以及各种定价方法和定价技巧等可控因素的组合和运用。

渠道的作用是"把产品卖好"，要改变传统意义上"渠道为王"的策略，顺应"互联网+"的发展趋势，将线上与线下渠道融合。娃哈哈在与可口可乐的长期竞争中，凭借优秀的渠道营销，做成了国内知名品牌。

促销的本质是让产品销量提高，其内容包括人员推销、广告、营业推广等，同时还要注重运用搜索引擎优化（Search Engine Optimization，SEO）、社交媒体推广、网站或社交媒体广告和内容营销等新媒体手段。

当企业进入一个新市场（尤其是壁垒很高的市场），仅仅靠"4P"营销组合是不够的，还必须增加权力（Power）和公共关系（Public Relations），这就是"6P"营销组合，运用政治权力和公共关系，打破国际和国内市场上的贸易壁垒，为企业的市场营销开辟道路。

（二）"4C"营销组合

为体现以消费者为中心，基于消费者导向的"4C"营销组合便应运而生。"4C"指的是消费者（Consumer）、成本（Cost）、便利（Convenience）和沟通（Communication）。

该理念强调企业要把追求消费者满意放在第一位，努力降低消费者购买成本，充分注意消费者购买过程中的便利性，并以消费者为中心实施有效的营销沟通。消费者是根本，企业要围绕消费者的真实需求设计产品和服务，不要卖自己想制造的产品，而是要卖消费者真正想买的产品，并注重由此产生的客户价值。

成本是指消费者在产品或服务上所花的总成本，不仅包括支付的货币成本，还包括为此所花的时间、精力，以及购后所产生的风险等，要让消费者总成本达到最低。降低消费者的总体购买成本，能在不降低价格的同时依然获得竞争优势。

便利是指要为消费者提供最大的购物和使用便利。企业在制定分销策略时，要把消费者方便、容易理解的产品和销售信息，以及快速方便的购买方式放在首位，做到售前、售中和售后服务，处处都方便。

沟通是指双向有效地交流，企业要向消费者传递真诚、有趣、有价值的信息，帮助消费者决策、解决问题，培养忠实的消费者。

如果说"4P"营销组合是站在企业的角度，以产品为导向，强化以消费者需求为中心的营销组合的话，那么"4C"营销组合就是以消费者为导向，瞄准消费者的需求和期望，实施有效的营销沟通的营销组合。

（三）其他营销组合

企业为从更高层次以更有效的方式在企业与消费者之间建立有别于传统的新型的主动性关系，在营销组合上又相继创新发展出一些新的成果。

1. "4R" 营销组合

"4R"是指关联（Relativity）、反应（Reaction）、关系（Relation）和回报（Retribution）的组合。它以关系营销为核心，注重企业和消费者关系的长期互动，强调追求回报。具体来说，这种营销组合将根据消费者意见，对市场变化迅速作出反应，充分考虑消费者愿意付出的成本，实施低成本策略，以维持消费者重复购买，达到既维护厂商利益又兼顾消费者需求，最终获得更多的市场份额，形成规模效益的效果。这是一种企业为消费者创造价值和追求自身回报相辅相成、相互促进的双赢营销组合。

2. "4I" 营销组合

在新媒体时代，为了更好地让消费者产生"焦点关注"的满足感，进而引发互动与购买行动，产生了"4I"营销组合。该营销组合又称网络整合营销"4I"原则，是指趣味（Interesting）、利益（Interests）、互动（Interaction）和个性（Individuality）的组合。

3. "4S" 营销组合

"4S"是指满意（Satisfaction）、服务（Service）、速度（Speed）和诚意（Sincerity）的组合。它强调企业要从消费者需求出发，打破企业传统的营销模式，对产品、服务、品牌不断进行定期定量、综合性的消费者满意度测评与改进，以服务品质的提升，带动消费者满意度的提升。

4. "4V" 营销组合

"4V"是指差异化（Variation）、功能化（Versatility）、附加价值（Value）和共鸣（Vibration）的组合。它要求企业的产品或服务要有较好的柔性，能针对消费者的不同需求进行组合，并注重营销的差异化：一是将自己与竞争对手区别开来，树立独特的形象；二是针对不同的消费者提供不同的产品或服务，满足消费者个性化的需求。

 管理创新

营销创新永远在路上

互联网时代，营销创新一直在持续进行。情感营销与体验营销兴起。所谓情感营销是指借助情感包装、情感促销、情感广告、情感口碑、情感设计等策略来实现企业的经营目标。情感营销从消费者的情感需要出发，唤起和激起消费者的情感需求，引发消费者心灵上的共鸣，寓情感于营销之中。如粉丝经济，就是典型的情感营销。消费者会更倾向于购买他们关注的博主或主播推荐的产品。体验营销，是指从消费者的感觉、情感、思想、行动和联系五个方面进行营销策划，针对不同的消费者采用不同的营销方法。

此外，还有数据库营销，即根据消费者的偏好和特征进行分类，建立消费者数据库，细化目标消费者群，为不同的目标消费者开发个性化服务，满足其消费需求。

第二节　市场营销研究的内容

市场营销研究的内容包括消费者需求研究、市场研究和产品研究。

一、消费者需求研究

要进入市场，必须有适销对路的产品或服务。为此，就必须对消费者需求进行研究，掌握消费者需求的特征，促成购买行为。

（一）消费者需求的特征

消费者的需求与爱好具有差异性，使市场需求呈现出复杂化、多样化的状态。消费者需求呈现如下特征：

1. 多样性

不同的消费者在地理位置、民族传统、文化水平、兴趣爱好、生活习惯、年龄、性别、职业特点等方面存在着不同程度的差异，因而对产品或服务的需求是不一致的，从而决定了消费者需求的多样性。

2. 发展性

消费者的原有需求得到满足后，又会产生新的需求。这就导致在一个阶段流行的畅销品，在一定时期后可能成为过时的滞销品。因此，企业应认真做好市场预测，不断开发新产品，使企业的发展与消费者需求的发展相适应。

3. 层次性

消费者需求，受其支付能力和其他条件的制约，呈现出有缓有急、有弱有强、有低有高的层次性。当低层次的基本生活需求满足后，就会向高层次发展。因此，企业应对消费者不同时期的消费水平、消费结构和消费方式开展分类研究，根据自己的生产能力，生产不同层次的商品，更好地为各层次的消费者服务。

4. 弹性

消费者需求受外因和内因两大因素影响。外因包括商品供应数量、价格、广告宣传、销售服务的优劣等。内因包括消费者取得该商品或服务的迫切程度及消费者的支付能力。只要上述因素发生变化，就会引起消费者需求的相应改变，从而表现出一定的弹性。对于生产高档商品的企业，若不能充分考虑其消费者需求的弹性，其销路就被自己设置的障碍堵住。

5. 流行性

在一定的社会经济条件下，消费者对商品和服务的需求会产生一种"热潮"现象，即当人们把购买某种式样、色彩、质量的商品或取得的某种服务作为时尚竞相购买时，就出现了消费流行。因此，企业应重视广告宣传和培养商品购买带头人，创造和领导消费流行，扩大消费者的需求。

6. 可诱导性

由于多数消费者在购买商品前要了解情况，因此只要某种商品宣传到位，知名度高，就会

　　　　　　　　　　　　　　　　　　　　　　　　　　　　现代企业管理

有人抢购，这就是消费者需求的可诱导性。

（二）消费者需求下的购买行为模式

消费者需求下的购买行为受心理支配，常见的购买行为模式包括以下几种类型：

1. 习惯型购买行为模式

习惯型购买行为模式是指消费者根据过去的使用习惯而反复购买某种商品。如在日用品的选择上，有人用"中华牙膏"几十年不变。据此，企业要注重"创"名牌，更要注重"保"名牌。

2. 理智型购买行为模式

理智型购买行为模式是指消费者在购买商品时比较冷静、慎重、细心，不易受包装、广告宣传的影响。

3. 追求型购买行为模式

追求型购买行为模式是指消费者的消费心理属于追求新潮的类型，这些消费者以年轻人和收入较高的中青年为主，他们更注重产品的新、奇、特等特征。

4. 激发型购买行为模式

激发型购买行为模式是指消费者的消费心理受到外界因素的影响时容易情绪激动，心境变化剧烈。这些消费者往往注重商品美观的外形，容易受商品促销和营销手段的影响，喜欢追求名牌和新产品。此时企业的促销艺术和营销气氛就有着至关重要的意义。

5. 想象型购买行为模式

想象型购买行为模式是指消费者的想象力特别强，审美感和欣赏能力比较高，对商品也会产生一些美好的发散思考与想象。但他们的注意力容易转移，兴趣容易变换，多数属于情感的反应者。此时企业应特别注重商品的外表造型、色彩和命名。

6. 逆反型购买行为模式

逆反型购买行为模式是指消费者由于在购买商品时对传播媒介的广告宣传不信任，形成"你越说好我越不买"的消费心理反应。这往往是由于某些企业广告宣传不科学、言过其实而产生了副作用。因此，企业应注意避免某些不恰当的推销。

二、市场研究

（一）市场调查

企业要了解、确定消费者需求，把握产品研发方向，知晓新产品的受欢迎程度，就必须进行市场调查。市场调查是指运用科学的方法，系统、有计划、有目的地收集、记录、整理、计算、分析市场需求变化及与此有关的各种资料、信息等一系列活动的总称。

1. 市场调查的内容

市场调查的内容非常广泛，通常包括两个方面：一是企业可控因素调查，即市场营销组合调查，其内容包括产品、价格、销售渠道和促销四个方面；二是企业不可控因素调查，即企业外部环境因素调查，其内容包括外部经济技术、政治制度与法律法规、文化历史、国内外市场、自然资源、气候和地理环境、消费者及竞争者情况等。

2．市场调查的方法

市场调查的方法很多，按收集资料的方式不同，可分为以下几种：

（1）询问法。询问法是指用提出问题征求答案的方式，向被调查者收集相关资料的方法。其主要方式有面谈、电话、函询、集体问卷调查等。

（2）观察法。观察法是指市场调查人员通过在现场观察、记录被调查者的活动，收集有关资料的方法。

（3）实验法。实验法是指通过在市场上试用和试销一部分商品，进行小规模试验，进而观察分析，了解其发展趋势的一种方法。当企业对商品质量、包装、价格、商标、销售渠道等其中的一个或两个因素改进后，通过小规模试验，调查用户反应，取得市场调查研究所需的资料。

（4）抽样调查法。抽样调查法是指按照一定的方法从要调查对象的总体中抽取部分样本进行调查，并用调查的结果对总体进行推断的方法。其优点是具有较高的科学性、准确性、时效性，并能从局部推知总体。因此，在市场调查中多采用这种方法。

以上四种市场调查方法各有其优缺点，在实际调查中，应根据调查对象的性质和特点有选择地采用。

3．市场调查的表现形式

市场调查的表现形式主要包括市场调查表和市场调查报告。

（1）市场调查表。市场调查表一般是书面表格或口头询问提纲。在现代市场营销活动中，为了解被调查者的态度和意愿，调查者只有设计出调查目的明确、内容恰当的表格，被调查者才愿意合作，这样调查表才能像一张网，把需要的信息收集起来。一份好的市场调查表往往需要认真、仔细地拟订、测试和调整，才可以大规模使用。

动画：市场
调查要严谨

（2）市场调查报告。市场调查报告是以书面形式，客观反映市场调查内容及工作过程，并提供调查结论和建议的报告。好的市场调查报告，能为企业的市场营销活动提供有效的导向作用，为企业决策提供客观依据。

市场调查报告因调查目的、内容、结果、主要用途不同而不同。一般来说，各种市场调查报告在结构上大体包括标题、导言、主体和结尾等部分。

阅读及使用市场调查报告的主体是企业经营管理者或职能部门负责人，因此，撰写市场调查报告时，要实事求是、中心突出、条理清楚、言简意赅、易读好懂。结论和建议要与正文论述紧密对应，不能提出无证据的结论。比亚迪作为一家高科技企业，在汽车、充电电池及电子产品代工等多个领域取得成功，与其注重目标市场调查，对行业发展趋势了然于胸，然后科学地制定经营战略、建立专门化的营销管理体系有很大关系。以比亚迪汽车行业市场调查报告为例，其内容非常系统，既有比亚迪汽车行业市场环境调查，也有比亚迪汽车行业市场基本状况调查，还有产品销售可能性调查，等等。翔实的市场调查报告不仅为科学分析与预测提供了可靠资料，而且为管理者正确决策提供了依据。

（二）市场预测

市场预测是指运用科学的方法，在对影响市场供求变化的诸多因素进行分析的基础上，预见其发展趋势，掌握市场供求变化的规律，为经营决策提供可靠的依据，市场预测的基础是市场需求，影响市场需求的因素很多，如图 4-2 所示。

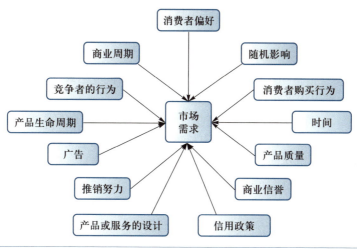

图 4-2 影响市场需求的因素图

1. 市场预测的主要内容

市场预测的主要内容包括市场需求预测、市场占有率预测、商品资源预测、供求动态预测、商品生命周期预测、技术发展趋势预测，以及投资效果预测等。

2. 市场预测的方法

（1）定性预测法。定性预测法也称主观预测法。它是指凭借预测者个人或群体的直觉、主观经验和综合判断能力，对未来的发展趋势做出预测的方法。其特点是简单、便捷、成本低，但结果片面、不明确。其具体方法主要有以下三种：

① 专家预测法。是指基于专家的知识、经验和分析判断能力，在对有关资料进行综合分析的基础上，对未来的发展趋势做出预测的方法。常用的方法有头脑风暴法、德尔菲法和专家会议法。

② 类推法。是指根据预测者的主观认识，对未来变化的特点和趋势做出合乎实际和逻辑的推理判断，它主要包括相关类推法和对比类推法。

第一，相关类推法。从已知的各种相关因素的变化，依据因果性原理，预见和推断未来的特点和趋势的预测方法称为相关类推法。其基本方法是：根据理论分析和实际资料，确定影响预测目标变动趋势的主要因素，在此基础上依据变化的内在联系进行逻辑推理、分析和判断。

第二，对比类推法。是指根据类推性原理，把预测目标同其他类似事物进行对比分析，从而预测和推断目标市场未来需求发展趋势的一种预测方法。对比某些产品的市场生命周期，产品的更新换代，新产品有关指标的发展趋势，对相近产品的发展情况进行对比分析、预见和推断某种新产品市场需求的变动趋势。例如，对比电冰箱的市场需求变化趋势推测冰柜的市场需求等。

③ 意见推断法。是指通过市场调查研究，搜集、处理、分析各方人士的意见，运用集体智慧和经验对预测对象的发展趋势进行推断预测的方法。较实用的包括意见交换预测法、营销人员意见估计法、用户意见调查预测法、决策者意见判断预测法、集合意见预测法、商品试销征询意见预测法、意见汇总预测法、购买意见调查预测法、问卷调查估算预测法、访问预测法等。

　　　　　　　　　　　　　　　　　第四章　市场营销管理

（2）定量预测方法。定量预测方法是指根据比较完备的历史统计资料，运用一定的统计方法进行加工处理，对未来的市场发展做出定量测算。定量预测的方法很多，这里仅介绍时间序列法和因果分析法两种。

① 时间序列法。是指将同一指标的若干历史数据按时间先后顺序排列成时间序列，根据其发展动向向前推移，求得未来市场预测结果的一种方法。

② 因果分析法，又称回归分析法，是指在分析事物变化及众多影响因素之间关系的基础上，通过统计分析和建立数学模型，来揭示预测变量与其他经济变量之间的数量关系，并据此进行定量预测的一种方法。在回归分析中，如果只涉及两个变量，则称为一元回归分析法；若存在两个以上的变量，则称为多元回归分析法。

三、产品研究

（一）产品整体概念

现代市场营销学认为，产品是指能用于市场交换，并能满足人们某种需要和欲望的劳动成果，它包括实物、服务、场所、设施、设计、软件和意识等。用公式表示为：产品整体 = 核心产品 + 有形产品 + 附加产品 + 心理产品。

1. 核心产品

核心产品也称实质产品，是指产品能够提供给购买者的基本效用或益处，是购买者所追求的中心内容。如买车是为了代步，买面包是为了充饥，买书是为了获取知识等。

2. 有形产品

有形产品是指产品在市场上出现时的具体物质外形，可以是产品的形体、外壳等。核心产品只有通过有形产品才能体现出来。产品的有形特征主要指质量、款式、特色、包装。如冰箱，有形产品不仅仅指冰箱的制冷功能，还包括它的质量、造型、颜色、容量等。

3. 附加产品

附加产品是指顾客购买产品所得到的各种附加利益的总和。它包括安装、使用指导、质量保证、维修等售前售后服务。随着市场竞争的激烈和用户要求的不断提高，附加产品越来越成为竞争获胜的重要手段。

4. 心理产品

心理产品是指产品的品牌和形象提供给顾客心理上的满足。产品的消费往往是生理消费和心理消费相结合的过程，随着人们消费观念的转变，人们对产品的品牌和形象看得越来越重，因而它也是产品整体概念的重要组成部分。产品整体构成见图4-3。

⬡【管理洞察】

运动精神与消费心理的碰撞

市场需求是品牌赖以生存的基础，普通消费者购买运动服装，多为满足年轻、好动、休闲、时尚的心理需求。安踏通过研究消费心理，调整营销策略，收获了目标消费者的青睐。

　　　　　　　　　　　　　　　　　　　　　　　　　　　　现代企业管理

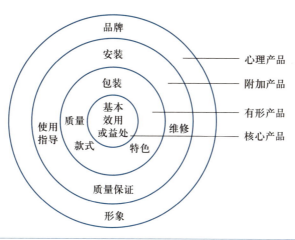

图 4-3　产品整体构成

一是款式上将专业运动精神与时尚元素结合，以专业运动精神演绎时尚流行。如从鞋类到服装再到配件，都注重线条、舒适度及配饰的组合搭配，突出独特的品牌款式风格，既体现专业运动精神，又穿着舒适，体现时尚、新潮品位。

二是产品色彩活泼鲜艳，契合跳跃、好动、充满朝气的年轻消费者群体。如融入活泼跳跃的色彩，既能满足年轻消费者通过色彩显示自身气质的心理需求，又能丰富市场终端产品的展示效果，以鲜艳的色调吸引注意，抢占目标消费人群的目光。

三是产品的定价精准，符合普通年轻消费者群体的心理价位。18~35 岁之间的学生及白领人群，上学的靠父母，工作的需要承受买房、结婚、生子以及赡养父母等重任，服装消费支出相对有限。因此，产品售价采用中价策略，而质量比肩知名品牌。

【启示】产品既不是单调的物品，也不是艺术圣殿的"摆设品"，而是二者兼顾的混合体，安踏通过专业运动服装与时尚流行元素融合，满足了普通消费者的运动需求，迎合了消费者的时尚消费潮流，让消费者产生超出产品价值本身的心灵愉悦与共鸣。

（二）产品结构优化

面对瞬息万变的市场环境，企业要分散风险、开拓市场面、增强实力，就需要产品多样化。这就是产品结构优化问题。对产品结构优化的评价方法很多，在这里介绍波士顿矩阵图评价法，如图 4-4 所示。

1. "明星"产品

"明星"产品是指销售增长率和市场占有率都较高的产品。这种产品发展潜力大，竞争能力强，是企业的重点产品，应大力扶持并促进其发展。

2. "金牛"产品

"金牛"产品是指市场占有率高，但销售增长率低的产品。这类产品比其他同类产品的竞争力强，但市场发展潜力较差，应采取维持策略，以取得尽可能多的利润。

图 4-4　波士顿矩阵图

3."问题"产品

"问题"产品是指市场占有率低，而销售增长率高的产品。这类产品的市场前景好，但竞争能力较差，进行投资时应慎重考虑。

4."瘦狗"产品

"瘦狗"产品是指市场占有率和销售增长率都低的产品。这类产品既无市场潜力可挖，又缺少竞争力，应采取收缩或淘汰策略。

一般而言，问题产品有两种发展可能，一是在市场上获得成功，成为"明星"产品，二是因失败而成为淘汰产品。"金牛"产品是企业目前的主要收益来源，"明星"产品是企业未来主要的收益来源，企业应注意经常保持一定数量的"明星"产品和"金牛"产品。

第三节　市场营销策略

市场营销策略是指企业以顾客需要为出发点，根据自身内部条件和外部竞争状况，依据顾客需求量和购买力信息、商业界的期望值，所确定的关于选择和占领目标市场的一系列策略。企业制定市场营销策略的目的在于充分发挥企业优势，增强竞争能力，更好地适应市场营销环境变化，以较少的营销投入获取较大的经济效果。

一、目标市场的确定及营销策略

消费者需求的多样性、差异性和多变性，决定了任何一个企业，无论其规模有多大，经济实力如何雄厚，都不可能使其产品满足所有消费者的所有需求，而只能满足其中一部分消费者的一部分需求。"其中一部分消费者"实际上就是指细分市场。

（一）市场细分与目标市场确定

市场细分是按照消费者特征把总体市场划分成若干具有共同特征的子市场。市场细分的目标是聚合，即在需求不同的市场中把需求相同的同质消费者聚合到一起。每个同质消费者群体便是一个细分市场，群体内消费者具有相似的需要与欲望。不同细分市场之间的消费者需求有明显差异。

市场细分策略，是指企业为更好地满足消费者日益增长的物质和精神需求，根据一定的标准，将具有相似特征的消费者归类于同一个细分市场后进行市场分析，清晰地识别不同的细分市场，并在此基础上对环境、竞争形势和自身资源做进一步分析，明确企业的优势和机会，进而选择对自己发展有利的市场，即确定目标市场。

市场细分的标准多种多样，如消费者的性别、年龄、需求、动机、购买习惯、购买行为等。顺丰运用市场细分策略，将顺丰速运定位在中高端，并根据这一定位，进一步将公司的业务范围确定为快速物流综合服务商。

1. 市场细分的有效特征

企业进行市场细分的目的是通过对消费者需求差异的定位，来取得较大的经济效益。但产品的差异化必然导致生产成本和推销费用的相应增长，所以企业必须在市场细分所得收益与市场细分所增成本之间做出权衡。因此，一个有效的细分市场必须具备以下特征：

（1）可衡量性。可衡量性是指各个细分市场的购买力和规模能被衡量的程度。如果细分变量很难衡量，就无法界定市场。

（2）可营利性。可营利性是指企业选定的细分市场容量足以使企业获利。

（3）可进入性。可进入性是指所选定的细分市场必须与企业自身状况相匹配，企业有优势占领这一市场。可进入性具体表现在信息进入、产品进入和竞争进入。研究市场的可进入性，实际上是研究企业活动的可行性。

（4）差异性。差异性是指细分市场在观念上能被区别并对不同的营销组合因素和方案有不同的反应。

2. 市场细分变量

市场细分的方式有许多种，市场营销人员必须尝试各种不同的细分变量和组合，以便找到分析市场结构的最佳方法。常用的细分变量有：

（1）最终用户细分。最终用户，是指产品的最终消费者。最终用户细分是指在市场上，不同的用户对同一种产品有不同的要求，因此，企业可根据最终用户的需要来细分市场。理想汽车作为将主营产品定位于三排座椅的大型 SUV 的国产品牌，能取得成功的关键是不仅满足了最终用户要更大的车、更好的配置以及足够高的满意度的预期，而且全心全意为用户全体家庭成员着想：实现城市用电、长途发电、露营供电，在出行中保障每一位家人的安全，让一台智能车真正变成一个充满欢乐的家庭空间，让全家每个人在旅途中都有家一般的舒适体验。这使其在大型 SUV 市场中很难寻找到真正意义上的竞争对手。

（2）消费者规模细分。消费者规模细分是指企业按照消费者规模的不同，将消费者分为不同的等级，按各自的需要提供相应的产品和服务。

（3）地理细分。地理细分是指按地理位置、地形、交通运输等变量细分市场。

（4）行为细分。行为细分是指按消费者购买或使用某种产品的动机、消费者所追求的利益、使用者情况、消费者对某种产品的使用率等变量细分市场。

市场细分的变量很多，除上述细分变量外，还可以使用一些其他变量，如人口因素、客户心理因素划分，等等。

【管理洞察】

优质产品赋能营销

长城汽车股份有限公司（以下简称"长城"）坚持以用户为中心，凭借过硬的技术实力和电动化、智能化的领先性与外资品牌正面竞争，以高质量的产品和服务俘获了海外用户的心。长城选择"燃油车低势能，电动车高势能"的海外营销策略。如欧洲消费者对本土燃油车品牌的忠诚度很高，但对电动汽车品牌却遵循品质至上的原则，于是长城汽车精准打造"魏牌"和"欧拉"两大品牌，一亮相便获得德国的消费者支持。在细分市场上，长城让产品为营销赋能。如在偏爱皮卡的澳大利亚和新西兰市场，长城汽车主推"长城炮"系列产品，在强手如云的越野车王国沙特，主打"坦克"品牌，在东盟则持续深化新能源战略，实施精准投放。

【启示】在全球汽车电动化、智能化领域竞争日益激烈的背景下，长城汽车在"油电"双赛道同时发力，用领先技术、卓越品质、贴心服务和本地化营销等多重差异化价值赋能，彰显了中国民族品牌的强劲实力和品牌自信。打造出中国车企出海的样板。

（二）目标市场营销策略

通过市场细分确定目标市场之后，就要展开营销。常用的目标市场营销策略有：

1. 无差异目标市场营销策略

无差异目标市场营销策略的指导思想是：市场上所有消费者对某一产品的要求和爱好基本相同，企业可以用单一的产品和营销手段加以满足。

采用无差异目标市场营销策略的一个潜在危险是它忽略了在整体市场的各个细分市场中存在的差别，企业试图以一种产品来满足整个市场中所有消费者的需求。另外，如果在同一市场上许多企业都采用无差异目标市场营销策略，就会使市场上的竞争异常激烈，最后形成几败俱伤的局面。

另外，需要注意的是，市场是不断变化的，那些具有同质需求的产品和需求差异性较小的产品，随着时间的推移，很可能在多种因素的作用下，由同质渐变为异质、由差异性较小变为差异性较大。如果企业不注意这些变化，不及时改变策略，极有可能使企业陷入困境。

2. 差异性目标市场营销策略

差异性目标市场营销策略的指导思想是：消费者对产品的需求是多种多样的，企业可以将原有市场按消费者的一定特征进行细分，针对各种细分市场的不同需求和爱好，生产与之相适应的产品，采用与之相适应的营销手段分别予以满足。

采取差异性目标市场营销策略的企业，一般拥有较宽、较深的产品组合和更多的产品线，实行小批量、多品种生产；不仅不同产品的价格不同，同一产品在不同地区的市场价格也有所差异；分销渠道可能各不相同，也可能几种产品使用同一渠道；促销活动也有分有合，具体产品的广告宣传是分开进行的，而企业形象的宣传则常常是统一的。这一策略的运用，有一个前提，即销售额扩大所带来的利益，必须超过营销总成本的增加。由于受有限资源的制约，许多中小企业无力采用此种策略。较为雄厚的财力、较强的技术力量和较高水平的营销队伍，是实行差异性目标市场营销策略的必要条件。

3. 密集性目标市场营销策略

密集性目标市场营销策略又称集中性市场营销策略，是指企业把人力、物力、财力等有限资源集中在一个或少数几个细分市场上，实行专业化生产和销售。采用这种策略的优点是可以降低生产销售费用，提高市场占有率，创名牌产品；缺点是目标市场较窄，容易受消费需求变化和竞争对手的影响，市场经营风险大。因此，采用这一策略的企业必须特别注意产品的独到性及竞争方面的自我保护，还要密切注意目标市场及竞争对手的动向。该策略的另一个危险是易成为"从众谬误"的牺牲品。所谓"从众谬误"，是指对更大的、更容易识别的或者更容易进入的细分市场的盲目追求。当企业成为"从众谬误"的牺牲品时，会去追求人人都相信的更好、更大、更可能获利的细分市场。由于竞争的压力，企业可能会发现这些"更大、更好"的细分市场实际上比某些被忽略的较小的细分市场的获利性更小。识别并将其他企业未充分满足的小细分市场确定为目标市场，这是一种有利可图的集中营销形式。面对电器市场的激烈竞争，很多电器企业为获得更好的生存与发展，纷纷采取多元化经营的战略。万和电气却砍掉部分边缘产品，选择向主业聚焦。万和电气发布的"121"梦想战略提出，公司将坚守燃气具一个主业，坚定做大厨房和卫浴两大空间，坚持培育一个新引擎。未来10年将以厨卫空间能源革命、数字信息技术迭代，以及新消费趋势作为其主要增长点，遵循"单品—套系—场景—生态"的发展理念，持续推动厨卫家居生态的无感化、智能化、一体化，不断拓展厨房、卫浴两大空间，不断加速生成式人工智能（AIGC）内容与营销的深度融合，不断拓展新的数字营销场域，通过多种方式建立与年轻消费者的沟通渠道，聚焦燃气具领域"做精、做专、做久、做强"，做"专精尖的万和电气"。

上述三种目标市场营销策略各有利弊，企业在选择时应考虑企业资源、产品同质性、市场同质性、产品所处的生命周期阶段和竞争对手的目标市场策略等因素的影响。

二、产品生命周期

（一）产品生命周期的四阶段

产品生命周期是指产品从进入市场开始，到退出市场为止所经历的全部销售时期。一个完整的产品生命周期可分为引入期、成长期、成熟期和衰退期，如图4-5所示。

理解产品生命周期要注意以下几个问题：首先，产品生命周期是指产品的经济生命而非使用生命；其次，产品生命周期四个阶段的划分，只是一种理想化状态，有很多产品在市场上并非按这种生命周期的规律变化。有的产品一进入市场就快速发展，越过了引入期，但很快就衰落了；有的产品并没有经过成长期，而是从引入期直接进入成熟期；有的产品进入成熟期后，由于企业采用了新的有效的营销策略，或发现了产品的新用途或新市场，从而使产品生命周期不断延续。

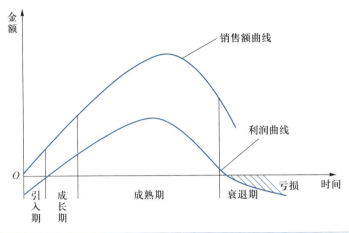

图 4-5　产品生命周期示意图

（二）产品生命周期各阶段的特点及营销策略

1. 引入期

引入期的主要特点是生产批量小、成本高，只提供一种形式的基本产品，购买者多为富有冒险精神的年轻人。这一阶段的营销策略是努力提高产品的知名度，选择适当的目标市场，运用广告和促销等手段推销产品以创立产品的信誉，采用选择性分销，以便在早期使用者和经销商中树立产品的知名度。

2. 成长期

成长期的主要特点是接受该产品的顾客增多，产品销售额快速上升，生产技术趋于成熟，进行批量生产，生产成本下降，利润上升，同时有一些竞争者开始介入。这一阶段的营销策略是努力提高产品质量，增加花色品种，向用户提供完善的售前售后服务，采用渗透价格策略以吸引更多的潜在顾客，建立合理的销售网络便于产品销售，通过广告宣传创立名牌，树立产品的良好形象。

3. 成熟期

成熟期的主要特点表现为产品普及率大幅提高，产品的销售量达到最高点。这个时期企业产品成本低，销售量大，利润高，但销售增长率放慢，同时市场竞争更加激烈。为延长成熟期，这一阶段的营销策略主要有：

（1）产品改革。产品改革包括品质改良，如提高耐用性和可靠性；性能改良，如增加适用性和方便性；形态改良，如提高产品的外形美。例如，浙江有家纽扣厂因竞争激烈陷入困境，老板采纳了一位职工的建议，在纽扣上开个小洞，向小洞内注入香水，使之能进不能出，香味飘逸长久不散。这种"香水纽扣"在市场上一亮相，大受女士们的青睐，产品供不应求。

（2）市场改革。市场改革包括寻找新市场或市场中的新部分，如增加产品的新用途，创造新的消费方式等。如尼龙产品最初用于制造降落伞和绳索，市场面较窄，后来用于服装领域、轮胎的帘子布等，使尼龙产品焕发生机。又如，面对众多品牌的强势竞争，糖果品牌大白兔联手日化品牌美加净，推出"大白兔奶糖味"润唇膏，一度成为社交媒体上的热点。大获好评后，大白兔进一步尝试了跨界营销，联合香水品牌气味图书馆推出快乐童

　　　　　　　　　　　　　　　　　　　　　　　　　　　现代企业管理

年香氛系列日化产品，商品涵盖大白兔气味的香水、沐浴露、身体乳、护手霜以及车载香薰等。

（3）市场组合改革。市场组合改革是指改变某些市场组合的因素，以增加销售量。如运用降低价格、改进包装、扩大分销渠道、采用新广告、加强销售服务等手段刺激现有顾客增加使用率。

（4）转移生产场地。转移生产场地是指把处于成熟期的产品转移到某些生产成本低、市场潜力大的国家和地区继续经营。

4. 衰退期

衰退期的主要特点是产品在经济上已经老化，不能适应市场需要，销售额和利润急剧下降。此时应采取撤退策略并及时对产品进行调整，加速产品的更新换代，淘汰老产品，投入新产品。

三、品牌策略

品牌是一种名称、术语、标记、符号或设计，或是它们的组合运用，其目的是借以辨认某个销售者或某群销售者的产品或服务，并使之与竞争对手的产品和服务区别开来。品牌的意义在于其所具有的巨大的无形资产价值。随着我国国际竞争力的提升，中国及国际市场上涌现了许多知名国产品牌，如华为手机、海尔家电、中国中车等。

品牌包括品牌名称和品牌标志两部分。品牌名称是指品牌中可以用语言称呼的部分。大众口口相传的品牌元素中，使用最频繁的当属品牌名称。好的品牌名称不仅能为品牌节约传播成本，还能在受众心中留下独特印象。华为、海尔等民族企业品牌，名称易记、富有内涵、寓意深刻，将企业目标形象化，能使品牌获得持久的市场优势。伴随互联网发展诞生的"去哪儿"品牌名称寓意也很深刻。"去哪儿"不仅是大众熟悉的常用语，而且"去哪儿"品牌很好地将品牌服务项目阐释得一清二楚，大众想去旅行时会不自觉地想到该品牌，能在大众心中建立专业的良好印象，对旅游行业经营而言，具有自带卖点的效果。品牌标志是品牌中可以被认出，但不能直接用语言称呼的部分。注册商标是受法律保护的品牌或品牌的一部分。需要注意的是，品牌与商标是两个有区别的概念。商标是商品的标志，是指企业为了表明其所生产和销售的商品区别于其他同类商品的质量、规格、造型等特征而使用的标志。商标也由品名和品标两部分组成，品名是能发音的文字，品标是不发音的符号或图案。一个经过申请注册并验准具有专用权、受到法律保护的商标，称为注册商标。

品牌既可以是商品的牌子，又可以是企业的牌子。而商标的主要功能是作为商品的标志。品牌必须图案化设计成商标，经工商行政管理部门注册后，享有受法律保护的专用权益，这时品牌才转化为商标。品牌在现代市场营销中占有重要地位，它直接关系到产品能否打开销路和扩大市场，并作为无形资产的重要组成部分关系到企业的前途和命运。

品牌要反映企业生产和经营特色，要与商品本身的特点、情调和谐一致，有时代感和民族特色。商标的设计要力求简单、形象、易读、易记；要构思新颖，造型美观，能给人以美好感觉，激发购买欲望；要适合目标市场地区的风俗习惯，外销商品要注意外文标识和图形忌讳。

为了充分发挥品牌在市场经营中的作用，各企业要根据自身经营特点，采取相应的策略：

（一）无品牌策略

品牌并非所有企业都必须使用。消费者习惯上不认品牌购买的商品，如煤炭、食盐、电力、水泥等，以及生产简单，没有一定技术标准或临时性、一次性生产的商品，可采用无品牌策略。

（二）中间商品牌策略

企业在拓展市场时，若本企业品牌在短期内难以建立信誉，可以采用中间商或销售商的品牌，通过"借船出海"以迅速进入市场，待商品被市场接受，取得顾客信任后，再转而使用自己的品牌，或者同时使用两者的商标。

（三）家族品牌策略

家族品牌又称统一品牌策略，是指企业对所经营的全部商品都采用统一品牌。这样不仅可以节省商标设计、注册等费用，而且一次广告宣传又能使所有产品受惠。新产品上市可以利用老产品的信誉，新产品一炮打响，又可以增加原品牌的知名度与美誉度。但是，一旦出现劣质产品就会影响较高质量的统一品牌的信誉，一损俱损。另外，如果产品类型差异较大或者质量档次等存在差异，对于品牌价值将会有很大影响，且不利于不同类型的产品形成自己的特色。

（四）个别品牌策略

个别品牌策略又称为多品牌策略，是指企业按产品的品种、用途和质量，分别采用不同的品牌。这种策略便于企业扩充不同档次的产品，适应不同层次目标顾客的需要，也避免把企业的全部声誉寄予一种品牌之上，从而分散企业的风险。

（五）特许品牌策略

特许品牌策略是指将品牌通过签订协议的方式转让给其他企业使用，使用特许品牌的企业必须严格执行该品牌对产品品质等的要求，并向品牌所有者交纳一定的品牌使用费。

（六）更换品牌策略

更换品牌策略是指用新的品牌更换原有的品牌。采用此策略必须慎重，品牌标志更换频繁，不利于企业提高信誉。

品牌资产能够为顾客和公司都带来价值。顾客由于对品牌有所认知和信任，在选购商品时，选择熟悉的品牌，便于信息处理，节省大量时间，更易做出购买决策，而顾客满意度也会大大提高。对于企业，品牌资产能够为企业带来忠实的顾客群，形成稳定的收入来源；价格的制定有更高的主动性，空间更大。另外，好的品牌可以用于新产品或服务，实现品牌的延伸扩展，最终使品牌资产为企业带来核心竞争力，成为企业的竞争优势。

现代企业管理

由产品品牌到生态品牌

　　海尔集团（简称海尔）经过 30 多年发展，形成了从物联网家电到医疗大健康，从互联工厂到智慧社区，从供应链物流到工业互联网等，通过从创新产品升级转变为创造生态的品牌，在全球白色家电领域打造出久负盛名的生态品牌。

　　全球品牌价值榜单 BrandZ 发布的"全球最具价值品牌 100 强"中，首次出现了"物联网生态"这一全新的"品牌物种"，海尔成为全球首个，也是唯一一个上榜的物联网生态品牌。海尔以物联网智能家居场景的兴起为契机，迅速从一家传统的家电企业转型为全球领先的物联网生态企业，成为专注于场景、生态和用户三方面差异化价值实现的品牌商。如百年氯碱行业龙头企业天原股份，借助海尔旗下卡奥斯工业互联网平台，从产品研发、生产、设备管理、能源、环保、物流仓储、产销结合等方面着手，构建起"平台＋应用＋服务"三位一体的智慧云工厂，实现企业生产数据的一致性、共享及生产信息可视化，提高了管理的精细化水平，增强了自身的盈利能力和核心竞争力。目前，卡奥斯平台已经孕育出建陶、房车、农业等 15 个行业生态，并在 20 个国家复制推广，帮助 7 万余家企业解决痛点，实现品牌升级。

【启示】从国内到海外，从产品品牌到生态品牌，一路走来，海尔不仅亲历了中国品牌的发展历程，同时也以其特有的链群生态向世界用户提供了中国方案，为数智化时代书写并贡献着中国品牌的引领性。

四、包装策略

　　产品包装是指为保护产品，方便储运，促进销售，按一定技术方法包覆在产品实体上的容器材料和各种辅助材料的总称。它一般包括内、中、外三个层次：内包装是指最接近产品实体的包装，如盛化妆品的瓶子；中包装是指内包装外的那一层包装，如化妆品瓶外边的纸盒；外包装又叫储运包装，是指为了方便储运和辨认产品而使用的包装。在现代市场营销活动中，产品包装具有保护商品、美化商品、传递信息、促进销售、提高商品价值、增加利润，便于运输、携带和储存的功能。企业常用的包装策略主要有：

（一）类似包装策略

　　类似包装策略是指企业对其所经营的产品在包装上采用相同的图案，近似的色彩或其他共同特征，使顾客容易发现（联想）是同一家企业的产品。此策略常被一些名牌厂商、专业化大企业采用，如某家电公司的电器产品包装都是蓝色。

（二）等级包装策略

　　等级包装策略是指企业把产品分为若干等级，对高档优质产品采用优质包装，一般产品采用普通包装，使产品价值与包装质量对应，表里一致，便于消费者区别选择购买。

（三）组合包装策略

组合包装策略是指把若干有关联的商品包装在同一个容器中。如成套化妆品盒内装有护肤霜、唇膏、眉笔、香水等。这种策略有利于带动多种产品销售，特别有利于新产品的推销。

（四）附赠包装策略

附赠包装策略是指在包装物内，附带奖券或实物。其目的是引起重复购买，扩大销售。如儿童食品中放玩具，方便面中放游戏牌等。

（五）复用包装策略

复用包装策略是指原来包装的商品使用完后，包装物可移作他用。这种策略一方面可以刺激消费者的购买欲；另一方面刻有商标的容器能发挥广告作用，增加消费者重复购买的可能性。

（六）改变包装策略

改变包装策略是指将陈旧落后的包装改换成新的包装。这一策略给人以推陈出新、摆脱陈旧之感，有时会起到意想不到的效果。例如，某食品厂生产了一种水果罐头，因销售不畅，积压严重。老板灵机一动，别出心裁地推出了"谜语罐头"。将罐头盖上印上谜语，并注明谜底在罐头内，吃完罐头便可知道"谜底"，由于包装颇有趣味性，又迎合了人们求知好奇的心理，尽管还是原来的水果罐头，但却由滞转畅，销路大开。

需要指出的是，对出口产品不管采用何种包装策略，都必须尊重进口国消费者的爱好、习惯、信仰等。

五、定价策略

产品定价时要考虑经营目标、目标受众、品牌地位、产品属性、产品成本、营业收入，以及产品需求量、竞品价格、经济趋势等多种因素。

（一）定价策略

定价策略是指企业在定价目标的指导下，根据产品特征和市场条件，运用具体的定价方法，对产品价格进行决策。常用的定价策略有以下几种：

1. 稳定价格策略

稳定价格策略是指企业的产品价格一经确定，不管在一定时期内的需求是否会发生变化，都不会因此而抬高价格或降低价格。采取这种价格策略，有利于企业的长久经营，避免不必要的价格竞争，建立良好的企业形象，有利于保证市场的安定，抑制某些损害消费者利益的不正当行为。

2. 递减价格策略

递减价格策略是指企业在初期将产品的价格定得较高，然后在后期销售过程中再逐步下降。这种价格策略，通常用于市场上第一次出现的新产品，在消费者逐渐认识了这种产品且竞争者纷纷进入市场以后，价格便不断降低，直到产品退出市场。采用这一策略，需要有良好的市场环境。如果有竞争者或同类产品在市场上，则一般不宜使用。

3. 递增价格策略

递增价格策略是指在新产品上市的初期把价格定得较低，以便迅速打开市场，在销路打开以后，再随着产品的不断改进和完善，逐步将价格提升。这种策略适合在竞争者和许多同类产品生产者都已占据了市场的情况下采用。这种价格策略的好处是可以快速打开市场，不利之处在于最初上市时有被看成劣质产品的风险，另外，提价时机掌握不准容易引起消费者的不满。

4. 薄利多销价格策略

薄利多销价格策略是指一种着眼于从大批量的销售中盈利，而不指望从单位产品中获得高利的价格策略。这种策略不仅适用于质量普通的产品或最初上市的新产品，也适用于质地优良的产品。企业长期以低价销售商品，不仅符合消费者的利益，而且企业可以名利双收，在市场上长期占有较大的份额。例如，小米抛开行业主流的液晶高端叠屏、OLED、量子点，以及激光显示等高端技术，通过在传统液晶电视领域使用薄利多销价格策略，快速跻身彩电行业一线阵营。

5. 单一价格和多种价格策略

企业产品往往要投向多方市场，而企业不管该产品要投放到何处，都采用一种价格，这种定价策略就是单一价格策略。采用这种价格策略，便于企业管理，可防止市场混乱，但市场的适应性较差。

多种价格策略是指企业根据不同的地区市场供求情况、消费习惯和竞争环境，给自己的产品标以不同的价格，或在同一市场上以不同的体积、重量、型号、包装给同一产品标以不同的价格。这种价格策略的特点在于区别对待不同类型的消费者和具有不同特点的市场，使购买力水平不同的消费者都能购买该产品，扩大产品的销售量。

6. 无差别价格策略和差别价格策略

无差别价格策略是指无论谁来购买或购买多少，均以一个价格对待。这种价格策略便于销售、减少费用、节约时间、公开价格，适用于紧缺商品，而对于一般商品则缺乏灵活性。

差别价格策略是指企业对不同的顾客和不同的购买数量以不同的价格对待。不同的顾客是针对那些了解程度不同、资信不同和消费水平不同的客户和消费者而言的。企业对于有声望的熟悉客户给予优惠的价格，以利于长期销售、扩大影响，对于购买数量很大的购买者，给予一定折扣让价。这种价格策略适用于供过于求的大众化商品，有利于大批量销售。

7. 特殊价格策略

特殊价格策略是指企业处于某种非常时期，或将要淘汰某一产品，或产品滞压严重时，为了重整旗鼓和不遭受彻底损失，而全面降低产品价格。但要注意，降价产品应该是需求弹性较强的产品。

8. 动态调价策略

动态调价策略也称需求定价或基于时间的定价，这种策略根据产品的需求变化动态调整价格。如一些超市蔬菜、水果等，在白天按市场价格销售，晚上打折销售；民宿酒店在旅游旺季采用高价策略，在旅游淡季采用低价策略。

9. 免费价格策略

免费价格策略是指将企业产品或服务以零价格形式提供给顾客使用，以满足顾客需求。传统营销的免费价格策略一般是临时性的。而网络营销免费价格策略却多是长期的，并多会从"免费"到"付费"慢慢转变。

（二）定价方法

1. 以新产品为中心的定价方法

常见的以新产品为中心的定价方法有三种：

（1）厚利定价法。厚利定价法又称撇脂定价法，是指在新产品投放到市场上去的时候，采用高价策略，以便获取尽可能多的利润，尽快收回投资。例如，云南白药牙膏采用30多元的高定价，在消费者心中树立了"一分价钱一分货"的认同感，使消费者认为产品贵一定有它的"道理"。

（2）薄利定价法。薄利定价法又称渗透定价法，是指把新产品的价格定得很低，以利于产品为市场所接受，迅速打开销路。这种定价方法一般适用于需求弹性大、销路广、销量大、有市场潜力的产品。

◉【管理洞察】

巧用价格策略抢占市场

可穿戴设备可以利用蓝牙连接手机，能对手机发出指令，又具有便携性，同时还可以添加健康管理系统，如计步、运动提醒、久坐提醒、睡眠监测、心率监测等。为从消费者身上获得超额技术溢价，这类产品刚上市时定价少则500元以上，多则上千元。而华为等国内厂商采用廉价路线，以国外产品十分之一的价格销售，迅速吸引了大批追求"性价比"的消费者购买，出货量增速迅猛，销量增速在可穿戴设备市场高居第一，一度推动了我国可穿戴设备行业的发展。

【启示】由于可穿戴设备技术非常成熟，其价格区别只在于品牌类别。采用低价策略，可以使可穿戴设备快速走向大众，占领市场。华为将市场份额放在首要位置，通过低价策略，在使消费者获益的同时，推动了企业及可穿戴设备行业的发展。

（3）满意定价法。满意定价法是指把新产品价格定在适中的位置，使顾客比较满意，企业又能获得适当利润。这种定价方法适用于产销较为稳定的产品。

2. 以折扣为中心的定价方法

以折扣为中心的定价方法是指企业根据交易对象、成交数量、交货时间、付款条件等不同，在基本价格上适当打折作为商品的实际成交价格。主要的以折扣为中心的定价方法有：

（1）数量折扣。数量折扣是指根据顾客的购买数量不同给予相应的价格折扣。购买数量越大，折扣越大。以此鼓励顾客大量购买或集中购买。

（2）现金折扣。现金折扣是指对买主在约定付款到期日之前付款所给予的折扣奖励，采用这一定价方法，可以促使顾客提前付款，从而加速资金周转。

（3）交易折扣。交易折扣是指根据各类中间商在市场营销中所担负的功能不同，而给予的不同折扣。交易折扣的多少，要看中间商所承担的商业责任有多少。

（4）季节折扣。季节折扣是指经营季节性商品的企业对销售淡季来购买的顾客，给予一定比例的折扣。其目的是鼓励中间商和顾客提前购买，减轻企业的仓储压力，加速资金周转，调节淡旺季之间的销售不平衡。

（5）推广让价。推广让价也称销售津贴，是指当中间商为产品提供各种促销活动时，如刊登广告、设置样品陈列窗等，生产者乐意给予津贴，或降低价格作为补偿。为了使经销商积极配合公司的推广，"洽洽"特意做了一种新的纸箱包装，在箱子的封口处，印有"慰劳金"几个字，每箱里面都有 2 元现金，表达的意思是：进我们的产品就有赚。这种方法大大刺激了经销商"快速赚钱"的销售欲望，纷纷配合企业推广"洽洽"瓜子。把"洽洽"瓜子铺满了各种各样的小铺，让消费者能以最快的速度接近它。

3. 以消费者心理为中心的定价方法

以消费者心理为中心的定价方法是指针对消费者的不同心理，制定相应的产品价格，以满足不同消费者需求的一种定价方法。它主要运用于零售环节。常用的以消费者心理为中心的定价方法有以下几种：

（1）整数定价。整数定价利用了消费者"一分钱一分货"的心理，将商品价格有意定为整数。这种定价方法便于消费者分清档次，做出购买决定。对高级豪华商品尤其适用。

（2）尾数定价。尾数定价又称奇数定价，是指给商品定一个带有零头数结尾的非整数价格。这种定价方式给人一种经过精确计算和低一级数目的感觉，顺应了消费者求廉求实的心理。如小米手机能够迅速崛起，获得较高的市场占有率，与其适当的定价策略密切相关。小米官网所有产品定价几乎都是以"9"结尾，给人一种心理上低价的暗示，提高消费者的购买欲望。

（3）习惯定价。某些常用消费品，如肥皂、火柴等，在消费者心目中已形成习惯价格，价格稍作变动便会影响其购买。为此，企业可通过降低费用、加强管理等措施，来维持此类商品价格稳定。

（4）寓意定价。由于消费者对某些数字的谐音有着不同的理解，或者有不同的风俗习惯用法，定价时应尽量采用消费者认为有好兆头的数字定价。

（5）招徕定价。零售商利用部分消费者求廉的心理，特意将某几种商品的价格定得较低以吸引消费者。如某些商店每天都有一至两种商品降价出售，以吸引消费者经常来采购廉价商品，同时也选购了其他正常价格的商品。

微课：基于消费心理的定价策略

（6）声望定价。声望定价是指为迎合消费者追求高品质、高附加值产品的心理，对市场有很好信誉和品牌形象的产品制定较高价格的一种方法。这种定价提高了产品身价，给消费者心理上的满足，有利于高档产品的销售。

六、渠道策略

渠道就是商品和服务从生产者向消费者转移过程中的具体通道或路径。

渠道策略的选择是指生产者对批发商和零售商的选择。由于企业自身特点与所处的环境不同，因而对渠道策略的选择也不同。

（一）传统渠道策略的选择

传统渠道策略的选择有以下几种：

1. 直接渠道或间接渠道

（1）直接渠道。直接渠道又称零级渠道，是指商品不经中间商参与环节，由生产者直接销售给消费者（用户）。利用直接渠道，商品销售及时，中间费用少，便于控制价格，能快速了解市场，有利于提供有针对性的优质服务。直接渠道是产品分销渠道的主要类型。

（2）间接渠道。间接渠道是指商品从生产领域转移到消费者或用户手中要经过若干中间商的销售渠道，即生产者通过若干中间商将商品转售给最终消费者或用户。由于中间商的加入，企业可利用中间商的知识、经验和关系，来简化交易，缩短买卖时间，增强商品销售能力。间接渠道是消费品销售的主要渠道。

2. 长渠道或短渠道

（1）长渠道。长渠道是指经过两道及以上中间环节后到达消费者手中的渠道。

（2）短渠道。短渠道是指产品直接到达消费者或只经过一道中间环节的渠道。

渠道的长短取决于商品从生产领域转移到用户的过程中经过的流通环节或中间层次的多少。经过的环节越多，销售渠道就越长；反之就越短。从节省商品流通费用的要求看，应尽量减少中间环节，选择短渠道。但有些情况下中间商的作用无法替代。因此，应根据商品的特点、市场的特点、企业本身的条件以及策略实施的效果等，综合考虑决定采用长渠道策略还是短渠道策略。

3. 宽渠道或窄渠道

销售渠道的宽窄，是指企业确定由多少中间商来经营某种商品，即销售渠道的每个层次（环节）所适用的同种类型的中间商的数目。生产者在某一环节选择两个及以上的同类中间商销售商品，称为宽渠道。生产者在特定市场上只选用一个中间商为自己推销产品，称为窄渠道。宽渠道有利于中间商相互竞争，能促进生产者与中间商通力合作，使产品迅速进入流通和消费领域。窄渠道生产者对中间商依附性较强，若发生意外情况，容易失去已经占领的市场。一般情况下，该策略有以下三种具体选择：①密集分销，即广泛分销，是指凡是符合生产者要求的中间商都可以参与其产品或服务的分销，主要适用于能方便消费者购买的便利品。②选择分销，是指生产者在特定市场精心选择一部分中间商来推销本企业的产品，主要适用于消费者需要在价格、质量、花色、款式等方面精心比较和挑选后才决定购买的商品。③独家分销，是指生产者只选择一个中间商为其销售产品，主要适用于贵重、高价和需要提供特殊服务的商品。

（二）整合渠道策略

零售商之间不仅存在传统意义上的纵向竞争，而且渠道之间还存在各种形式的横向竞争，为解决由此导致的渠道冲突，需要进行渠道整合。所谓整合渠道，是指通过整合渠道资源，为各渠道成员创造更多的价值，提高渠道效率。整合渠道的最终表现是分销系统的设计。

1. 垂直分销系统

垂直分销系统是指生产制造企业、批发商和零售商通过纵向整合组成的分销系统。系统组成成员属于同一家公司，或为授予专卖特许权的成员，或为有足够控制力的企业。对分销系统中的成员实施一体化运作，以利于控制渠道行动，减少渠道成员为追求各自的利益而产生冲突。

2. 水平分销系统

水平分销系统又称共生型营销渠道关系，是指由两个或两个以上的企业横向联合形成新的共同体，共同开发新的营销机会的分销系统。成员通过横向联合经营，发挥各自的优势及资源的协同效应，提升分销效率，规避风险。

渠道成员除了企业自身外，还包括经销商、分公司、分销商、零售商和消费者。企业在对自身价值、其他渠道成员和消费者对企业的价值增值期望进行综合平衡的基础上，对企业内部资源和企业外部经销商体系进行整合。

（三）全渠道策略

随着现代企业大量采用多渠道营销，不同渠道传播方式带来的差异导致消费者产生不同的体验，影响消费者购买决策的问题日益增多。为此，全渠道策略应运而生。全渠道策略是指在综合考虑消费者体验的基础上，在各种设备、平台和环境为消费者创造一种整合和统一的营销体验。简单地说，就是使用多种营销工具，将企业商品或服务通过网站、App、各大电子商务平台等全渠道方式整合，形成覆盖售前、售中、售后等各个环节的全渠道统一体验。

此外，随着互联网的发展及数字营销的兴起，一些充满活力及影响力的顾客群，不仅全渠道购买及消费，还全渠道评价、反馈及传播。为了满足消费者在任何时间、任何地点、以任何方式购买的需求，将实体渠道、电子商务渠道和移动电子商务渠道整合为全渠道成为大势所趋，如图4-6所示。为适应全渠道的无缝衔接，企业组织应做出改变，以支持PC端、移动端及线下渠道整合的全渠道策略。

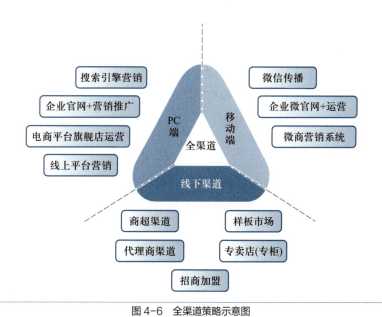

图4-6　全渠道策略示意图

线下线上结合，附加私域流量护城河

"薇诺娜"品牌的成功，靠的是线下为基，线上为翼，私域流量护城河赋能。

（1）线下扎根医院、药店等渠道。贝泰妮集团旗下的薇诺娜品牌包含Ⅰ、Ⅱ类医疗器械和化妆品。其中，"械字号"产品在线下主要布局于医院和DTP药房渠道；而"妆字号"产品品类丰富、可用作普通敏感肌消费者的日常保养，在线下主要销售于OTC药房、大型连锁化妆品专营渠道等。基于公司在医院药房渠道的高渗透率，在"妆字号"产品的战略布局上，重视药店渠道拓展，在OTC药房渠道以专柜形式渗透，顺应药店多元化发展需求，畅通了"械""妆"的营销渠道。

（2）线上以自营为主，分销为辅。在大型B2C平台开设自营店铺，自建平台进行线上销售。与大型B2C平台签订购销协议，由电商平台直销。自营电商多平台运营。

（3）私域流量池，有效提升转化效率。加强对新媒体营销和形象宣传推广的投入，打造以微信平台为核心的私域流量池。一方面通过天猫直通车、钻展、京准通等推广工具获取第三方平台的站内流量；另一方面通过直播、短视频等新媒体营销方式获取站外流量。通过布局私域流量（包含私域与公域结合），如薇诺娜专柜服务平台、小程序商城、公众号、视频号、微信群和线下美容顾问等来增强客户黏性、提升线上获客效率，并以微信平台的"专柜服务平台"和"小程序商城"为核心，各组成部分分别发挥触达、承载落地和客户"种草"、维护、裂变、引流等多种作用。线上线下消费者完成关注或购买后，被引导加入线下和线上的美容顾问企业微信号。美容顾问通过其企业微信号向消费者推送微信群二维码，以福利或红包形式吸引消费者加入分层精准运营的微信群，推动公域流量向私域流量转化。

【启示】化妆品领域，消费者购买力强，售价、毛利率天花板高。贝泰妮皮肤学级护肤品在医药渠道销售，渠道壁垒较高。凭借医药渠道资源，构建线下为基，线上为翼，私域流量护城河赋能的营销渠道模式，形成较为深厚的渠道根基，为持续发展打下了基础。

七、促销策略

促销策略是指通过各种促销手段，向顾客传递产品或服务信息，帮助顾客认识产品或服务的性能和特征，以引起顾客注意，提高顾客的兴趣，激发购买欲望，促进商品销售的各项活动的总称。促销的方法包括人员推销和非人员推销两大类。非人员推销又包括广告、营业推广和公共关系三个方面。

（一）人员推销

人员推销是指推销人员通过声音、形象、动作或拥有的样品、宣传图片等直接向顾客展示、操作、说明，直接与顾客相互交流，向目标顾客推销商品或服务的过程。推销人员在与顾客取得联系，并前往拜访顾客时需注意以下问题：在初次见面与交谈中应该给顾客一个良好的印象，讲究仪表和服饰，还要具备礼仪和修养。要设法营造一种融洽的气氛，要注意与决策人打交道，但又不要忽视与其他人交流。推销的中心环节是介绍产品，通过实物和有关资料来引起顾客的注意力和兴趣，耐心地解除顾客的各种疑虑，化解各种相反意见，对各种恶意的反对意见要控制住情绪。在谈到较为敏感的价格问题时，应充分表述理由以说服对方，让对方感到产品货真价实和物美价廉。对方讨价还价时要有充分的耐心和信心，把握尺度，缓慢降价。推销人员要密切注意各种成交信号，抓住契机，或提供多种选择性决策，或给予合理的建议，或承诺便利的售后服务，进而果断地揭示优惠价格，一举促成顾客的购买决定。产品销售出去后，要及时且经常地与顾客联系，提供有关资料和信息，促使其重复购买。搜集顾客对企业产品和售后服务的改进意见，并及时反馈给企业有关部门。某企业家年轻时曾在一家塑胶厂当业务推销员。有一次，他推销一种塑料洒水器，走了几家机构都无人感兴趣。他灵机一动，假称洒水器可能出了问题，想借水管测试一下，并趁此机会在办公室里展示起来，结果一下子销售出十几个。

（二）非人员推销

1. 广告

广告是指利用一定媒介，把产品、服务、观念等信息传递给公众的一种促销方式。报纸、杂志、电视、电台等大众化媒体，是企业向顾客传递信息的重要渠道，受到各企业的高度重视和普遍采用。广告的作用包括：①传递信息。企业把各种信息传播到企业确定的目标顾客和潜在的顾客中去，使他们了解和喜欢自己的产品和企业，最终实现产品销售。②诱导购买。广告在信息沟通过程中，能够持续不断地对顾客或潜在顾客产生诱导作用。一则好的广告可以推动实现"唤起注意→引起兴趣→产生欲望→导致购买"一系列效果。③指导消费。广告能帮助人们树立新的观念，引导人们建立新的消费模式。④传播文化，美化生活。人们可以通过对广告作品的欣赏，引起丰富的生活联想，得到美的享受。企业常用的广告定位策略有以下几种：

（1）功效定位。功效定位是指结合产品在功能效用上的独特之处进行宣传。如娃哈哈纯净水的广告"爱你等于爱自己"，体现其使用功效。

（2）品质定位。品质定位主要强调该产品在品质方面与其他同类产品的不同之处，以便使消费者消除其使用方面的顾虑。如雪碧饮料的广告词是"晶晶亮，透心凉"，不仅说明产品不含色素，还显示出产品极具有解渴效果。

（3）市场定位。市场定位是指确定企业产品放在什么市场位置上。

（4）价值定位。价值定位是指突出企业产品的价值位置。

（5）区别定位。区别定位是指将产品与类似的其他产品相区分，显示产品的特性。如《读者》的广告，"选择《读者》，也就选择了一类优秀文化，一种新的视野，一位人生的挚友"。

2. 营业推广

营业推广是指企业为刺激需求而采取的能够迅速引起购买行为的促销措施。多用于一定时期、有一定任务的短期特别推销。

（1）营业推广策略。常用的营业推广策略主要有如下四种：

第一，盈利策略。不论采用何种推广方式，目的都是盈利，只是改变了盈利方式而已。如赠送样品是以赠送代替广告，先试先尝是为了后卖，畅销商品减价实为薄利多销，滞销商品减价恰是赚头蚀尾。所以在推广时必须掌握好优惠的"最佳点"。

第二，有限时间策略。营业推广的时间是有限的，而且时间的长短要适度。时间太短，会使某些顾客或潜在顾客来不及接受营业推广的好处，从而影响营业推广的效果。时间太长，会使人无新鲜感，有习以为常之感，失去刺激需求的作用，既付出了代价又没收到好的效果。

第三，有限规模策略。营业推广的规模也应适度。在一定范围内，费用所产生的推销效果是显著的。但超过这个范围，费用所产生的效果反而会降低、得不偿失。因此在实践中有必要研究规模费用与推广效果的关系，找出最佳的推广规模。

第四，最佳推广途径策略。营业推广所采用的途径不同，费用不同，达到的目标不同，产生的效果也不同。比如，一张礼品券，可以放在商品包装中，也可以有针对性地邮寄给顾客。放在包装中的费用最省，但是只能到达现有买主手里，鼓励老主顾继续使用；而邮寄的方式，费用虽然比前者高，但赠送面广，还可以送到潜在顾客手里，使潜在顾客变为现实顾客，其推销效果更好。

（2）营业推广的方式。企业应根据营销目标、市场类型、竞争环境、政策法规等正确选择营业推广方式。常见的营业推广方式有：

第一，有奖销售。顾客购买达到一定数量或金额后，企业发给相应奖券，中奖者可获得一定的奖品、奖金或其他优惠。

第二，赠送样品。企业把一部分产品作为样品免费赠送给顾客，通过他们扩大影响和销售。例如，人们收到名片后往往随手搁置一边。而圣雅伦公司的员工制造出名片指甲钳：在指甲钳上刻上赠送人的名字、头衔和电话号码，使名片与指甲钳融合在一起，以免费赠送带有赠送人信息的指甲钳代替赠送名片。收到名片指甲钳后，很多人都眼前一亮，也决定给自己单位的业务员定制这种产品，收到了很好的广告效果。

第三，赠送优惠券。企业向顾客发放优惠券，顾客凭优惠券到指定地点优先购买或减价购买。

第四，附赠礼品。顾客在购买了某种产品后，企业向顾客赠送一定的礼品。某商店贴出这样一则广告："购买20元以上商品的顾客，可自由挑选一件纪念品。"在可供挑选的纪念品中，有许多是成双成对的。顾客第一次得到了其中一件，为了配成一对，只得第二次光顾这家商店。

第五，产品陈列与现场示范。企业通过举办产品展览与现场表演，使顾客了解产品，打消疑虑，促进购买。

第六，组织竞赛。举办某种竞赛或竞技活动，对竞赛参与者或优胜者提供一定的优惠或奖励。

第七，折扣。包括数量折扣、现金折扣和季节折扣。

第八，交易印花。每次购买商品时，顾客将得到一定张数的交易印花，凑够一定数量就可以获得特殊优惠。

3. 公共关系

公共关系是指企业与相关公众为实现双向沟通、谅解、信任、合作而进行的有目标、有计划的公关活动。公共关系的目标主要包括两个方面：对外为提高企业的知名度，加深顾客对企业及其产品的印象和信赖；对内为协调各部门之间的关系，运用企业文化，激励全体员工努力工作，创造良好的企业形象，即外求发展平衡，内求团结协调。公共关系在市场营销中的主要作用如下：

（1）协调与顾客的关系。一是帮助顾客了解企业，建立企业信誉。二是预防与顾客发生纠纷，消除与顾客之间的隔阂。三是及时反映顾客的需要。

（2）协调与新闻媒介的关系。企业需要通过有效的传媒在公众心目中建立可信赖的良好形象，新闻媒介具有面向公众的特征，有利于实现企业的要求。

（3）协调与内部员工的关系。通过公共关系工作交流信息，消除误解，建立共同语言，有利于企业营销环境的优化。

（4）协调与社区的关系。通过公关工作同所在地政府、社会团体和其他组织，以及当地居民之间建立睦邻关系，稳固企业在社区"合法公民"的地位。

公关需要创意，要创新出能引发公众注意且与众不同的思路、理念与品类。

一、单项选择题

1. 以需定产，"能为市场生产什么"为经营着眼点的企业经营观念是（　　　）。
   A. 产品观念
   B. 推销观念
   C. 营销观念
   D. 社会营销观念

2. 在波士顿矩阵图中市场占有率和销售增长率都高的产品属于"（　　　）"产品。
   A. 明星
   B. 金牛
   C. 问题
   D. 瘦狗

3. 强调市场细分，针对各种细分市场的不同需求和爱好，生产与之相适应的产品，采用与之相适应的营销手段的目标市场营销策略是（　　　）。
   A. 无差异目标市场营销策略
   B. 差异性目标市场营销策略
   C. 密集性目标市场营销策略
   D. 专业化目标市场营销策略

4. 在干脆面袋子中放游戏卡属于包装策略中的（　　　）。
   A. 组合包装策略
   B. 复用包装策略
   C. 等级包装策略
   D. 附赠包装策略

5. 适用于需求弹性大、销路广、销量大、有市场潜力的产品的定价方法是（　　　）。
   A. 满意定价法
   B. 薄利定价法
   C. 厚利定价法
   D. 折扣定价法

二、多项选择题

1. "4C"营销组合的"4C"包含（　　　　）。
   A. 消费者
   B. 成本
   C. 便利
   D. 沟通

2. 按收集资料的方式不同划分的市场调查的方法有（　　　　）。
   A. 询问法
   B. 问卷调查法
   C. 观察法
   D. 实验法

3. 产品生命周期可分为（　　　　）阶段。
   A. 引入期
   B. 成长期
   C. 成熟期
   D. 衰退期

4. 下列定价方法中属于以消费者心理为中心的定价方法的有（　　　　）。
   A. 习惯定价
   B. 招徕定价
   C. 寓意定价
   D. 推广定价

5. 以下属于企业营业推广方式的是（　　　　）。
   A. 赠送优惠券
   B. 折扣
   C. 新闻事件
   D. 有奖销售

三、判断题

1. 拥有追求新潮的消费心理，注重产品的新、奇、特等特征的是想象型购买行为模式。　（　　　）
2. 常用的专家预测法有头脑风暴法、德尔菲法和专家会议法。　（　　　）
3. 能够提供给购买者的基本效用或益处的是核心产品。　（　　　）
4. 品牌就是商标，都受法律保护。　（　　　）
5. 在企业广告定位策略中突出企业产品的价值位置的策略是市场定位策略。　（　　　）

四、思考题

1. 产品生命周期各阶段的营销策略有何异同？

2. 举出两个采用厚利定价法的实例，并描述它们的具体情况。

3. 请各举一个品牌广告定位成功及失败的实例，并分析其成功和失败的原因。

五、综合实训

1. 实训目的

理解市场营销组合的重要性，运用市场营销理论分析、解决营销问题。

2. 实训内容

（1）企业背景资料：航空公司平均利润率在 9% 时，如果有三家以下公司通过降价实现薄利多销，利润率可达 14%，而没有降价的公司利润率则为 4%；如果有三家和三家以上的公司同时降价，则所有公司的利润都只有 6%。

（2）根据企业背景资料分析企业目标市场确定的依据，制作营销方案。

（3）作出产品价格调整决策。

3. 实训组织

将教学班分成四组，每组选定一家航空公司进行虚拟分析，形成目标市场策划分析方案。要求充分运用理论知识进行论证。

4. 实训考核

（1）各组提交实训报告，由教师评价，占总成绩的 30%。

（2）组间互评和学生自评相结合评定成绩，占总成绩的 70%。

技术创新管理

第五章

学习目标

素养目标

- 树立围绕创新型国家建设开展技术创新的意识
- 坚持企业技术创新，助力创新强国建设
- 提升企业技术创新能力，为高质量发展提供有力支撑

知识目标

- 了解新产品开发的方式、程序及策略
- 熟悉工艺创新的作用、要求及路径
- 掌握价值工程的基本原理、功能分析与功能评价方法

技能目标

- 能够从对产品、工艺进行微创新入手，持续提升开发能力
- 能够运用价值工程原理进行新产品开发与老产品创新

思维导图

技术创新管理
- 产品创新
  - 新产品的特征
  - 新产品的种类
  - 新产品开发
- 工艺创新
  - 工艺创新的作用
  - 工艺创新的要求
  - 工艺创新的路径
- 价值工程的应用
  - 价值工程的基本概念
  - 价值工程的指导原则
  - 价值工程的程序

学习计划

- **素养提升计划**

- **知识学习计划**

- **技能训练计划**

破解"鼓气电池"成就电池巨头

　　21世纪初，中国电池市场的圆形或方形电池被国外锂电池厂家占据。东莞新能源科技有限公司（简称ATL）作为新创企业，很难与之竞争。ATL对一款热销的聚合物电池进行研究后发现，该电池轻薄，能灵活封装成不同尺寸，遂决定以此切入。公司投资100多万美元取得该电池的专利授权。然而，意外的是，巨资买回的专利竟有致命缺陷——充放电循环后，电池会因鼓气变形而无法继续使用。面对巨额投资制造的电池变成"雷池"，公司合伙人将自己关在实验室整整两周对问题进行分析，判断是电解液成分所致。据此思路，技术团队制定了七个新的电解液配方，在去除低沸点的物质成分后，彻底解决了电池鼓气的问题。随后，团队重新研发生产工艺路线，实现产品量产化。凭借技术优势及灵活的封装工艺，ATL的手机电池价格是韩国产品的一半，容量却增加了一倍。极高的性价比使ATL迅速占领了手机电池市场，成为锂电池行业的领先企业。

　　国家出台新能源汽车补贴政策后，为服务国家战略，解决新能源汽车最关键的动力电池技术，合伙人联合ATL研发副总牵头成立宁德时代新能源科技有限公司（简称"宁德时代"），经过技术创新研出"三元锂电池"，凭借过硬的技术，成为宝马核心供应商。此后，又先后与奔驰、大众等众多车企建立供应关系，并成为全球最大客车企业宇通客车的唯一电池供应商。宁德时代凭借技术创新，成为世界汽车电池产业巨头。

【启示】ATL与宁德时代的成功，得益于其创始人对国家产业政策的灵敏感知，团队对技术路线的准确判断，核心成员在长期技术创新过程中形成的积累，以及不惧艰难地通过自主创新解决问题的信念。

第一节　产品创新

　　新产品是指在结构、材质、工艺等方面较老产品有明显改善，采用新技术原理和新设计构思，从而显著提高了产品功能或扩大了使用功能的产品。产品创新直接关系到企业的生存与发展，是企业开拓市场、提高竞争能力的基本手段，也是企业提高经济效益的有效途径。

一、新产品的特征

　　技术创新与产品创新密切相关，但由新技术衍生出来的新产品是一个相对的概念。新产品一般具有以下几个特征：

1. 先进性

由于采用了新原理、新技术、新材料，使产品具有新结构、新性能、新质量、新技术特征，从而使新产品更加先进。

2. 创新性

由于新产品在一定程度上运用了新的科学技术知识，体现了新的科学技术成果，使新产品具有创新性。

◈【管理洞察】

持续创新形成丰富的产品应用场景

深圳市中科蓝讯科技股份有限公司（简称中科蓝讯）在创业之初，就决定采用RISC-V指令集架构，设计、研发无线音频芯片，以实现核心技术的自主可控，规避高额的授权费，降低前期芯片开发的资金投入和成本，提升芯片的综合性价比。技术团队经数月研发，首款芯片顺利问世。产品功能完善、集成度高、尺寸小、功耗低、二次开发简便、综合性价比高，推出第一年就实现盈利，成为半导体行业中的佼佼者。

该公司后续开发的智能手表、智能车载支架等物联网产品芯片，丰富了产品的应用场景，受到市场和资本的青睐。现在，中科蓝讯又借助蓝牙、Wi-Fi、边缘计算等技术将无线音频芯片的应用领域进一步拓展到智能耳机、智能可穿戴设备、智能家居、高性能物联网等更多的智能终端设备中，实现产品立体布局，为万物互联、智能互联做出贡献。

【启示】机会总是留给有准备的人，在很多企业都在等待新的市场机会出现时，有先知先觉的企业家已经认准方向，组织起实力强大的创新团队进行精准研发。因此，只有把握机会、迎风而起、持续创新，才能在为国家贡献一份力量的同时，获得更大的发展。

3. 经济性

对企业来说，新产品能带来较高的经济效益；对用户来说，新产品可以节约使用费。

4. 风险性

新产品的开发与创新，会给企业带来三个方面的风险：一是技术风险，是指新产品创新过程中所采用的新科技成果不成熟，所带来的风险；二是市场风险，是指用户对新产品的性能、用途不了解，难以打开市场造成的风险；三是盈利风险，是指如果没有一定数量的销售额来配合，在经济上就存在风险。

二、新产品的种类

新产品可以根据所在地域范围和创新程度分类，具体见表5-1。

表 5-1　新产品分类

分类依据	种类	含义	注解
按所在地域范围分类	国际新产品	在世界范围内首次研制成功并销售的产品	应及时申请专利保护
	国家新产品	国内第一次生产和销售的产品	可以引进、仿制
	地区新产品	本地区首次出现的产品	可借鉴现有的样品和技术
	企业新产品	本企业第一次研制成功并销售的产品	要防止重复投资造成过剩
按创新程度分类	全新产品	采用新科技发明或新技术原理研制开发的产品	发明创造在生产上的应用
	改进新产品	质量、规格、款式花色变化的产品	对现有产品改进性能
	换代产品	部分采用新技术、新材料、新元件的产品	具有新用途，满足新需要

三、新产品开发

（一）影响新产品开发的主要因素

一个完整的新产品开发流程包括识别需要、建立初期目标表达、产生产品概念、选择产品概念、测试产品概念、设定最终表达等几个阶段。由于它们的动态性、非结构性和规范化程度较低，使得新产品开发活动与新产品研制过程受到多种因素的影响，这些影响因素主要有以下几种：

1. 产品功能的完整程度

目前产品竞争已经从提供具体的产品转向提供全面的用户解决方案。顾客也不再仅仅被视为无差异的群体，而是个性化的个体。因此，一个有竞争力的产品应该是工程学、人体工程学和美学技术与理念的有机结合。在新产品开发活动过程中，也应重视产品功能的完整程度。

2. 主观估计偏差

在新产品开发活动中，开发小组的创意富有吸引力，对产品创新有促进作用。但如果在开发小组对产品概念选择估计的过程中出现偏差，就可能对新产品开发产生一定的影响。

3. 数据来源与处理方法

成功的新产品概念并不依赖于单一的数据来源，而是综合了多种数据来源。研究结果显示，具有较准确预测水平的企业，往往比预测不准确的企业使用更多的数据来源和处理方法。使用的数据来源、处理方法、种类和数目，会对新产品概念测试的准确性产生影响。面对沙尘天，雾霾天空气中 $PM_{2.5}$ 等可吸入颗粒物增加，以及汽车尾气等带来的挥发性有机化合物 TVOC 增加，所造成的室内空气污染影响健康的问题，海尔基于对不同场景实测数据的分析，对空调产品进行创新，增加"洗空气"功能。新产品开机 12 分钟，室内空气就会变得干净、清澈，使消费者在大部分环境下都可以享受到健康的好空气。

4. 产品生命周期成本和可制造性

通过在最初的设计过程中考虑生产成本和生产可行性及维护装配要求，设计者能够同时设计产品概念和生产工艺程序。

5. 绿色环保理念

受绿色环保理念影响，越来越多的绿色新产品正在出现，这些产品在生产时使用更少的资源，使用时也消耗更少的资源，并且由毒性较小和能够回收的原材料制成，便于废弃后回收。开发绿色环保产品的手段是进行产品的全过程分析，包括对一个产品从生产、使用到报废全过程所消耗的材料、能源和所释放的污染物的记录和分析。例如，华为在 5G 产品研发与工程化过程中做了大量的创新，通过芯片工艺设计、系统软件、专业服务以及先进的硬件材料和散热技术，整体上实现 5G 单站能耗比业界平均水平低 20%，让华为的 5G 产品更符合"节能减排、绿色环保"的理念。

（二）新产品开发的方式

1. 自行研制

自行研制是指企业根据国内外市场需求预测，进行基础理论及应用研究，从根本上探讨新产品的原理、技术、结构，并进行自主设计、自行研制的创新活动。其优点是可以密切结合企业的优势和特点，容易形成本企业的产品系列，使企业在某一方面具有领先地位。

 【管理洞察】

自主创新提升竞争力

"大哥大"手机刚传入中国时，一块手机镍镉电池价格高达上千元。比亚迪创始人发现商机后，辞职从事镍镉电池创业。在选择生产工艺时，当时一台进口设备价格为 20 万美元。经对劳动力工资与设备价值的反复权衡，他选择投资 100 多万元建成一条日产 4 000 块镍镉电池的半自动生产线。此举把原本需要一次性投入的设备价值，化解为分月支付的人员工资等可变成本，不仅缓解了创业资金紧张的难题，还形成了巨大的成本优势，提升了产品竞争力，快速打开了国内外市场。创业三年，公司就成为中国第一、世界第四大电池生产商。此后，比亚迪又与时俱进地创新，研发出锂电池及其生产线，成为全球第二大手机电池生产商。

【启示】在企业大量引进国外成熟生产线的背景下，比亚迪创始人结合实际，通过自主创新，创建了半自动生产线。降低成本，使企业形成竞争优势，走出了一条适合中国国情的自主创新之路。

---

2. 技术引进

技术引进是指企业通过技术合作、技术转移、购买技术专利等引进国内外先进、成熟的应用技术和制造技术，并以此来实现产品创新。其优点是可缩短开发时间，节约研制费用，风险较小，能够促进企业技术水平和生产效率乃至产品质量的提高。缺点是企业引进的技术，是其他企业已经使用的技术，需要付出较高的代价，且带有限制条件。因此，要对技术的成熟程度、先进性、适用性及经济性进行充分论证，防止某一方面考虑不周给企业造成损失。

3. 研制与引进相结合

研制与引进相结合是指将某种新产品的部分技术由企业自己研制，另一部分从外部引进。

它是在充分消化吸收引进技术的基础上，结合企业已有技术进行创新。当企业已具有一定的科研技术基础，外界又具有开发这类新产品比较成熟的技术可以借鉴时，可以采用这种方式。采用这种方式进行产品开发不但花费少、见效快，而且有利于引进技术的消化吸收以及企业创新能力的提高。

4. 内外协作研发

内外协作研发是指将企业内外科研与技术力量联合起来进行产品开发。它有利于充分利用社会的科研能力，弥补企业自身力量的不足，把科技成果及时转化为生产力。例如，海正药业开始试制抗生素时，面临各种困难，公司总经理与技术人员一起，拜访国内各重点大学、研究所，请教专家教授，先后与中科院上海药物研究所、上海有机研究所、北京微生物研究所等20多家科研单位建立紧密联系，走产学研合作的技术创新之路，即企业出资，科研单位研究，再由企业转化成生产力。历经多年，相继成功开发了40多个高科技、高难度的新产品。

（三）新产品开发的程序

行业的差别和产品生产技术的不同特点，特别是产品开发方式的不同，会使新产品开发的程序不完全一样。一般来说，新产品开发大致要经历以下几个阶段：

1. 调查研究

调查研究包括技术调研和市场调研两个步骤。技术调研，就是调研有关产品的技术现状与发展趋势，预测未来可能出现的新技术，以便把新技术运用到新产品中去。市场调研，就是要了解国内外市场对产品品种、规格、数量、质量、价格和成套供应等的需要，从而根据需要来开发新产品。例如，浙江久立集团调研发现，因电缆不耐火，一旦遭遇火灾，埋设的电缆就会全部烧坏，导致大楼功能丧失。因此，防火电缆成为潜力巨大的市场。看准商机后，公司与上海电缆研究所开展合作，成功开发出氧化镁矿物防火电缆，即 MI 电缆，且产品价格仅为同类进口产品的1/8，迅速占领了市场。

❂【管理洞察】

从用户到工厂的新产品开发"秘钥"

创新驱动发展，但在成熟的家电行业，怎样通过创新对普及度极高的产品进行迭代，以促使行业健康发展，始终是企业苦苦探求解决方法的一个难题。2022 年，海信电视获得全球电视销量第二名的成绩，靠的是其在研发过程中形成的"秘钥"，即通过调研用户实现从用户到工厂的持续创新。

以海信畅销电视产品 A57H 为例，该产品就是企业深入用户群体，历经 90 天调研，综合 100 000 份需求报告，历经 180 天产品打磨，才将这款画质表现优越、音响配置突出、在行业同价位产品中具有配置优势的产品呈现给市场。海信新产品开发通过"用户参与设计"，把握了通过新产品开发以应对成熟市场的"秘钥"。

【启示】提及新产品开发，人们大多会想到企业组织研发团队在办公室不受干扰地进行产品创新研究。其实，在互联网时代，用户作为产品的使用者，对产品的核心痛点更加了解。虽然用户的需求五花八门，但只要对用户的需求进行调查、分析、分类和概括，精准提炼出用户的真正需求，就可以把握住新产品开发的核心方向。通过调查研究让用户参与产品设计，为破解新产品开发难题展示了很好的解决方法。

2. 构思创意

该阶段的主要工作是提出新产品的有关构思方案，如对新产品的原理、材料、结构以及新产品的性能、用途等多方面的设想。支持产品创新的构思来源是多方面的，一般从企业内部的生产部门和销售部门能得到一部分；在企业的外部，各种经销商、零售商、广告公司、相关专家，以及顾客也能向企业提供大量有价值的资料。另外，好的创意也可能来自各界人士的疑问和批评甚至是竞争者的成功。

3. 构思筛选

构思筛选就是对有关关键技术课题进行研究与试制，进一步筛选、确认和修改技术构思。在这一阶段中，企业要确定完整、周密的产品评价标准以及成本、销售量与利润的关系模式。对新产品设计方案进行筛选时，应该努力避免两种偏差：

（1）对某个良好构思的潜在价值估计不足，以致漏选，失去机会；

（2）误选了没有发展前途的新产品，导致彻底失败。

4. 设计开发

设计开发就是对前一阶段确定的技术构思进行评价，开始产品设计、试制或试验，并掌握必要的数据，如性能、成本和效益等。企业的产品价值就是满足消费者的需求，所以产品的整体概念也应体现以消费者需求为中心的思想。主要应满足以下几方面的要求：

（1）产品功能设计要符合消费者的生理要求；

（2）产品造型设计要符合消费者的审美要求；

（3）产品结构设计要符合人体工程学的要求；

（4）产品个性设计要符合消费者不同的个性动机；

（5）善于运用和发现流行消费现象，进行符合时兴潮流的商品设计。

5. 工艺准备

这一阶段主要是对第四阶段的结果进行评价，为投产后能够正常生产做好准备。如工艺设计、工具设计和技术文件准备等，必要时还应该进行批量试生产以及市场试销。

6. 测试验证

产品测试是将产品原型或第一批产品样品提供给消费者，由消费者根据自己的使用感受对产品属性进行评价，以取得消费者反馈及测试数据。测试内容主要围绕产品目标和功能实现等综合因素展开，主要包括产品外观界面测试、功能测试、性能测试、安全性测试、易用性测试及兼容性测试等。测试结束，要及时对消费者反馈的问题进行归纳总结，并从消费者体验反馈和优化建议两方面进行梳理，关注反馈频次并整理优先级，得出具体改进方案和后续规划，并同步反馈给相关负责人，以便对发现的缺陷及时改进，进一步完善功能，提升质量。

7. 正式投产与上市

企业试销成功后，应准备好批量生产条件，选择合适的时机、地点把新产品推向市场。产品正式上市前应做好以下准备工作：将该产品及包装的所有特点详细整理出来，以供有关部门作为备料、制作、检验的依据；核定产品的出厂推销价格；制定经费预算；准备大量生产所需的物质技术设备和原料；确定产品推销代理机构、新产品配件供应点和维修点；对经销人员进行一定的推销技术训练；安排一套完整的广告宣传计划。另外，还应确定产品上市的最佳时机，一般选择应季上市，也可以结合企业原有产品所处生命周期阶段，使新产品及时进入市场，做好新老产品衔接。

上述步骤是企业新产品开发的整体循环过程，只要企业存续，就要持续对产品进行优化迭代。如元气森林、拉面说等新兴品牌，都是沿着这个逻辑创新并取得一定成绩的。

（四）新产品开发的策略

新产品开发策略如下：

1. 挖掘需求策略

消费者需求有现实需求与潜在需求之分，企业既要善于挖掘有现实需求的产品，如电视机、电冰箱、洗衣机等，又要勇于挖掘具有潜在需求的产品。特别是后者，它是判明一家企业是否富有远见的重要标志。如一家街道小厂生产了一种塑料浴罩新产品，热水一倒，热气蒸发，使浴罩内的温度能保持在20℃以上，解决了冬天洗澡冷的问题，深受消费者欢迎。后来，这一概念被其他企业完善成了家喻户晓的桑拿浴箱。

2. 挖掘产品功能策略

通过挖掘产品功能开发新产品，可以延长产品的生命周期，老产品增加新功能和新用途，可以重新受到消费者的欢迎。

3. 以竞争为主旨的开发策略

（1）抢先策略。抢先策略是指在其他企业还未开发成功，或还没有投入市场之前，抢先把新产品投放市场。

（2）紧跟策略。与上一策略相反，企业先不开发新产品，而是仿制市场上已开发成功的新产品，使企业投入少、收效快。这种策略要求企业信息灵而快，仿制能力强。

4. 降低风险策略

（1）转移风险策略。对于无法回避也无法缓解的危机，应设法合理地转移风险。如将部分经营环节（设计、试验、试制）外包、购买保险、保值套现及签订免除责任协议等。

（2）减少资源投入策略。开发新产品、新设备、新技术，需要人力、物力和财力，这些都需要投资，且投资越大风险越大。因此，在开发中应尽量利用现有资源，并将其合理调配以降低风险。

（3）用户导向策略。为了避免新产品开发后没有人购买而蒙受损失，新产品在开发以前，应先寻求用户，并与用户签订供货合同。研发过程中要充分考虑用户需求。

（4）试探风险策略。造成新产品风险的因素很多，事先难以预料。如果先从别的国家、别的地区或别的厂家引进本企业准备开发的产品，用上自己的厂牌商标，试探市场是否欢迎，这样较为稳妥。如市场欢迎即可投入力量生产，不欢迎即可转向开发其他产品。

第二节 工艺创新

产品是企业生存和发展的基础。产品从原材料到成品的物化都离不开工艺,工艺创新对产品创新发挥着举足轻重的作用。工艺创新是指企业采用新的或有重大改进的生产方式、工艺设备或辅助性活动,提高劳动生产效率、降低原材料及能源消耗或改进现有产品生产,从而最终实现企业产出最大化的创新活动。所谓辅助性活动是指企业的采购、物流、财务、信息化等活动。产品创新侧重于活动的结果,而工艺创新则侧重于活动的过程,并渗透在劳动者、劳动资料和劳动对象以及各种生产力要素的结合方式上。

一、工艺创新的作用

工艺创新不仅包括工艺规程、技术操作规程和技术测定等方式方法的创新,而且包括新工艺、新设备、新工具及各种新方式方法的运用。工艺创新无论对产品创新还是对企业竞争力提升,都发挥着重要的作用:

(一)有利于提升企业的经济效益

企业的工艺技术水平不仅影响着产品质量,而且影响着企业生产的物耗、能耗和效率。企业工艺技术水平决定了各种资源投入在生产过程中的变换效率。在工艺技术不变的情况下,管理手段的改进虽然在一定程度上能改善经济效益,但成效相对有限。只有工艺创新,才能持续提高企业的经济效益。

(二)有利于提高产品的创新能力及市场竞争力

先进的生产设备和工艺不仅有利于降低生产成本,提高劳动生产率,提升市场竞争力,还可以提高企业的产品质量,更好地推动产品创新成果的产业化、商品化及绿色生态化,有效屏蔽竞争对手的渗透。

(三)有利于延长企业的市场领先时间

企业开发出新产品,在占领新市场、获得高额回报的同时,也吸引了大量模仿者跟进。许多小微企业在缺乏重大技术创新,无法形成专利保护的情况下,很容易被竞争对手突破。而工艺是核心技术,是制造企业的看家本领和商业秘密。通过工艺创新形成的技术生产过程更为复杂,会使模仿者在技术上短期难以企及,形成模仿时滞,使企业保持较长时间的市场领先地位。

二、工艺创新的要求

(一)保持工艺创新的连续性

企业取得长期成功源于稳定连续的创新所形成的渐进式变革。许多地方都存在工艺改善的空间，将不合理的地方逐步改善就是创新。企业要从点滴做起，从每个小的环节、工序改进，积少成多，形成大的工艺创新。跳跃式的工艺创新，容易导致所采用的工艺与具体环境脱节，降低企业的整体效率。

（二）注意与产品创新组合推进

产品技术与工艺技术的演进之间存在依赖性和交互性，在技术创新过程中，要充分考虑现有的工艺基础，正确理解产品创新和工艺创新的交互作用，保证两者的协调性与交替式发展，依靠工艺创新增强企业竞争力。

（三）注重知识产权的保护

知识产权是企业保持竞争优势的核心要素之一。在工艺创新过程中，要将形成的新技术、新方法及时申报专利加以保护，对于解决"瓶颈"问题的特殊方法则要以专有技术秘密的方式进行特殊保护。通过及时将工艺创新成果固化为知识产权资产，将成果从隐性知识转变为显性知识，将人力资源中的个人知识资本转化为企业知识资本，形成排他占有权，减少由于人才流动带来的知识资本的损失，促进企业对知识资本的有效控制和利用，延长产品生命周期。

（四）加强工艺创新管理

创新型国家建设需要构建以企业为主体，产学研有机结合的技术创新管理体系。企业要以工艺创新作为突破口，找准改善制约生产的技术措施和切入点，持续探索新技术、新工艺；完善管理制度及流程，细化工艺标准，优化工艺流程、工艺参数及操作方法，提高工艺出品率，提高产品工艺质量，降低成本。

◈【管理洞察】

工艺创新铺就成功路

工艺创新门槛不高，但成效却不低。百草味在"本味甄果"系列产品上尝到工艺创新的甜头后，开启了生产及包装工艺创新。

一是生产工艺创新。通过生产工艺创新，推出针对学生、白领、妈妈人群的益生菌每日坚果，相较普通的每日坚果，每份坚果都额外添加了益生菌粉；创新的全坚果产品去除果干，降低糖分含量，为孕妇及降糖人群提供健康的选择。

二是包装工艺创新。公司产品多由坚果仁和果干组成，二者的水分含量和保存需求截然不同。针对这一特点，创新出"双重锁鲜"包装工艺，推出干湿分离的"锁鲜装"。"一重"是指使用双层铝箔包装，增加包装的隔氧性和阻光率；"二重"是指沿用百草味拥有的专利锁鲜分区，用锁鲜条将坚果和果干隔绝，以保持坚果的鲜脆和果干的水润。

【启示】百草味为适应消费健康化趋势，进行了多方位的工艺创新。其创新路径基于消费趋势变化顺势而为，通过提升产品品质来满足消费者不断变化的追求，有利于后续品类发展及市场拓展。

三、工艺创新的路径

根据工艺创新的目的及核心内容，可从以下几方面进行工艺创新：

（一）基于企业发展战略的工艺预创新

智能制造是制造强国建设的主攻方向，也是制造业企业的发展方向。智能制造工艺已经步入集成计算材料工程阶段，要用计算机工艺仿真探索未来的技术，让工艺创新与智能制造平行推进，将企业的发展战略所涉及的未来产品发展必需的关键工艺、与技术发展趋势吻合的关键技术，以及为提高产品技术水平而需要解决的一些关键问题等，作为创新目标，为未来产品创新打下基础。

（二）基于技术创新的工艺实时创新

在产品研制阶段要将技术创新与工艺创新统筹考量，在解决产品设计投入生产的技术问题的同时，考虑现有工艺的优化，在智能迭代、工艺仿真、数值模拟、方案比较、复合工艺、工艺装备等方面进行技术创新，将技术赋能给企业生产全过程的工艺创新，以此进行二次开发，缩短工艺流程，提高制造效率及经济效益。

（三）基于规模经济的批量工艺创新

要将工业互联网、人工智能、大数据技术应用到批量生产阶段的工艺创新上，使智能制造在提升企业批量生产的质量和效能的同时，做到产品质量更高、成本更低、性能更好、生产周期更短、更利于环保、竞争力更强、外观更美。具体包括以下几方面：

1. 有利于提高产品质量的工艺创新

企业不仅要通过工艺技术、工艺管理和工艺纪律三方面协调创新，提高产品质量和优等品产值率，还要通过设计、工艺技术等软件方面和材料、设备等硬件方面协调配套创新，降低废品率、减少损失。

2. 有利于提高产品竞争力的工艺创新

要运用多种学科、多种技术综合而成的工艺技术，将机、电、光、化学、微电子、计算机、控制及检测等技术工艺综合在一起，特别是 CIMS（计算机整合制造系统）技术。实现对产品生命周期信息流、物质流与决策流的有效控制与协调，以适应市场竞争对生产和管理过程中提出的高质量、灵活响应和低成本的要求，做到吸引顾客、拓展市场、扩大销售。

3. 有利于节约资源和降低成本的工艺创新

自然资源日益匮乏，要贯彻党的二十大报告提出的"实施全面节约战略，推进各类资源节约集约利用，加快构建废弃物循环利用体系"和"发展绿色低碳产业，健全资源环境要素市场化配置体系，加快节能降碳先进技术研发和推广应用，倡导绿色消费，推动形成绿色低碳的生产方式和生活方式"的要求，通过改进工艺，科学、合理、综合、高效地利用现有资源，或采用新工艺、开发利用新的资源，使企业节约资源、降低物耗能耗，降低产品成本。

4. 有利于生态环保的工艺创新

绿水青山就是金山银山。低污染或无污染是社会、政府和人民对企业生产及其产品的现实要求，要以党的二十大报告提出的"推动制造业高端化、智能化、绿色化发展""统筹产业结构调整、污染治理、生态保护、应对气候变化，协同推进降碳、减污、扩绿、增长，推进生态优先、节约集约、绿色低碳发展"为指导，通过工艺创新，减少生产过程的污染，提供全生命周期的无污染产品。

第三节　价值工程的应用

企业可以通过价值工程的应用，提升产品的价值，为产品创新和工艺创新保驾护航。

一、价值工程的基本概念

价值工程（Value Engineering，简称 VE），也叫价值分析，是指通过对产品（或作业）进行功能分析，力图以最低的生命周期成本，实现系统（产品或作业）的必要功能，从而提高产品（或作业）价值的有组织的活动。其实质是通过各相关领域的协作，在对产品功能与成本进行系统分析的基础上，通过创新提高产品价值的管理技术。这个定义涉及三个基本概念：

（一）价值

价值工程中的价值（Value，简称 V）是功能（Function，简称 F）和成本（Cost，简称 C）的比值。即：

$$价值（V）= \frac{功能（F）}{成本（C）}$$

从上式可以看出，价值与功能成正比，与成本成反比。要想提高产品价值，只能从改善功能和降低成本这两个方面采取措施，具体包括：

① 成本不变，功能提高；
② 功能不变，成本下降；
③ 功能提高，成本下降；
④ 成本略有提高，功能大大提高；
⑤ 成本大大降低，功能略有降低。

（二）功能

产品的功能是指产品的用途和作用，即产品所担负的职能。如手表的功能是显示时间，茶杯的功能是盛饮料。产品功能是产品最本质的东西，实际上企业所生产、所销售的产品也是某种功能的载体。产品功能可分为以下两类：

1. 使用功能和外观功能

使用功能是产品使用时的功能，外观功能是使人感觉美的功能。有些产品只有使用功能而无外观功能的要求，如汽油、地下电缆、地下管道等。有些产品只有外观功能而无使用功能的要求，如装饰品。大多数产品都同时具备这两种功能，如手机、电视机、服装等。

2. 基本功能和辅助功能

基本功能是指为达到产品或作业的效用不可缺少的功能，是产品存在的条件，也是用户购买产品的目的。辅助功能是指为更有效地实现基本功能而附加上去的功能。如手表的基本功能是显示时间，而指示日历、防水、防震、防磁和夜视等功能就是手表的辅助功能。

（三）成本

成本是指产品的生命周期成本，即产品从研究、设计、制造、使用，一直到报废的全过程所发生的所有费用的总和。它不仅包括产品的设计制造成本，而且包括用户在产品使用过程中的使用成本。价值工程既要求重视降低制造成本，也要求重视降低使用成本。只有生命周期成本降低了，才能提高产品的竞争力。

开展价值工程既不能脱离用户需要，片面追求"高功能"或"全功能"，造成浪费；也不能片面降低成本，造成产品的必要功能不足，质量下降，产品滞销。开展价值工程的真正目的就是：既要实现产品的必要功能，消除不必要功能和过剩功能，补充不足功能，又要降低产品的生命周期成本，追求产品的最佳价值。

❋【管理洞察】

低成本实现高功能的创新范例

大疆无人机能从"小众"产品发展为"大众"消费品，占据全球70%以上的市场份额，靠的是其"高功能＋低成本"的价值追求。

有专业机构曾对大疆无人机的某机型进行拆解，估算出零部件成本为135美元，仅占售价的20%。而其他同类型产品要达到相同功能，仅材料费就需要大疆整机价格的2倍。为降低成本，大疆将智能手机和个人计算机等通用的易采购零部件转用于无人机，如无人机摄像头采用高端智能手机零部件，无人机上的全球定位系统（GPS）接收器为智能手表零部件，等等。

该款无人机在飞行时可拍摄4K画质的视频和图片，还可自动跟踪、自动稳定和避开障碍物，最远能从6公里处操控，无线传输影像的距离是其他公司同类型产品的5倍。为实现570克这一机型重量，产品设计时，在一块尺寸约10 cm×4 cm的主基板上，以高密度安装了控制和通信传感器等10个半导体零部件。大疆的软件功能也很出色。通过软硬件的不断迭代，产品功能日趋完善。

【启示】大疆无人机高功能、低成本的背后，是一套严密的设计体系和供应链体系，以及持续的技术创新。技术创新与供应链的完美组合，让大疆走出了一条"高功能＋低成本"的道路，实现制造升级，投入"降级"，为新锐制造及高质量发展树立了典范。

二、价值工程的指导原则

价值工程包括以下指导原则：

（一）怀疑原则

怀疑原则是指不满足现状，专找产品的问题和缺点，并加以改进。人们能通过对原方案的批判，激发出"有无其他有同样作用的东西"的想法以求替代原方案，从而创造新方案的灵感。

（二）剔除原则

剔除原则是指通过功能分析，剔除不必要的功能及过剩功能，降低产品成本。

（三）替代原则

替代原则是指在保证必需功能的前提下，尽量用优质而价格低廉的材料替代贵重材料，降低成本。

（四）标准化原则

标准化原则是指尽量采用标准化零部件，以节约时间，提高效率，降低成本。

（五）节约化原则

节约化原则是指处处精打细算，讲究节约，以"我是否会这样花自己的钱"作为衡量标准，做到少投入多产出。

（六）创造性原则

创造是价值工程的灵魂和手段，没有创造就产生不了新思想、新方案，就开发不出新产品。

（七）类比原则

类比原则是指通过类比别的企业的产品构造，构思新的产品。如由果汁饮料构思创新出胡萝卜汁饮料。工程师将人类的手作为类比创新对象，经过创新性构思，设计出各种各样灵巧、高效的机械手。又如科学家仿照萤火虫发光的原理，从海洋发光水母体内分离出绿色荧光蛋白，改造开发出人工冷光。

（八）寻疵原则

寻疵原则是指通过寻找并克服其他企业产品的缺点而使本企业的产品趋于完善。传统的洗碗机在工作时噪声都很大，一家公司敏感地捕捉到消费者这一潜在不满，生产出了"安静的伙伴"牌洗碗机，使消费者的未表述型需求得以实现。

（九）逆向原则

逆向原则是指运用逆向思维构思新产品。一家乡间旅馆，地处荒凉地带，没有公路，不通

129

汽车，没有电，也不通电话，客户稀少，经营困难。旅馆经营者充分运用逆向思维，在媒体上登出如下广告："这家旅馆没有公路，不通汽车，没有电，不通电话……这里什么都没有，你不必担心汽车的噪声和污染，不必担心有人打电话找你，你尽可以不受任何干扰地在这里休息。"这对那些饱受现代污染和电话干扰，一心想寻觅幽静之处彻底放松、休息的消费者们来说，是个理想之所。最终，这家旅馆门庭若市，生意兴隆。

（十）更材原则

更材原则是指通过更换制造产品的原材料，构思新产品。

（十一）换面原则

换面原则是指不改变产品的功能，只通过创新使外观发生令人耳目一新的变化。

（十二）扩缩原则

扩缩原则是指将产品体积或面积扩大或者缩小的创新。

（十三）简化原则

简化原则是指改革产品的结构，减少零部件，使产品的性能更好，更容易操作维修，同时也使成本更低。

（十四）多能、高能化原则

多能、高能化原则是指增加产品功能，由单功能发展成为多功能，一物多用，技术达到更高的要求。如多功能机械设备、多功能电器产品、多功能日用消费品等。

（十五）轻型化、微型化原则

轻型化、微型化原则是指缩小产品体积，减轻产品重量，使之便于操作、携带、运输及安装。

（十六）复合化原则

复合化原则是指把功能上相互有关联的不同单体产品集中发展成为复合产品，如集打字、计算、储存、印刷于一体的便携式文字处理机。

三、价值工程的程序

价值工程的工作过程，是分析问题、发现问题、解决问题的过程，即对分析对象（产品或作业等）提出程序式问题，找出产品在功能上和成本上存在的缺陷，提出切实可行的方案，通过解决问题提高产品的价值。它主要包括以下程序：

（一）选择对象

选择对象，就是在全部产品中确定以哪种产品作为开展价值工程的对象，再进一步确定在产品中哪些零部件作为重点对象。由于价值工程的目的是提高产品或作业的价值，因此应选择价值低的零部件作为分析对象，据此可以确定选择的两项原则：一是成本高，功能改进潜力大，而且市场需求量大的产品；二是在生产经营上迫切需要改进的产品。具体选择方法有以下几种：

1. ABC 分类法

ABC 分类法是指将产品的各种零件按其成本高低依次排列，从中选择占成本比重较大而占零件总数比重较小者，作为价值工程的重点分析和评价对象。

2. 百分比法

百分比法是指根据不同产品消耗某些生产要素的比重差别来选择对象。

3. 用户评分法

用户评分法是指通过用户对产品各项性能（性能指标）的重要程度进行评分，找出应当改进的功能。先把产品的所有功能项目列出来，请用户按要求评分，即让用户给自己认为重要的功能多打分，次要的功能少打分，功能得分的总和为 100 分，然后把不同用户的评分收集起来并求出平均值，得出各功能重要性的次序，将用户认为最重要的功能选出来，在产品改进时应当充分实现这方面的功能，以满足用户的要求。

（二）收集资料

选择价值工程对象时需要做好资料的收集工作。价值工程所需要的资料是多方面的，包括产品的技术、经济、生产和销售等。收集资料的目的是取得进行价值工程分析的依据、标准、对比对象等，从中得到有益的启示，进而打开革新创造的思路。

（三）功能分析

功能分析工作一般包括功能定义、功能整理与功能评价三个阶段。

1. 功能定义

功能定义是指将产品的功能用动词和名词组成的动宾词组来描述，以便把功能简单地表达出来。进行功能定义时应注意以下事项：

（1）动词应尽量抽象。动词越抽象，越有利于打开设计思路，如把某加工工艺定义为"钻孔"就不如定义为"做孔"，因为后者在表达上较为抽象，能拓宽人们的思路，启发人们从钻孔、冲孔、铸孔等多方面寻找实现这一功能的方式。

（2）名词要尽量能够测量。功能定义中的名词要尽量定量化，以便于功能评价时进行定量分析。如将电线的功能定义为"传送电流"，要比定义为"传电"好，因为电流这个名词是一个可以测量的名词。

2. 功能整理

功能整理是指对产品各个功能之间的依存关系进行系统的分析、整理与排列，明确各个功能之间的关系，找出和排除不必要功能、过剩功能，补充不足功能，并进一步明确和修正功能定义。

3. 功能评价

功能评价是指通过对产品功能的定量分析，找出价值低、改善期望值大的功能作为价值工程的工作对象，并将功能评价值即目标成本与实现功能的现实成本（目前成本）进行比较，来分析功能价值。进行功能评价的方法主要有：

（1）功能成本法。功能成本法是指通过邀请一些有经验的专家和价值工程人员等共同研究，对价值工程活动的对象进行定量分析，并参考同系列、同类型产品和具有相同功能的多种零部件成本进行估算，将最低成本作为功能评价值的方法。其基本程序是：

首先，计算功能目前的成本，编制功能目前的成本表；

其次，计算功能评价值 F（经验估计法、理论计算法、实际调查法）；

最后，计算功能价值系数（$V=F/C$）。

若 $V=1$，表明该功能所花费的成本与目前成本适应。

若 $V>1$，表明较少的成本实现了该功能，可保持目前成本，或适当提高功能。

若 $V<1$，表明实现该功能的目前成本比其最低成本大，应大力降低目前成本。

（2）实际调查法。实际调查法是指对企业内外完成同样或相似功能的产品进行广泛调查、分析和整理，从中找出功能实现程度相同而现实成本较低的产品作为功能评价标杆进行评价的方法。

（3）功能价值评价法。功能价值评价法是指运用一套互相比较的方法，来确定应改进的对象。先确定各功能的单元得分再计算各功能的功能系数，然后计算功能单元的成本系数，最后根据功能系数及其成本系数计算各功能单元的价值系数，据此进行功能价值评价，确定重点改进对象。其基本步骤如下：

首先，计算功能系数（功能单元打分的方法有强制打分法、多比例评分法等）。

$$功能系数 = \frac{功能单元得分}{得分总和}$$

其次，计算功能单元的成本系数。

$$成本系数 = \frac{功能单元成本值}{成本总和}$$

最后，计算功能单元的价值系数。

$$价值系数 = \frac{功能系数}{成本系数}$$

（4）功能重要程度确定法。有了产品总的功能评价值之后，还要确定产品内部各个部分的功能价值。可先确定各部分的重要程度，即定出各功能区的重要度系数 f_i（$\sum f_i=1$），然后用此系数乘以产品的总功能评价值（F），便可确定各部分的评价值（即 Ff_i）。重要度系数的求法主要有：直接打分法、倍数确定法和强制确定法。

（四）提出改进方案

提出改进方案，是指提出实现某种功能的各种设想，并将设想的各种方案具体化。

（五）方案分析

从技术和经济的角度对各种方案进行分析，从中选择最佳方案。方案分析采用的方法有以下几种：

1. 优缺点举例法

优缺点举例法是指把每个方案的优缺点详细列出，并对优缺点做进一步调查，进而得出结论。

2. 定量评分法

定量评分法是指根据各种方案能达到的功能要求的程度，按五分制、十分制或百分制打分，然后根据每个方案的总分作出方案的取舍。

（六）方案实施与评价

在方案实施过程中，应及时检查了解情况，随时发现并解决问题，使其更加完善和更加顺利地进行。方案完成以后，要总结和评价经济效果，并总结价值工程活动中的经验与教训。经济效果的评价可采用以下公式：

$$全年净节约额=（改进前成本-改进后成本）\times 年产量-价值工程活动费$$

$$节约倍数=\frac{全年净节约额}{价值工程活动费}$$

$$节约百分数=\frac{改进前成本-改进后成本}{改进前成本}\times 100\%$$

此外，还可以根据需要列出各种项目进行前后的比较，如零件数目减少量（减少率），某功能成本降低率，按单位生产能力、功率、重量、容量等计算的经济效果等。

例 某纺织企业生产的 5050 涤棉细布，因为其挺括、滑爽、耐磨、牢度好、易洗免烫等优点而深受广大消费者欢迎。但长期以来，产品成本比同行业同类产品的先进企业成本高出 110.95 元/吨，其中主要是原料成本占生产成本 92% 以上，如表 5-2 所示。

表 5-2 企业成本比较表　　　　单位：元/吨

项目	先进企业金额	本企业金额	同行业平均金额	本企业比先进企业	本企业比同行业平均
单位成本	9 020.51	9 131.46	9 144.81	+110.95	-13.35
原料	8 322.89	8 430.98	8 413.72	+108.09	+17.26
机物料	96.69	89.92	101.87	-6.77	-11.95
动力	228.12	243.92	250.32	+15.8	-6.4
工资	215.42	200.94	218.83	-14.48	-17.89
其他	157.39	165.71	160.04	+8.32	+5.67

从表 5-2 中可以看出：在同一时间内，该企业原料成本比同行业平均水平高 17.26 元/吨，比先进企业高 108.09 元/吨。从经济效果的观点分析：同类产品效果一定，消耗越高，则经济效果越差。

为此需要对产品成本进行价值分析，其目的是在保持功能一定（质量不降低）的前提下，使成本最低。

第一步，对原料坯布功能进行分析，以保证用户质量要求为依据，找出坯布质量上存在的问题。分析的方法采用的是访问用户，听取意见，并请用户厂有关部门、车间填写功能分析表，每个用户评分总分为 100 分，制得表 5-3。

表 5-3　用户功能评分表

用户	功能									
	竹节	风格	条影	条干	杂质	平整	横档	强力	棉结	合计
甲	15	10	20	12	6	5	15	8	9	100
乙	18	9	21	8	5	7	16	2	14	100
丙	15	8	22	10	7	6	14	8	10	100
平均	16	9	21	10	6	6	15	6	11	100
次序	2	6	1	5	7	7	3	7	4	

由表 5-3 中各功能所得分数可知：用户对条影、竹节、横档等的要求较高，其次序处于前三位；对棉结、条干、风格等的要求中等，其次序处于第 4-6 位；对杂质、平整、强力等的要求不高，其次序均处于第 7 位。但在对坯布功能进一步调查后发现：棉结评分次序看似较高，但在后续印染加工过程中多数可以清除，故用户对棉结的实际要求不是太高；同时，杂质虽满足用户要求，但企业为减少杂质，不惜增加采购成本提高配棉等级并增加加工工序使人工成本提高，耗费了过多费用。

第二步，对坯布价值进行分析。为解决因改善坯布杂质功能，提高配棉等级导致原料成本较高这一问题。企业在 4-9 月份分别采取了不同的配棉等级进行生产，对各月不同配棉等级情况下的杂质功能及成本进行分析后，得到表 5-4。

表 5-4　价值分析表（产量以 75 吨计，表内以配棉等级为例）

月份	配棉等级	杂质功能系数	功能系数	总成本（元）	成本系数	价值系数
4	1.80	87	0.165	223 822.50	0.166 6	0.990
5	1.91	90	0.170	222 487.50	0.165 6	1.027
6	1.89	87	0.165	221 977.50	0.165 8	0.995
7	1.64	89	0.169	225 765	0.168 0	1.006
8	1.81	85	0.161	223 702.50	0.166 5	0.967
9	1.73	88	0.167	224 670	0.167 0	1.000

表中：

$$功能系数 = \frac{每项功能指数}{各项功能指数之和}$$

$$成本系数 = \frac{每项成本}{各项成本之和}$$

$$价值系数 = \frac{功能系数}{成本系数}$$

由表 5-4 可知：配棉等级从 4 月份的 1.80 级升至 5 月份的 1.91 级，总成本降低了 1 335 元，而功能系数，价值系数相差不大；配棉等级从 7 月份的 1.64 级升至 5 月份 1.91 级，价值系数也相差不大，但总成本降低了 3 277.50 元，且功能系数非常接近，不影响用户使用。故采用 1.91 级的配棉为最优方案。

一、单项选择题

1. （　　）不是按照创新程度划分的新产品。

    A. 发明新产品
    B. 全新型产品
    C. 改进新产品
    D. 换代产品

2. 在其他企业还未开发成功，或还没有投入市场之前，先把新产品投放市场，这种抢先策略属于新产品开发策略中的（　　）。

    A. 挖掘需求策略
    B. 挖掘产品功能策略
    C. 以竞争为主旨的开发策略
    D. 转移风险策略

3. 价值工程中的成本是指（　　）。

    A. 产品的生命周期成本
    B. 制造成本
    C. 使用成本
    D. 总成本

4. 功能成本法中，若 $V>1$ 表明（　　）。

    A. 该功能花费的成本与目标成本适应
    B. 实现该功能的目标成本偏高
    C. 可以保持目前成本，或适当提高功能
    D. 需大力降低目前成本

5. 价值工程的程序的第一步是（　　）。

    A. 发现问题　　　B. 收集资料　　　C. 选择对象　　　D. 功能分析

二、多项选择题

1. 以下属于新产品特征的有（　　）和经济性。

    A. 先进性　　　　B. 创新型　　　　C. 风险性　　　　D. 实用性

2. 以下新产品开发过程中采取的措施，体现了绿色环保理念的有（　　）。

    A. 采用可以回收的原材料
    B. 选用毒性较小的材料
    C. 内外协作研发
    D. 生产时耗费资源较少

3. 价值工程中的价值是（　　）和（　　）的比值。

    A. 使用价值　　　B. 功能　　　　C. 成本　　　　D. 基本功能

4. 价值工程所说的产品的功能是指产品所担负的职能，包括（　　）。

    A. 外观功能　　　B. 使用功能　　　C. 基本功能　　　D. 辅助功能

5. 功能评价的方法包括（　　）。

    A. 功能成本法
    B. 实际调查法
    C. 功能价值评价法
    D. 功能重要程度确定法

三、判断题

1. 新产品开发程序的第一步是调查研究。　　　　　　　　　　　　　（　　）

2. 缺点列举法是新产品开发的方法。　　　　　　　　　　　　　　　（　　）

3. 知识产权是企业保持竞争优势的核心要素之一。　　　　　　　　　（　　）

4. 成本略有提高，功能大大提高也能提高价值。　　　　　　　　　　（　　）

5. 功能定义的动词应尽量具体。　　　　　　　　　　　　　　　　　（　　）

四、思考题

1. 新产品开发程序包括哪些主要内容？如何选择新产品的设计方案？
2. 哪些因素影响工艺创新？该如何进行工艺创新？
3. 价值工程的工作程序是怎样的？

五、综合实训

1. 实训目的

了解新产品开发对企业发展的影响，调查企业新产品开发的状况。

2. 实训内容

（1）调查企业技术创新的状况。

（2）分析新产品开发成果给企业带来的影响。

3. 实训组织

（1）按 5~6 人一组，每组聘请一名企业管理人员并调查其企业技术创新情况。

（2）运用技术创新知识，与所聘企业管理人员就新产品开发进行对话。

（3）填写实训报告。报告内容需包括企业管理人员的基本情况、对新产品创新的认识、列举企业的新产品开发成果、分析市场前景对企业带来的影响。

4. 实训考核

（1）各组提交实训报告，由教师评价，占总成绩的 30%。

（2）小组代表汇报，师生共同评价各组调查过程及成效，占总成绩的 70%。

第六章 生产组织与计划

学习目标

素养目标

- 树立企业信息化规划意识，提升数字化水平
- 培养现场管理精细化意识，提升管理素养
- 培育工艺优化的生产意识，响应"中国制造 2025"

知识目标

- 了解当代先进生产组织方式的思想及主要运作方式
- 熟悉生产过程组织的要求和原则
- 掌握网络计划的基本原理和优化思路

技能目标

- 能够制订生产作业计划
- 能够用网络计划优化方法编制生产计划

思维导图

```
                              ┌─ 生产过程组织的基本要求
                              ├─ 生产系统及其布局
                  ┌─────────┐ ├─ 生产类型
                  │ 生产过程 ├─┤
                  │   管理   │ ├─ 零件在加工过程中的移动方式
                  └─────────┘ ├─ 生产能力
                              └─ 生产现场管理

  ┌───────┐     ┌─────────┐ ┌─ 典型生产组织方式
  │ 生产   │     │ 生产组织 ├─┤
  │ 组织   ├─────┤   方式   │ └─ 现代生产组织方式
  │ 与     │     └─────────┘
  │ 计划   │     ┌─────────┐ ┌─ 生产计划
  └───────┘     │ 生产计划 ├─┤
                │   管理   │ └─ 生产计划的编制方法
                  └─────────┘
                  ┌─────────┐ ┌─ 生产设备的选择原则
                  │ 生产设备 ├─┤
                  │   管理   │ └─ 生产设备的维修
                  └─────────┘
```

学习计划

- 素养提升计划

_____

_____

_____

- 知识学习计划

_____

_____

_____

- 技能训练计划

_____

_____

_____

个性化定制赋能传统制造业升级

　　青岛红领集团有限公司（以下简称红领）顺应市场经济和互联网的时代要求，探索出"酷特智能 C2M（Customer to Manufactory，顾客至工厂）商业模式"。消费者可通过 C2M 电商平台，选择定制的衣服面料和生产工艺并将订单上传给企业；企业只需七天即可生产出定制产品。这一商业模式开启了西装工业化高效定制的新时代。

　　红领的个性化定制平台基于三维信息化模型，以订单信息流为核心线索，在组织节点进行工艺分解和任务分解，以指令推送的方式将分解任务推向各部门（工位）。平台用大数据系统替代手工打版，经过 CAD（计算机辅助设计）部门的大数据制版后，信息会传输到布料准备部门，按照订单要求准备好布料后，裁剪部门会按照要求进行裁剪。裁剪后大小不一、色彩各异的布片按照一套西服的要求挂在一个吊挂上，同时会附加一个射频识别电子标签。该标签将在全流程向生产流水线和供应链传达指令，流水线上各工序员工根据芯片指令完成制作。每一个工位都有专用计算机读取制作标准，利用数字化信息手段快速、准确地传递个性化定制工艺，确保每件定制产品高质高效地制作完成；每一道工序、每一个环节，都可在线实时监控。通过传统生产线与信息化深度融合，实现了从产品定制、交易、支付、设计、制作工艺、生产流程、后处理到物流配送、售后服务全过程的数据化驱动和网络化运作。

【启示】红领的个性化定制使传统制造业看到了光明的前景。个性化定制的背后离不开红领 IT 部门研发的智能生产管理系统（以下简称"智能系统"）的支持。该智能系统给工业工程部门提供整个车间的生产线流转信息，能清晰地感受到信息在各个生产环节之间的流动，工业工程部门可根据这些数据，观察生产线的平衡状况，从整条生产线平衡目标出发，根据每个工人的技能水平和工艺熟练程度，将适合的订单推送给工人，把每条生产线上的每道工序的工人都安排好，使产品的生产周转更快，生产效率更高，车间生产成本更低，将红领的生产自动化配比做到最优。

第一节　生产过程管理

　　生产是指组织将输入转化为输出的过程，即与生产产品或提供优质服务直接关联的一组活动，包括产品制造和服务。生产过程是指从输入到输出的一系列技术工作的总称。制造业的生产过程是从原材料投入到成品产出的全过程，通常包括工艺过程、检验过程、运输过程、等待停歇过程和自然过程。

　　工艺过程是生产过程最基本的部分。制造业的工艺过程一般可分为毛坯制造、零件加工和产品装配三个阶段。每一阶段又可划分为若干工序。工序是工艺过程最基本的组成单位。工序通常是指零件从到达一个工作地（机床）到离开该工作地（机床）期间工人所从事的加工作业。检验过程和运输过程是必不可少的，但应该尽可能缩短。等待停歇过程如属于制度规定，则是合理的；若是由于组织管理不善造成的，则应该消除。自然过程（如冷却、干燥、发酵）是技术上要求的，是不可避免的。

一、生产过程组织的基本要求

为做到生产过程组织与外界需求相适应，实现时间、资金占用、费用耗费等多因素综合考量，统筹安排，需要满足以下要求：

（一）精确化

精确化是指零部件在生产过程中各个环节的运动，自始至终都以精确的数量、恰当的比例，按照准确的时间到达准确的作业位置，高质量地完成指定工序加工。

（二）自动化

自动化是指在生产过程中所使用的加工设施设备数量、生产速率和节拍配合协调，能够高效率且集约化地自动运行，做到生产状态稳定、工作质量高、物料消耗节约。

（三）柔性化

柔性化是指生产过程适应市场复杂多变的特点，能够以最快的速度、最小的代价，灵活进行多品种、小批量生产，使生产线适应多种规格产品的生产。例如，某电池组装车间，因电池种类不同，批量参差不齐，组装线刚性运作，物流在组装线之间、工序之间时常无法保持柔性流动，导致组装线之间、工序之间高低峰不均、忙闲不均，甚至延误产品交货期。为缓解这种局面，组装车间利用因低峰而闲置的力量去填补因高峰而引起的力量空缺，即让"闲着"的工人去支援"忙着"的工人。通过工人在工序之间、组装线之间的移动，物流在工序之间、组装线之间保持柔性流动，实现了柔性化生产。

（四）规范化

规范化是指对人员、产品与服务的形式、数量、满足顾客要求的具体条件，以及产品和服务提供的时间、地点等都作出明确规定，实现从供应商到顾客的无障碍沟通。

（五）适应性

适应性是指生产过程的各阶段、各工序按顾客需要进行生产。顾客需要什么样的产品，企业就生产什么样的产品；顾客需要多少产品，企业就生产多少产品；顾客何时需要，企业就何时提供。

二、生产系统及其布局

生产系统是指将投入转化为产出的各种要素所组成的有机整体。一个有效的生产系统制造的产品不仅要满足用户对品种款式、质量、数量、价格、服务、交货期、环保与安全等方面的基本要求，还要使产品具有特色。

（一）生产系统布局

生产系统布局也叫工厂布置，是指以科学的方法选择一个适宜的建厂地点，并对工厂的各个部分、各种生产设施与设备，以及厂内运输线路等物质因素在平面和空间上进行合理配置，使之能以经济的方式和较高的效率满足生产经营的要求。这主要包括厂址选择和厂区布置两部分。

1. 厂址选择

企业要在全面衡量投资优惠政策、地理条件、气候条件、交通运输、资源条件、能源供应、水源、排水、扩展余地、环境保护、安全、生活条件、协作条件、劳动力、产品销售、料场、投资额等因素的基础上，选择投资少、建设速度快，并有利于提升产品质量与降低综合成本的地区及地址建厂。

2. 厂区布置

企业应根据已选定的厂址地形，运用系统的观点，综合考虑物料流程、运输方式和运输线路等因素后，对包括车间、仓库、公用设施、服务部门、绿化设施等在内的工厂的各个组成部分，进行合理布局和精心安排。厂区布置优化应遵循的原则如表 6-1 所示。

表 6-1　厂区布置优化应遵循的原则

原则类型	主要要求
工艺原则	工艺流程顺畅，上下工序之间运输距离短，避免迂回运输
经济原则	各生产部门围绕基本生产车间布局展开，在符合工艺要求的基础上使土地面积集约利用与运输量减少
安全环保原则	从安全生产与环保角度，配置易燃易爆物品专用车间与仓库，做好"三废"处理等

（二）车间布局

车间布局是指对构成车间的基本工段、辅助工段、生产服务部门、设施设备、仓库、通道等在空间和平面上的统筹安排。车间布局的要求、程序和方法与厂区总布置相似。车间布局可概括为三种主要形式：

1. 工艺专业化形式

工艺专业化形式又称机器群，是指将完成相同工艺加工的设备和工人放到一个厂房或一个区域内，构成诸如铸造厂、热处理车间、铣刨工段等生产单位。

2. 对象专业化形式

对象专业化形式是指将加工某种产品（零部件）所需的设备、工艺装备和工人放到一个厂房内，按工艺加工顺序布置在一起，构成诸如汽车制造厂、电机车间、曲轴工段等生产单位。

3. 混合形式

混合形式是指前面两种车间布局形式的结合使用。

（三）设备布局

设备布局应遵循一定的原则，优化处理。设备布局的优化原则如表 6-2 所示。

表 6-2　设备布局的优化原则

目标要求	主要内容
路线最短	产品经过多设备加工的路线最短，一人看管多设备时，行走距离最短
便于加工运输	大型产品的加工设备应便于桥式吊车输送，长条形产品加工设备尽可能布置在车间的入口处
确保安全	各设备之间，设备与墙壁、柱子之间应有一定的距离，设备传动部分应有必要的防护装置
便于操作与布置	设备的摆放应便于工人操作和工地布置
充分利用生产面积	设备排列可按纵向、横向或斜角方向，但不要剩下不方便利用的零散面积

三、生产类型

生产类型是指按企业产品的性质、结构和工艺特点，产品品种的多少，品种变化的程度，同种产品的数量等，对企业及其生产环节所进行的分类。企业种类繁多，工艺过程也各有千秋。因此，科学地进行生产类型分类是生产管理的基本前提。生产类型分类如表 6-3 所示。

表 6-3　生产类型分类

分类	类型	含义	示例
按组织生产的特点分	备货型生产	在尚未接到订单时，按已有的产品系列，在市场预测的基础上，有计划地进行生产	如纱线、轴承等
	订货型生产	根据用户订单要求组织产品的设计、生产、供应与制造	如船舶、发电设备等
按工艺过程的特点分	连续生产	指物料均匀、连续地按一定工艺顺序移动，接连不断地生产一种或几种产品。工序间无在制品储备	如炼油、化工、冶金等
	离散生产	指物料离散（间断）地按一定工艺顺序投入，多品种地进行加工生产。工序间有在制品储备	如机床、汽车制造等
按生产专业化程度分	大量生产	长期生产一种或几种产品，多数工作地固定地完成 1~2 道工序的加工任务，专业化程度很高	如纺纱、织布等
	成批生产	指工作地成批轮番生产，一批零件加工完成后，调整设备和工装，再加工另一批。按批量大小分为大批、中批和小批三种	如汽车、家具制造等

分类	类型	含义	示例
按生产专业化程度分	单件生产	指产品的品种多，每种产品的生产数量很少，甚至只有一件，专业化程度很低，多数工作地承担多道工序工作	如卫星、飞船制造等
按生产工艺特点分	采掘型	通过采掘，从自然界中获取产品	如矿藏、石油开采等
	合成型	将不同成分的物料经过合成工艺生成新的产品	如尿素、橡胶等
	分解型	对物料进行加工处理，使之分解成多种产品	如石油炼化等
	调制型	通过调制改变加工对象的形状和性能而制成的产品	如乳化沥青等
	装配型	把零部件组装成产品	如汽车、飞机制造等

四、零件在加工过程中的移动方式

零件在加工过程中的移动方式有三种：顺序移动、平行移动和平行顺序移动。

（一）顺序移动方式

顺序移动方式是指一批零件在前道工序全部加工完毕后才整批转移到后道工序继续加工。

若 n 代表一批零件的数量，m 代表工序数，零件在第 i 道工序的单件工时定额为 t_i（min/件），假设物流在工序间的运输时间和辅助时间忽略不计，只考虑加工时间，则加工周期 T_o 可按下式计算：

$$T_o = nt_1 + nt_2 + \cdots + nt_m = n\sum_{i=1}^{m} t_i$$

例 1　假设某种零件的批量 n 为 4 件，共有 4 道加工工序，其单位工序时间定额分别为 $t_1=10$ min，$t_2=5$ min，$t_3=20$ min，$t_4=15$ min，则 $T_o=4\times$（10+5+20+15）=200（min），其移动方式如图 6-1 所示。

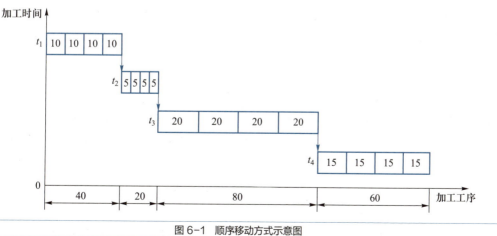

图 6-1　顺序移动方式示意图

（二）平行移动方式

平行移动方式是指每个零件在前道工序加工完之后，立即转移到后道工序继续加工，形成各个零件在前后工序上的交叉作业。采用平行移动方式，一批零件的加工周期 T_p 的计算公式为：

$$T_p = \sum_{i=1}^{m} t_i + (n-1) t_l$$

式中，t_l 为所有工序中最长的单件加工时间，其余符号同前。将上例单件工序时间代入，可求得 $T_p = (10+5+20+15) + (4-1) \times 20 = 110$（min），其移动方式如图6-2所示。

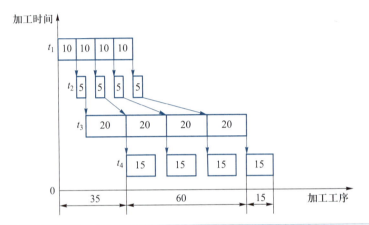

图6-2　平行移动方式示意图

在平行移动方式下，一批零件的加工周期最短。但在相邻工序中，当后道工序单件时间较短时会出现设备停歇现象。只有当各工序加工时间相当时，设备才能实现连续生产。

（三）平行顺序移动方式

顺序移动方式零件运输次数少，设备利用充分，管理简单，但加工周期长；平行移动方式加工周期短，但运输频繁，设备空闲时间多而零碎，不便利用。为了综合两者的优点，可采用平行顺序移动方式。平行顺序移动方式是顺序移动方式和平行移动方式的结合，是指一批零件在一道工序加工好一部分后，恰当转入下道工序加工，以使下道工序连续地加工完这批零件。平行顺序移动方式要求每道工序连续进行加工，但又要求各道工序尽可能平行地加工。具体做法是：

（1）当 $t_i < t_{i+1}$ 时，零件按平行移动方式转移。

（2）当 $t_i \geq t_{i+1}$ 时，零件按平行顺序移动方式转移。以第 i 道工序最后一个零件的完工时间为基准，往前推移 $(n-1) \cdot t_{i+1}$ 作为零件在第 $(i+1)$ 道工序的加工开始时间，形成整批平行加工，过程连续不断，如图6-3所示。采用平行顺序移动方式，一批零件加工周期 T_{po} 的计算公式为：

$$T_{po} = \sum_{i=1}^{m} t_i + (n-1)\left(\sum t_{较大} - \sum t_{较小}\right)$$

式中，$t_{较大}$ 表示比前后两道工序加工时间都长的工序时间，$t_{较小}$ 表示比前后两道工序加工时间都短的工序时间。

将例1中的数值代入，得：T_{po}=（10+5+20+15）+（4–1）×（20+10–5）=125（min），如图6–3所示。

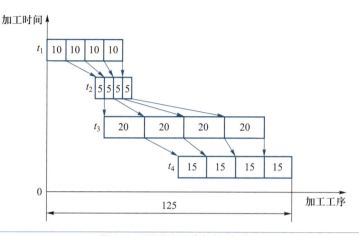

图6-3 平行顺序移动方式示意图

三种移动方式各有优缺点，它们之间的比较如表6-4所示。

表6-4 三种移动方式的比较

移动方式	顺序移动	平行移动	平行顺序移动
优缺点	管理简单 设备不停歇 可充分负荷 加工周期长	周期最短 设备有停歇 利用率低 运输频繁 管理复杂	两者结合 扬长避短 组织管理复杂
选择策略	小而轻 单件小批 加工时间短 调整时间长 工艺专业化	大且重 大量大批 加工时间长 调整时间短 对象专业化	轻重皆可 大量大批 加工时间长 调整时间短 对象专业化

选择零件加工过程的移动方式时，应结合企业的生产条件，考虑生产批量的大小、零件的重量、零件加工工序的时间长短、生产单位的专业化形式等因素。通常，批量小、工序时间短、零件比较轻时，宜采用顺序移动方式；批量大、工序时间长、零件比较重时，宜采用平行移动或平行顺序移动方式。

"分输分炼"实现炼油装置效益最大化

胜利石化总厂过去采用高硫原油和低硫原油混合掺炼加工，产出汽油、柴油、液化气等燃料产品。为解决产品竞争力不足问题，改用"分输分炼"，将高硫原油和低硫原油分开运输、分开炼化，实现最大效益。

第一步是"分输"。按照"分输分储分炼"要求，查清不同采油厂原油资源特征及输油线路，找到了仅相隔4米的孤罗东、孤永东管线。调整原油流向，将采油厂的高含硫原油从原来的孤永东管线插输到孤罗东管线，采油厂的低硫原油经孤永东管线以管输的方式进入东营原油库，再经过东临线进入石化总厂的炼油装置，实现了高硫、低硫不同原油通过不同方式入厂，在原油罐区进行分储。

第二步是"分炼"。根据市场需求，将采油厂的低硫原油在不同时段输送到原料预处理装置分别加工生产，在一个切换周期内加工两种不同品质的原油，得到不同的目标产品并根据市场需求进行销售。形象地说就是，一段时间内市场馒头畅销，锅里就多蒸馒头；市场包子好卖，锅里就多蒸包子。通过优化调整工艺参数，实施"分输分炼"，既提高了液化气、丙烯的收率（液化气、丙烯产量占原油加工量的百分比），延长了催化装置的生产周期，又生产了高品质低硫重质船用燃料油等特种油品，抢占了低硫重质船用燃料油的国际市场份额，实现原油的提质增效。

【启示】胜利石化总厂的生产部门根据市场变化及原料特点，通过"分输分炼"及时调整生产布局及原料流动方式和加工方式，发挥现有装置的产能优势和资源优势，实现炼油效益最大化。该企业的经验不仅可以用在石油炼化加工企业，也可以用在其他企业。

五、生产能力

（一）生产能力的分类

生产能力是指一定时期内，企业的全部生产性固定资产，在一定的技术组织条件下，所能生产的一定种类和一定质量产品的最大数量，或者是能够加工处理的一定原材料的最大数量。生产能力主要有两种分类方式：

1. 按用途分类

按用途不同，生产能力一般分为设计能力、查定能力和现实能力。设计能力是指企业设计任务书和技术文件中所规定的生产能力。查定能力是指企业没有设计能力，或因企业的产品方向和组织技术条件发生重大变化，原设计能力已不能反映实际情况时，重新调查核定的生产能力。现实能力又称计划能力，是指企业在计划年度实际可以达到的生产能力，是企业编制年度生产计划的依据。

2. 按结构分类

按结构不同，生产能力一般分为单机生产能力、环节生产能力和综合生产能力。从结构上看，单机生产能力决定环节生产能力，环节生产能力决定综合生产能力。由于存在"木桶效应"，综合生产能力受最薄弱环节能力的制约。

（二）生产能力的核定

核定生产能力，一般先计算设备组的生产能力，然后确定工段、小组、车间的生产能力。在综合平衡各生产环节生产能力的基础上，核定企业的综合生产能力。

各设备组的生产能力核定，通常以主要设备组的生产能力作为综合平衡的依据。所谓主要设备组是指加工劳动量比重最大的，或者贵重且无代用设备的设备组。其他设备组要与主要设备组平衡。对于薄弱环节，应采取措施，可通过技术改造、设备投资、技术组织措施、外购、外协的办法，以及通过用富余环节支援薄弱环节的办法来提高其生产能力。

企业的生产能力，要在各车间生产能力综合平衡的基础上确定，尤其是要先确定主要车间，以其作为平衡依据。例如，在包括各个工艺阶段的机器制造企业中，通常以机器加工车间作为主要车间，其他车间要与之平衡。对薄弱环节也要采取措施提高其能力。基本车间与辅助车间生产能力的平衡，一般以基本车间的生产能力为基准，核对辅助车间协调配合的能力。上海施耐德公司将现有企业资源计划（Enterprise Resource Planning，ERP）系统与制造执行系统（Manufacturing Execution System，MES）连接成为一个有机整体，搭建起最适合该企业的制造执行系统。该系统能把 ERP 的生产计划生产工艺分解到生产线上的每个工段和工序，在充分发挥各工段生产能力的基础上，保证产品总装的同步，也保证了产品的按时交付。

六、生产现场管理

生产现场是指从事产品生产制造和提供生产服务的场所。它既包括生产前方各基本生产车间的作业场所，又包括生产后方各辅助生产部门的作业场所，如库房、试验室、锅炉房等。生产现场管理是指应用科学的管理制度和方法，对生产现场的各种生产要素，包括人（操作者、管理者）、机（机器设备、工艺装备）、料（原材料）、法（工艺、检测方法）、环（环境）等进行合理有效的计划、组织、协调、控制和检测，使其处于良好的结合状态。生产现场管理的目的是协调，利用"人、机、料、法、环"之间的关系，通过优质、高效、低耗、均衡、安全、文明的生产过程，生产出高质量、短交期、低浪费、低成本的产品。

（一）5S 管理

5S 管理是指对生产现场各生产要素（主要是物的要素）所处的状态不断地进行整理、整顿、清扫、清洁和提高素养的活动。例如海尔推行的 5S 管理，在塑造企业形象、降低成本、准时交货、安全生产、高度标准化、创造令人心旷神怡的工作场所和现场改善等方面，产生了积极成效。有些企业进一步扩展，在此基础上加上习惯化、服务及坚持等，形成了 10S 管理。但万变不离其宗，其核心和精髓都是围绕素养展开，如图 6-4 所示。5S 管理的内容和要求为：

1. 整理

整理是指将混乱的状态整理成井然有序的状态。要通过对工作场所（范围）全面检查，制定"需要物品"和"不需要物品"的判定标准，清除不需要物品。调查需要物品的使用频度，

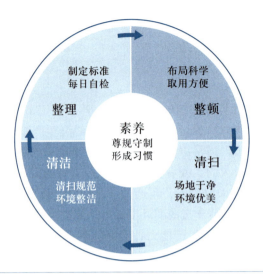

图 6-4　5S管理示意图

决定日常用量，并制定废弃物处理方法。每日自我检查，做到生产现场没有不用之物，改善和增加生产面积，减少由于物品乱放、好坏不分而造成的差错，节约资金，保障安全生产，提高产品质量。

2. 整顿

整顿是指整理后将需要的物品进行科学、合理的布置和摆放。不同物品采用不同的色彩和标记，达到过目知数；使用频率高的物品就近摆放，工作中随手可及，偶尔使用或不常用的物品则靠远摆放。使任何人对物品所在位置都很明确，并能立即取出所需的物品，且使用后容易归位，发生误放能立即知道。

3. 清扫

清扫是指把生产现场打扫干净，做到机器、工具、地面、墙壁、天花板及其他工作场地无垃圾、无灰尘、无油污。

4. 清洁

清洁是指通过对整理、整顿、清扫之后的现场进行日常制度化、规范化、公开化、透明化维持，保持生产现场环境的整洁、整齐、美观，生产现场设备、工具、物品干净整齐，没有垃圾、噪声和污染源，生产现场各类人员着装、仪表、仪容整洁。

5. 素养

素养是指全体员工良好的行为规范、组织纪律和敬业精神。企业要制定所有员工共同遵守的规则和规定，加强新人培训，推行各种精神提升活动，创造氛围良好的工作场所，提高生产效率。

（二）定置管理

定置管理是指以生产现场为主要对象，通过整理、整顿、改善生产现场条件，规定设备、物品、通道、操作等的相对位置，促进人与机器、原材料、制度、环境的联结规范化。定置管理可大体分为工厂区域定置、生产现场区域定置和可移动物件定置等。其中，工厂区域定置包括生产区和生活区的定置；生产现场区域定置包括毛坯区、半成品区、成品区、返修区、废品

　　　　　　　　　　　　　　　　　　　　　　　　　　　　　现代企业管理

区、易燃易爆污染物停放区等的定置；可移动物件定置包括劳动对象定置，工量具、文件资料等工具的定置，以及废弃物的定置。

（三）目视管理

目视管理又称"看得见的管理"，是指为提高劳动生产率，利用形象直观、色彩适宜的各种视觉感知信息来组织生产现场活动的一种管理方法。目视管理追求的是"透明化"，即工厂的管理状态都能一目了然，随时能看见，有问题能够立即发现，效果也可以立即展现。目视管理的常用工具一般有：警示灯、显示灯、图表、管理表、样本、液晶显示屏、生产管理板、标准作业图、柏拉图、热压感温贴纸（热压标贴）、标示牌、各种颜色带、颜色纸或油漆等。其实质是以视觉信号为基本手段，以公开化为基本原则，最大限度地将管理者要求和意图让员工都能看清，借以推动员工的自主管理和自我控制。

（四）看板管理

看板管理是指企业在生产过程中，以卡片为凭证，传达生产指令，反馈执行情况，合理组织生产的科学方法。看板作为传递零部件名称、生产量、生产时间、生产方法、运送量、运送时间、运送目的地、存放地点、运送工具和容器等方面的信息和指令的工具，有传票、卡片、图表等多种形式，主要有在制品看板、信号看板和订货看板（外协看板）等类型。看板管理在企业生产中有重要作用，它不仅可以使任务执行人得到明确指令，保证各现场作业岗位协同运行，使各个生产环节实现"准时领料""准时生产""准时送出"，而且还便于管理者及时从看板上发现生产过程中存在的问题以及要注意的薄弱环节，及时分析研究并妥善处理。在制造业应用较普遍的制造执行系统（MES）中，电子看板管理是 MES 的核心模块，能够提高车间生产过程的控制能力，有利于 MES 的构建以及整个车间作业流程的优化。

第二节　生产组织方式

生产组织方式包括典型生产组织方式和现代生产组织方式。

一、典型生产组织方式

制造业的典型生产组织方式是生产线。生产线是指产品生产过程中所经过的路线，即原料从进入生产现场开始，所经过的加工、运送、装配、检验等一系列生产活动的路线。

（一）流水生产线

流水生产线的雏形主要体现为将具有重复性的工作分割成几个串行部分，使得生产对象能在工人中间移动，每个熟练工人只需要依次将他的那部分工作做好即可。简而言之，就是"功能上分解，空间上顺序依次进行，时间上重叠并行"。

1. 流水生产线的概念及其特征

流水生产线是指每个生产单位只专注于处理某一片段的工作，劳动对象按一定的工艺路线和统一的生产速度，像流水般地在工序之间连续移动，顺次通过各个工作地，顺序地进行加工并产出产品的一种生产组织形式。流水生产线共有五个特征：①顺序性，即生产对象按工艺加工顺序单向运动；②工作站专业化程度高，即每个工作站只完成一种或几种操作；③节奏性，即生产对象在每道工序之间按一定的时间间隔投入或输出，保持一定的节奏；④连续性，即生产对象在各工作站之间平行移动或平行顺序移动，缩短等待时间；⑤比例性，即各工序的工作站（设备）数量与各工序单件产品的加工时间大致相同。其本质是前道工序向后道工序送货，流水生产线思维逻辑如图6-5所示。

图6-5　流水生产线思维逻辑

2. 流水生产线的分类

流水生产线依据不同标准，有不同的分类方法，具体见表6-5。

表6-5　流水生产线分类表

分类依据	流水线类型	特点	注解
生产对象的移动性	固定	生产对象固定不动，工人移动	用于不便运输的大型制品生产
	移动	生产对象移动，工人固定	
生产对象品种数目	单一对象	只固定生产一种产品（零件）	
	多对象	生产几种产品（零件）	
轮换方式	不变	只固定生产一种产品（零件）	
	可变	轮番集中生产几种产品	变换生产对象要相应调整工装
	成组	同时或按顺序生产几种制品	变换生产对象不用调整工装
生产过程的连续程度	连续	物料在流水线上连续加工	加工过程没有停歇或等待
	间断	生产过程有停歇或等待	工序生产能力不平衡，有停歇
流水线的节奏性	强制节拍	准确地按节拍来进行生产	严格规定传送带速度来控制
	自由节拍	不需要严格按节拍生产	工人可自己控制速度
	粗略节拍	经过一个间隔，生产等量产品	各工序不按节拍生产
机械化程度	手工	以手工为主	多用于机器、仪表、器械装配
	机械化	以机器完成为主，以工人为辅	
	自动化	工人只负责控制	投资相对较大

现代企业管理

（二）自动生产线

自动生产线是由流水线进一步发展而来的，是流水线的高级形式。它是指由自动化机器体系实现在制品加工过程，并在单机自动化和连续流水线的基础上逐渐发展起来的先进生产组织形式。在自动生产线上，生产工序与辅助工序全部由机床、各种机电器具、仪表装置按统一节拍自动完成，包括基本工序及上料、检验、运输等生产过程。这有利于提高生产率，提高产品质量（自动生产线使生产过程稳定）。

（三）成组生产线

成组技术是指把企业的各种产品，以及组成产品的各种零部件，按相似性原则进行分类编组，并以零件为对象，组织和管理各项生产活动的一种生产组织技术。它是企业在生产中解决多品种、小批量生产的组织和管理问题较理想的方法。

据统计，机械产品中的相似件约占70%（结构形状和加工工艺等相似），利用有关事物的相似性，将企业各种产品、部件和零件，按一定的相似性准则分类编组，然后以组为基础组织生产，能够实现多品种、中小批量产品生产的合理化。成组技术的实质是按零件的形状、尺寸、制造工艺的相似性，将零件分类归并成组（族），扩大零件的工艺批量，以便采用高效率的工艺方法和设备，使中小批量生产获得类似大批量流水生产的经济效益。

成组生产线是指由成组单机和成组生产单元连接，并备有物料传输和装卸、中间周转存储的生产线。成组单机是指把一组工序相同或相似的零件族集中在一台机床上加工，以减少机床调整时间。成组生产单元是指把一组或几组工艺上相似的零件的全部工艺过程，由相应的一组机床完成，该组机床即是车间的一个封闭生产单元。

（四）智能生产线

智能生产是指由智能机器和人类专家共同组成的人机一体化系统生产。智能生产线是指按产品成组化原则组织起来，完成产品工艺过程并具有数字化和智能化特征的一种生产组织方式。智能生产线能以一种高度柔性的方式，借助电脑模拟人类专家的智能活动，通过制造数据的精确表达、数字化传递、智能化决策以及计算机管理和智能监控系统，实现全线生产参数自动采集、工艺动作自动控制、设备运行实时动态模拟显示、工艺参数自动采集存储，最终实现生产过程自主控制和优化，以及自动化、连续化生产。

二、现代生产组织方式

传统的生产过程是先生产后销售，不同环节之间容易衔接不畅，导致产成品、半成品、原材料等出现大量库存，生产成本较高。现代生产则要求按需生产。为适应这一变化，制造业的智能创新技术应运而生，使得企业能不断变革生产作业组织，柔性地进行生产运营。准时生产、定制生产、精益生产、敏捷制造和智能制造等生产组织方式就是典型代表。

（一）准时生产

准时生产（Just In Time，JIT），又称及时生产、无库存生产（Stockless Production），是指在

需要的时候，按所要的数量，生产必要的产品（零部件）。其目的是以低成本、高效益、好质量、零库存进行生产和完成交货。相对于传统的"推动式"生产方式而言，JIT是一种"拉动式"生产方式。根据订单准时组织各个环节的生产，既不超量，也不超前。它将传统生产过程中前道工序向后道工序送货，改为后道工序根据看板向前道工序取货，工序间基本上不存在积压。JIT生产方式思维逻辑如图6-6所示。JIT强调消除生产中的浪费，避免因需要的变化而造成大量产品的积压、贬值，以及由于次品在流水线上未被发现所造成的浪费，消除库存，避免无效劳动和浪费，以缩短生产周期、加快资金周转、降低生产成本。

图6-6　JIT生产方式思维逻辑

（二）定制生产

为契合新时代消费者的个性化消费需求，传统制造业与互联网快速融合，使得制造业从大规模流水线生产向大规模定制化生产转型。定制生产是指企业根据消费者的特定需求，通过网络技术将产品制造过程与消费过程紧密结合在一起，所进行的基于单一品种或少量品种的大规模生产。其基本思想体现在两方面：一是在制造方面，从设计到组装、运输、付款、维修，每一个环节都为用户"量身定做"；二是对产品结构和制造过程重组，运用现代信息技术、新材料技术、柔性制造技术等一系列高新技术，把产品的定制生产问题全部或部分转化为批量生产，以大量生产的成本和速度，为单个客户或小批量、多品种市场定制任意数量的产品。

定制化产品因包含大量个性化元素，每一件都可能是新的单品，需要有自己的编码。这就需要充分运用数字化技术，对产品完整的生命周期数据进行采集和分析，使消费者的需求能立即传达给生产者，生产线也能依靠数据流转实现柔性调整。

从互联网到大数据，再到大规模定制，这是制造业运用信息化技术的一条主线。为快速响应消费者需求，缩短大规模定制生产时间，一是要优化企业产品中包含的各种零部件结构，尽量增加通用零部件，减少定制零部件；二是优化产品的生产环节，尽量增加大量生产环节，减少个别定制环节。

◉【管理洞察】

柔性制造让"私人订制"汽车落地

在流水线上生产一台汽车大致分为冲压、焊接、涂装、总装四步。因为冲压金属部件的模具是固定的，焊接机器人的程序是固定的，总装车间的工人也需要固定的流程进行总装。传统的生产工艺，一条生产线只能生产一个型号的汽车。随着大众消费观念的变化，越来越多的消费者青睐个性化、多样化、品质化消费。上汽大通汽车有限公司（简称上汽大通）为满足"一千个消费者，会有一千辆不一样的上汽大通D90"的消费需求，推出了国内首款智能定制互联网SUV车型，通过让用户全过程参与产品定义、设计、验证、选配、定价、改进，开创了"C2B造车"范例。

该车型实现"私人订制"的关键，在于利用柔性生产的自动化生产线，将大规模生产方式转变为多品种、小批量生产。通过对系统结构、人员组织、运作方式等的改革，生产线能在大批量生产和小批量生产之间任意切换，提高了生产的自由度和灵活性。同一生产线前后两款颜色、配置等都不一样的汽车，能够快速、顺畅地生产，得益于先进的生产工艺和成熟的自动化工业机器人技术。其中，焊装车间的机器人在点焊、弧焊、涂胶、搬运、激光焊等环节可实现批量产品焊接自动化，涂装车间机器人可完成清漆、色漆、中涂、自动化油漆喷涂、底部的涂胶UBC等环节。同时，各车间可24小时连续生产，高柔性的机器人很好地保障了C2B定制化生产。

【启示】上汽大通以客户为中心的造车理念，使得"私人订制"造车模式实现"平民化"，为普通大众提供了消费得起的个性化汽车经营方式。这得益于企业生产线的自动化改造，及机器人的使用使生产线变得柔性可调。

（三）精益生产

精益生产是指企业通过系统结构、人员组织、运行方式和市场供求等方面的变革，使生产系统快速适应用户需求变化，并精简生产过程中一切无用、多余的东西，大幅提升企业经济效益的生产方式。企业为消除生产过程中存在的过量生产、等待时间、运输、库存、过程（工序）、动作、产品缺陷，以及忽视员工创造力等问题，应运用多种现代治理方法和手段，以用户需要为依据，充分发挥人的积极性，有效配置和合理使用企业资源。具体来说，一是通过资源重组、框架调整、更新设备、管理升级等措施提高生产效率，缩短生产时间；二是推行标准化的生产，以低库存、无间断流程，实现一次做对，减少对人力资源的依赖，降低对资源、物料的消耗，以标准的自动化生产，提高生产效率与产品质量。精益生产的理念是将企业现行的生产方式、治理方式作为改善对象，持续追求进一步降低成本，降低费用，努力实现质量完善、缺陷为零、产品多样化、适时生产等目标，逐步做到尽善尽美。

精益生产突破了"批量小，效率低，成本高"的逻辑，使企业生产成本更低，质量更高，能生产的品种更多，这是一种可以淘汰大量生产的新的生产组织形式。

（四）敏捷制造

敏捷制造（Agile Manufacturing，AM），是指制造企业利用现代通信技术手段，通过快速配置各种资源，以有效和协调的方式响应用户需求，实现制造过程的灵敏性。它将柔性生产技术、有技术及有知识的劳动者与能够促进企业内部和企业之间合作的灵活管理集成在一起，通过所建立的共同基础结构，对迅速改变的市场需求和市场进度作出快速响应。敏捷制造主要包括三大要素：技术、管理和人力资源。

敏捷制造是通过将技术、管理和人力资源集成为一个协调的、相互关联的系统实现的。高度柔性的生产设备，能够快速响应市场需求。在产品开发和制造过程中，运用计算机能力和制造过程的知识基础，用数字计算方法快速设计复杂产品，能够可靠地模拟产品特性和状态，精确地模拟产品制造过程，从而降低生产成本，缩短新产品的开发与生产周期。同时，由于敏捷制造需要一种高度集成的动态组织结构形式，便于组织结构的扁平化和虚拟组织的组建，这种组织对内可以让分离的人员之间彼此合作，对外可以与其他公司的人员合作，形成动态的战略联盟，实现共赢。

（五）智能制造

智能制造是《中国制造2025》中所提及的产业转型升级的重要手段，本质是推动并实现新一代信息技术和先进制造技术的深度融合。所谓"智能"，是指在现代传感技术、网络技术、自动化技术、拟人化技术、信息技术等基础上，通过感知、人机交互、分析、推理、判断、构思、决策和执行，实现过程的自主完成能力。智能制造（Intelligent Manufacturing, IM），是指由智能机器和人类专家共同组成的人机一体化智能系统。智能制造需要依托智能化装备/生产线、智能生产管理系统和精益运行管理来实现。智能化装备/生产线主要包括智能生产设备与工业机器人、增材制造设备、传感与控制装备、检测与装配装备、物流与仓储装备等智能制造装备，各种设备可以通过通信技术实现互联和集中控制。智能生产管理系统是指智能工厂的信息化软件系统，主要包括数字化工艺、智能计划与调度、自动/透明化物流、智能设备维护、数字化检测及智能生产管控。精益管理是指智能工厂按照既定的流程实施运行以保证达到预定的绩效指标并持续改进的过程。企业要建立以精益思想和精益工具应用为主体的精益运行和改进流程，通过运用价值流分析、根本原因分析、标准作业等精益工具找到智能工厂运行过程的问题，运用先进制造技术、信息技术及管理工具等实施持续优化。

◈【管理洞察】

"中国制造2025"的践行者

海信冰箱智能工厂以互联网为核心纽带，以大数据为依托，以供应链计划体系为主干，从研、产、销环节构建冰箱产业智能平台，把供应链涉及的所有环节整合在一起，打造出整体协同的"一个流"智能化生产模式。一条生产线可以同时生产4个型号以上的不同冰箱。海信冰箱扬州厂对小冰箱、高端风冷冰箱、直冷混合等在内的6条冰箱生产线实施智能化再造，车间应用高档数控机床与工业机器人、智能传感与控制装备、智能物流与仓储装备、智能检测与装配装备，以及增材制造装备等核心装备，实现全方位、全过程、一体化的智能生产、智能物流、智能仓储、智能监控，等等。智能设备90%以上实现自动化联机，工艺工时大幅度缩短，检测效率显著提高，在极大提高产品质量的同时，有效降低了制造成本。

企业依托高度自动化生产线，建设数字化的智能工厂，搭建智能工厂的技术架构和标准，实现工艺、质量、能源、设备、生产、效率信息的收集和诊断，将供应链涉及的所有环节全面整合，做到了每个环节生产工艺的高度信息化、整个价值链的数据化，完成从硬件升级、工艺改造、软件创新、制造流程再造，以及员工水平提升等多个环节的全面转型，真正实现了人、机器、产品、工艺全面融合下的智能变革。

【启示】智能制造是中国传统企业转型升级的必经之路。海信冰箱智能工厂基于智能制造数字化车间建设项目，以大数据为依托，推进冰箱价值链的数据化，并以供应链计划体系为主干，从研、产、销环节打造冰箱产业的智能平台，率先打造出从智能技术、智能产品、智能服务到智能制造的智能新生态。

◈【管理创新】

制造业要积极应对数字化

在我国从制造大国向制造强国转变的过程中，制造业数字化可谓是重中之重。我国将制造业数字化归结为五个方面：设计数字化、制造装备数字化、生产过程数字化、管理数字化和企业数字化。设计数字化实现了产品设计手段与设计过程的数字化，缩短了产品开发周期，提高了企业的产品创新能力；制造装备数字化实现了加工和装配的自动化和精密化，提高了产品的精度和加工装配的效率；生产过程数字化实现了生产过程控制的自动化和智能化，提高了企业生产过程自动化水平；管理数字化实现了企业内外部管理的数字化和最优化，提高了企业管理水平；企业数字化实现了全球化环境下企业内外部资源的集成和最佳利用，促进了制造企业的业务过程、组织结构与产品结构的调整，提高了我国企业、区域和行业的竞争能力。

第三节　生产计划管理

生产计划管理包括生产计划编制，以及实施生产计划的控制。

一、生产计划

生产计划是指关于企业生产运作系统总体方面的计划。企业通过对生产任务的统筹，拟定生产产品品种、数量、质量和生产进度的安排。它是根据市场需求和生产能力编制的，目的是充分利用企业的生产能力和资源，保证按质、按量、按品种、按期限完成订货合同，满足市场需求，提高经济效益。它是企业物资供应计划、劳动工资计划、财务计划、利润计划、设备更新改造计划等其他计划的依据。生产计划的类型很多，从制订计划的层次划分，主要分为以下几种：

（一）综合计划

综合计划是指企业在平衡销售、资金、设备、人力等整体资源的基础上，按生产产品的大类制订的计划。它处于企业的战略层，是企业年度生产计划大纲。

（二）主生产计划

动画：主生产计划之趣味小故事

主生产计划是指在将综合计划中大类产品分解成具体的产品品种、数量、规格等的基础上，通过对生产体系的产能、工艺、物料、技术、货物交期等影响因素的平衡，制订的均衡性生产计划。它是综合计划的具体化，起着承上启下的作用，它上接综合计划，平衡产销，下启车间生产计划以及其他生产计划，如物料需求计划、采购计划。

（三）车间生产计划

车间生产计划是指车间根据各班组的实际情况安排生产任务的计划。通过进一步把生产任务落实到工段、班组及工作地，使它们之间在生产日期和生产数量方面相互协调、衔接有序。它是协调企业日常生产活动、建立正常生产秩序、落实年度生产计划的中心环节。与前两项计划相比，其计划期更短、内容更具体、计划单位更小。它处于计划体系的最低层，一般通过生产排程确定。生产排程是指将生产任务分配至生产资源的过程。要求优化产能，优化生产顺序，优化生产设备选择，平衡各机器和工人的生产负荷，以实现减少等待时间，提高生产效率，缩短生产周期。车间生产计划的制订，除要考虑车间的专业化形式及程度外，还要考虑车间的生产规模、产品特点、生产类型和生产组织形式等因素。

二、生产计划的编制方法

现有的生产计划的编制方法有多种，且随着企业生产的产品品种日益增多，科学技术的迅速发展，系统分析、运筹学等理论与方法以及网络技术越来越多地应用于企业生产经营管理，可以预见未来还会不断出现新的生产计划编制方法。此处先就常用的几种主要方法进行介绍。

（一）滚动计划法

滚动计划法是指按照"近细远粗"的原则定期修订编制生产计划的方法。它根据生产计划的执行情况和环境变化情况定期修订未来计划，并逐期向前推移，将短期计划、中期计划和长期计划有机结合在一起，使制订的生产计划更加切合实际。具体编制方法是：在编制生产计划时，先用"近细远粗"的方法制订初始计划，然后每经过一段固定的时期（如一年或一个季度，这段固定的时期被称为滚动期），就对原生产计划进行必要的调整，并将计划期顺序向前延伸一个滚动期，以后逐期根据同样的原则进行定期修订与滚动。该方法有利于提高计划的适应性、准确性和可操作性，提高应变能力。具体编制时，可借助计算机辅助应用功能实现。

（二）甘特图法

甘特图法是指以图示的方式通过活动列表和时间刻度形象地表示工作任务的顺序与持续时

间的方法。其横轴表示时间，纵轴表示逐项活动项目，一定宽度的线条表示项目进行的时间，实心线条表示工程已完成的工作量，空心线条表示工程计划完成的工作量，线条长短表明各工序作业的起止时间。它以时间顺序显示所要进行的活动，以及那些可以同时进行的活动。以图书制作涉及的 6 道工序为例，绘制甘特图，如图 6-7 所示。

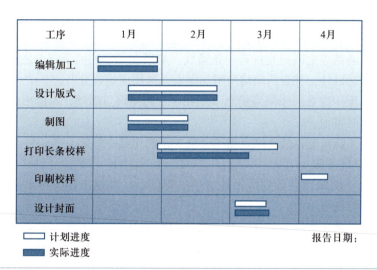

图 6-7　图书制作的甘特图

根据甘特图显示的部门、机器或设备的运行和闲置情况，可通过合理调配资源、调整作业顺序和期限，实施平行作业或交叉作业，达到缩短工期的目的。该方法多用于简单的短期项目。

（三）网络计划法

1. 网络计划法的基本原理

网络计划法是指把一项工作或项目分成各种作业，然后根据作业顺序进行排列，通过网络图对整个工作或项目进行统筹规划和控制的技术与方法。其目的是用最少的资源消耗，以最快速度完成任务。其基本原理是：

（1）通过绘制网络图，直观地反映各项工作的进度安排、先后顺序和相互关系；

（2）通过网络分析和网络时间计算，找出关键工序和关键线路，确定优化重点；

（3）通过优化，求得任务、时间、人、财、物等因素的平衡和合理利用；

（4）通过对工作过程实行监督与控制，以保证达到预定的计划目标。

2. 网络图的构成及绘制要求

网络图是指将一项计划中的各项工作（作业或工序）之间的排列顺序、相互关系和所需作业时间，以箭线和结点连接而成的一种网状图形。它由三大要素构成：①作业，也称活动，用箭线"→"表示。箭头方向表示活动前进的方向，箭尾表示活动的开始，箭头表示活动的结束。活动名称写在箭线的上方，下方写上完成这项活动所需的作业时间。虚箭线表示虚活动，作业时间为零，用于表明先后衔接关系。②事项，又称结点，是指前后工序的顺时分界点，用"○"表示。网络图的第一个事项称为始点事项，表示一项任务的开始。最后一个事项称为终点事项，表示计划任务的结束。中间事项既表示前一项工作的结束，也表示后一项工作的开始。③线路，是指从网络的始点事项开始，到网络终点事项为止的一系列首尾相连的箭线和结点所组成的通道。其中，用时最长的一条线路称为关键线路，用粗线或双线表示。关键线路所需的时间也就是完成整个计划任务所需要的时间。

网络图的绘制要遵循以下规则：

（1）在网络图中不允许出现循环线路；

（2）箭线的首尾必须有结点，不能从一条箭线的中间引出另一条箭线；

（3）两个相邻的结点之间只允许有一条箭线。如果在相邻的两个结点之间有几项活动平行进行，则除一项活动以外，其余活动均应增加结点，可用虚箭线分开；

（4）网络图中至少应有一个网络始点事项和一个网络终点事项，不能出现没有先行作业或没有后续作业的中间事项；

（5）结点编码不能重复，箭头结点编码必须大于箭尾结点编码。

3. 网络计划法的步骤

（1）确定目标。明确网络计划技术的应用工程项目，并提出相关技术经济指标的具体要求，如缩短工期、降低成本等。

（2）项目分解。将工程项目细化分解成具体的作业项目，分析各项作业之间的逻辑顺序关系，明确先行作业（紧前作业），平行作业和后续作业（紧后作业）。即明确在一项作业项目开始前，哪些作业必须先期完成，哪些作业同时平行进行，哪些作业需要后期完成，或者哪些作业可以与之平行交叉地进行。

（3）绘制网络图。确定各项作业时间，编制作业名称、代号、紧前（或紧后）作业和作业时间等明细表，据此绘制网络图。具体的绘制方法有两种：①顺推法，从始点时间开始，沿着每项作业的紧后作业，顺次绘制各项作业的箭线，直至终点事件为止。②逆推法，从终点事件开始，沿着每项作业的紧前作业，逆箭头前进方向逐一绘出各项作业的箭线，直至始点事件为止。习惯上，建筑安装企业多采用顺推法，机械企业则多采用顺推法。

（4）确定关键线路。计算全部网络时间和时差，总时差为零的线路即为关键线路。其他线路称为非关键线路。关键路线的作业时间初步确定了项目总工期。要缩短工期，可以从非关键线路上抽出一部分人力、物力支援关键线路上的有关作业。实际计算时可采用计算机完成。

（5）进行网络计划方案优化。时间、资源、成本既相互联系，又互为条件。为求得工期、资源与费用的优化方案，可以利用非关键作业的潜力支持关键作业，减少关键作业时间，通过多次平衡缩短关键路线上的整个工期时间。最后根据最优化的网络图，编制各种进度表，以及工程预算等各种计划文件。

（6）网络计划的贯彻执行。要发动员工广泛讨论，加强生产管理工作，采取信息反馈进行监督与控制等措施，保证计划任务的完成。

例2 已知某项工程的作业程序及作业时间如表6-6所示。该工程的直接费用在正常作业时间下为40 000元，间接费用为每周1 000元。

表 6-6　作业顺序、时间表

① 作业代号	② 紧前作业	作业时间		作业费用/千元		⑦ 赶工费用率 [⑦=(⑥-⑤)/(③-④)]
		③ 正常	④ 赶工	⑤ 正常	⑥ 赶工	千元/周
A		6	5	5	7	2
B	A	3	1	4	6	1
C	A	8	4	6	9	0.75
D	B	4	3	3	5	2
E	B	5	3	8	11	1.5
F	C, D	7	4	10	12	0.666
G	E, F	2	1	4	6	2

根据完成任务所需要的各项作业及其之间的相互关系，绘制网络图，如图 6-8 所示。

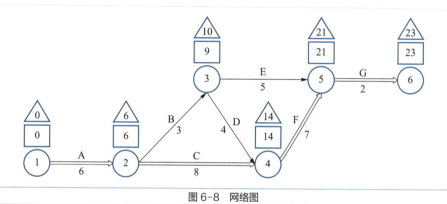

图 6-8　网络图

图中，"〇"为节点，表示前一项作业的结束点和后一项作业的开始点；"→"为作业，表示各项作业名称和时间；"⇒"为关键作业；"□"表示该节点紧后作业最早可能开始的时间；"△"表示该节点紧前作业最迟必须结束的时间。

计算出各作业的总时差，将作业总时差为零的作业即关键作业用双线或粗线标出，即是关键线路。关键线路上的作业是关键作业。关键线路上的作业时间之和就是总工期。关键线路是计划组织管理工作的中心，关键线路的作业必须按时开工和完成，否则将影响整个工程计划进度。

图 6-8 中的关键作业是 A、C、F、G 工序。关键作业连接而成的线路就是关键线路，见图 6-8 中①⇒②⇒④⇒⑤⇒⑥。

由关键线路得知该项工程的总工期 =6+8+7+2=23（周）。

4. 网络计划的优化

在实际工作中，不仅要考虑时间、工期的合理利用，还要考虑资源的合理利用和降低成本的问题。网络计划的优化是指利用时差不断改善网络计划的最初方案，使之获得最佳工期、最低成本和对资源的合理利用。通过逐次优化，求得最优方案。网络计划的优化主要有以下三方面的内容：

（1）工期优化。工期优化是指在人力、物力、财力等资源有保证的条件下，寻求缩短工程周期的措施，使工程周期符合目标工期的要求。它主要包括利用新技术压缩作业时间、进行作业分解和科学利用时间差三项措施。例如，中国水利水电第十四工程局承建小浪底三条排沙洞工程项目时，在混凝土衬砌阶段，经多次改进外商施工方案，使单块混凝土浇筑时间由原来的10天逐渐缩短为7天，最后稳定在5天。通过在中闸室顶拱浇筑同时进行中隔墩的施工，缩短了工期15天，有力保证了小浪底控制截流。

（2）时间-资源优化。时间-资源优化是指在一定工期条件下，通过平衡资源，求得工期与资源的优质结合。有两种情况：一是在资源有保证的条件下，尽量缩短工期，如对一些重点工程，应当力求早日发挥投资效果；二是在资源不能充分保证的条件下，就要求得一个资源利用比较合理、工期较短的方案，达到工期与资源的高效结合。其优化原则是：

① 优先保证关键工序和时差较小的工序对资源的需要；

② 充分利用时差，尽可能将工序开工时间错开，尽量使资源均衡地投入生产过程；

③ 必要时，可适当调整总工期，以保证资源均衡地投入生产过程。

（3）时间-成本优化。时间-成本优化是指找到缩短项目工期的方案，使完成项目所需总费用最低。它包括两种情况：一是在工期既定的情况下，求得最低的成本；二是在成本既定的条件下，寻求最佳工期。

一项工程的总成本可分为直接成本和间接成本两部分。直接成本是指与各项活动直接有关的费用，它随着工序时间的缩短而增加，如人工费、材料费、燃料费等。间接成本是指与工程周期长短有关，不能或不宜直接分摊给某一活动的费用，如管理费、银行贷款利息等。间接成本只能按照作业消耗的时间比例进行分摊，作业时间越短，分摊到该作业的间接成本就越少。

缩短工期会引起直接成本的增加，间接成本的减小。相反，延长工期通常可以节省直接成本，但会增加间接成本。缩短工程周期的天数与直接成本呈线性关系，即每缩短单位时间工期所增加的直接成本是固定的，通常称为赶工费用率，也称直接费用率。其计算公式为：

$$直接费用率 = \frac{赶工费用 - 正常费用}{正常时间 - 赶工时间}$$

式中，赶工时间是指某活动的作业时间从正常状态慢慢缩短，直到无法再缩短为止的作业时间，该时间所需的费用为赶工费用。

下面以例3的资料说明时间-费用优化的步骤和方法：

① 计算正常作业时间条件下的工程总工期及总费用

由图6-8知工程周期为23周，因此间接费用为23周×1 000元/周=23 000（元）；在正常作业时间下的工程总费用为：

工程总费用 =40 000元 +23 000元 =63 000（元）。

② 选择赶工作业，确定赶工后的工期及工程费用节约额

在选择赶工作业时，要考虑关键线路上赶工费用率最低的作业；在压缩作业时间时，要考虑其他线路的延续时间，压缩后的线路延续时间不应低于其他线路的延续时间。赶工后工程费用的节约额为：

工程费用节约额=间接成本节约额−直接成本增长额

节约额最大时的工程周期，即为最佳工期。

从图6-8得知，网络图上共有三条线路，各线路延续时间如下：

线路Ⅰ：①→②→③→⑤→⑥　　　　　　延续时间 16 周
线路Ⅱ：①→②→③→④→⑤→⑥　　　　延续时间 22 周
线路Ⅲ：①→②→④→⑤→⑥　　　　　　延续时间 23 周

线路Ⅲ为关键路线。首先压缩线路Ⅲ上的作业F，由 7 周压缩至 4 周，线路延续时间由 23 周缩短至 20 周（线路Ⅱ同时缩短为 19 周），工程费用节约额为：

$$工程费用节约额 =3×1\,000-3×0.666×1\,000=1\,002（元）$$

然后再压缩作业C，由 8 周压缩到 7 周，此时Ⅲ与Ⅱ的延续时间相等，均为 19 周。工期共缩短 4 周，费用节约额为：

$$工程费用节约额 =4×1\,000-（3×0.666+1×0.75）×1\,000$$
$$=1\,252（元）$$

由于工程项目中其他作业的赶工费用率均大于 1，即每压缩 1 周，直接成本的增加额将大于间接成本的节约额，最后得出最佳工期应为 19 周，工期压缩后的工程总费用为：

$$工程总费用=赶工前工程总费用−工程费用节约额$$
$$=63\,000-1\,252=61\,748（元）$$

（四）其他计划方法

除上述三种计划方法之外，企业还有其他一些常用的生产计划编制方法，简要概括如下，如表6-7所示。

表6-7　生产计划编制方法

计划类型	含义	适用对象	内容
标准计划法	将各个工作地或每个员工需完成的作业任务编成标准计划图表，重复使用	大量流水生产、稳定的成批或单件小批生产类型	流水线上每天的生产任务
定期计划法	每隔一段时间规定一次任务内容的工序作业进度或零件加工进度和设备负荷进度	生产任务不稳定的大量生产和成批生产类型	间隔长短与生产稳定性、复杂性，以及任务内容与各个工序衔接程度有关。内容越复杂，间隔时间要越短，反之则相反
临时派工法	根据各工作地负荷情况，随时编制计划下达	工作任务杂而乱，且不稳定的零星单件生产类型	根据生产任务、生产准备及各工作地负荷情况，随时把生产任务下达给各工作地
混流生产计划法	企业在一定时期内，在一条流水线上生产多种产品	加工工艺基本相同，生产设备不需要调整，工、模、夹具可以快速调换，而设备负荷又能负担多品种生产的流水生产和成批生产企业	在现有生产条件及生产能力下，经过科学逻辑的运算，制定在同一生产线上最优品种搭配的生产方案，达到品种、产量、设备、工时的均衡安排，最大限度地节约资源

计划类型	含义	适用对象	内容
在制品定额法	按照产品工艺顺序，从成品生产的最后一个生产单位，逐个往前推算	生产稳定、大量大批生产情形	既规定了计划期的总生产任务，也规定了计划期的生产进度
提前期法	根据预先制定的提前期，计算产品在各生产环节的提前量，保证各生产单位数量衔接	成批轮番生产情形	成品出产号按逆工艺顺序排列编码，计算提前量，再计算产出量和投入量
生产周期法	按反工艺程序安排并绘制指示图表，据此组织生产	根据订货组织生产的单件小批生产类型	使产品在各工序出产和投入时间互相衔接，保证成品交货期限
以量定期法	确定最初的批量后，计算相应生产间隔期	生产稳定的企业。典型形式有经济批量法、最小批量法	确定批量，推算生产间隔期，对间隔期修正后，对批量进行调整
ERP 法	用 ERP 软件，按工艺顺序逆向编制生产作业计划	基础资料好，产品生产计划明确的情形	依据信息资料，按照程序用计算机编制

从综合计划到主生产计划再到车间生产计划，是一个层层分解落实的过程。车间将工段、班组的生产任务具体分解落实到各个工作地，形成可操作性的工作地计划任务安排，才标志着生产计划的最终完成。

第四节　生产设备管理

一、生产设备的选择原则

生产设备的选择应满足企业生产实际的需要，从企业长远生产经营发展方向全面考虑，把有限的设备投资用在生产必需的设备上，发挥投资的最大经济效益。生产设备的选择原则是：技术上先进，经济上合理，生产上可行（适用），运行上安全可靠，配套齐全，技术服务好。

二、生产设备的维修

生产设备的维护、检查和修理简称"维修"，是生产设备管理中工作量最大的环节。其目的是保持生产设备处于良好的技术状态，防止和减少设备故障的发生，降低维修费用，减少停工损失，延长使用寿命。其主要措施是：在掌握生产设备磨损与故障规律的基础上实行先进的维修制度，进行维修保养。

（一）生产设备的磨损规律和故障规律

1. 生产设备的磨损规律

生产设备的磨损分为精神磨损和物质磨损。精神磨损也叫无形磨损，是指由于科技进步而导致设备更新迭代造成的生产设备贬值。物质磨损也叫有形磨损，是指由于摩擦应力和化学反应的作用造成的零件磨损。其磨损程度与生产设备的使用时间和使用强度有关。随着使用时间的推移，生产设备磨损大致可分为三个阶段，如图6-9所示。

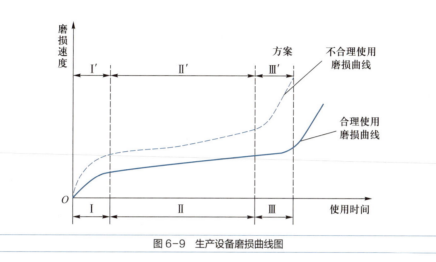

图6-9　生产设备磨损曲线图

（1）初期磨损阶段。生产设备刚开始运转时，零件之间互不适应、互不吻合，随着零件表面的氧化层、脱炭层很快地被磨平，生产设备逐渐地运转正常、平稳。这一阶段磨损速度较快，但时间较短。

（2）正常磨损阶段。在正确合理的使用条件下，机器零件表面有最好的耐磨能力，生产设备处于最佳的技术状态。这一阶段的时间，就是机器零件的使用寿命。

（3）故障磨损阶段。当生产设备的正常磨损达到一定限度后，磨损量急剧增加，设备的性能、精度迅速下降，已不能保持正常的性能，最后导致零部件损坏，直至整机停止运转。因此，在生产设备进入急剧磨损期以前，就要进行修理，以恢复生产设备应有的性能。

2. 生产设备的故障规律

生产设备故障是指生产设备在规定的环境和使用条件下，由于性能下降或机件损坏，使生产设备的局部或整体失去了应有的机能。生产设备故障的发生是有规律的，一般可分成三个时期，如图6-10所示。

（1）初期故障期。初期故障期又称为跑合期。开始时故障率较高，然后逐渐降低，并趋于稳定。这个时期的故障主要是由于设计上的缺陷，制造质量不佳，搬运、安装不良或操作者不适应等原因造成的。这一时期的重点工作是细致地研究操作方法，并将设计、制造中的缺陷反馈给设备制造部门。

（2）偶发故障期。偶发故障期又称故障稳定期。在这个阶段，生产设备运转正常，故障率较低。偶尔发生故障，也多是由于操作失误或某些零部件存在隐患造成的。在这一时期应加强

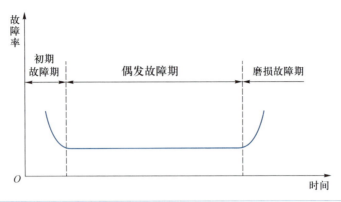

图6-10　生产设备故障规律曲线图

操作管理，做好日常维护保养工作。

（3）磨损故障期。磨损故障期又称损坏期。在这一阶段，由于机械磨损和变形，许多零部件接近或超过使用极限，经常发生损坏，故障率明显上升，设备利用率开始下降。为了降低这个时期的故障率，就要在零件达到使用极限前加以修理或更换。因此，这一时期的重点工作是进行预防性维修和改善性维修。

（二）生产设备的维护保养

生产设备的维护保养是指设备操作人员和专业维护人员在一定的时间及维护保养范围内，对生产设备进行预防性的技术护理。

1. 生产设备维护保养的内容

（1）清洁。经常擦洗灰尘及油垢，清扫散落在生产设备各部位的残渣、废屑，保持生产设备内外清洁，无泄漏现象。

（2）润滑。定时、定点（油眼）、定质、定量加油，保证油路畅通，运转灵活。

（3）紧固。对因高速运转而松动的连接件（螺钉或销子）及时紧固，防止脱出。

（4）调整。及时调整由于生产设备机件的松动或位置移动所带来的不协调，保证生产设备放置整齐，防护装置齐全，线路管道完整。

（5）防腐。使用防腐剂保护生产设备，及时清除生产过程中沾染的腐蚀物质。

（6）安全。实行定人定机交接班制度，遵守操作规程。各种测量仪器、保护装置要定期检查，保证安全，避免事故发生。

2. 生产设备的保养工作

（1）日常保养。日常保养也称例行保养。主要是由操作工人负责执行的经常性的不占生产设备工时的例行保养。它的保养项目和部位较少，大部分工作在设备表面进行。其主要内容是对生产设备各部位进行清洁、润滑，紧固松动的螺丝，检查零部件是否完整等。例如，一家化肥厂为确保安全生产，一改往常设备故障后的"住院治疗"为发现故障的"日常体检"，从而筑起一道"特殊"的安全防线。又如某车间包装班一名职工在巡检中发现一电缆接头因接触不良过热而发红，该车间立即调集精兵强将进行抢修，及时消除了安全隐患。

（2）一级保养。一级保养的主要内容是对生产设备进行局部检查和调整，清洗规定的部位，疏通油路，紧固设备的各部位。一级保养要在专职维修人员的指导下，由操作人员完成。

（3）二级保养。二级保养主要是对生产设备进行部分解体检查和调整，重点是对内部进行清洁、润滑、修复或更换易损件，恢复设备精度等。二级保养由专职维修人员承担，操作人员协助完成。

❈【管理洞察】

精细化管理促设备高效运行

方大特钢科技股份有限公司推行全员设备管理及设备精细化管理，促进了设备安全高效运行。

1. 全员参与

推行"我的设备我管理"，规定操作者是设备的第一管理维护者，要参与设备维护保养和维修作业，熟知设备情况，并将设备管理的点检、操作、润滑标准下发到班组。在此基础上，完善落实三级点检制度，以专职点检带动全员设备点检。对点检发现的隐患，及时整改。此外，持续做好设备全周期跟踪管理，有计划地进行设备定查定修，把事故消灭在萌芽状态。有效控制和消除了设备隐患，推动了设备高效运行。

2. 精细管理

严格控制设备管理备件、材料和外委等三大费用，严把备件材料审核关，严格控制申报量，鼓励积极消化已有的备品备件库存；鼓励员工进行设备"小改小革"和修旧利废工作，提高设备寿命，减少备品备件消耗。该公司员工开展各类"小改小革"近万人次，设备管理三项费用比目标降低 17.15 元/吨钢。

【启示】企业要想获得良好的经济效益，就要通过有效的管理，正确地操作使用设备，精心地维护保养设备，科学地修理改造，始终使设备处于良好的技术状态，保证生产过程的连续稳定。

❈【管理创新】

设备全生命周期管理

设备管理要适应数智化发展要求，以全生命周期为主线，预防性维护为中心，兼顾设备档案、备品备件的管理。充分应用大数据，通过对设备进行故障分析及预测，优化设备维修计划；通过设备劣化倾向分析，提出预测性维修建议；通过设备状态实时分析，优化设备运维计划；通过部件出入库分析和预测，优化备件购置计划。为了降低设备故障造成的经营风险，可同时引入物联技术实现设备状态的实时监控与故障预警，努力实现设备的规范化、科学化、智能化管理，保障设备的稳定性，实现企业经济效益与资产效益双提升。其全生命周期管理流程如图6-11所示。

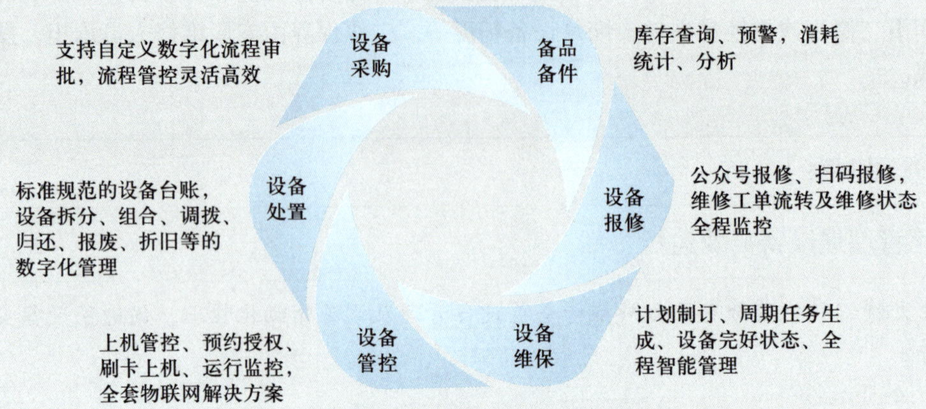

支持自定义数字化流程审批，流程管控灵活高效

设备采购

备品备件

库存查询、预警，消耗统计、分析

标准规范的设备台账，设备拆分、组合、调拨、归还、报废、折旧等的数字化管理

设备处置

设备报修

公众号报修、扫码报修，维修工单流转及维修状态全程监控

上机管控、预约授权、刷卡上机、运行监控，全套物联网解决方案

设备管控

设备维保

计划制订、周期任务生成、设备完好状态、全程智能管理

图 6-11 设备全生命周期管理示意图

一、单项选择题

1. 生产过程最基本的部分是（　　　）。
   A. 工艺过程　　　　　　B. 检验过程　　　　　C. 运输过程　　　　　D. 等待过程

2. 将完成相同工艺加工的设备和工人放到一个厂房或区域内，称为（　　　）。
   A. 对象专业化　　　　　B. 工艺专业化　　　　C. 混合专业化　　　　D. 人员专业化

3. 5S 管理的核心和精髓是（　　　）。
   A. 整理　　　　　　　　B. 整顿　　　　　　　C. 清扫　　　　　　　D. 素养

4. 准时生产强调的是（　　　）。
   A. 消除生产中的浪费　　B. 零库存　　　　　　C. 零准备时间　　　　D. 零废品

5. 关键线路是（　　　）为零的作业构成的线路。
   A. 最早开始时间　　　　B. 最迟结束时间　　　C. 总时差　　　　　　D. 单时差

二、多项选择题

1. 生产过程组织的基本要求包括（　　　　）以及规范化。
   A. 精确化　　　　　　　B. 自动化　　　　　　C. 柔性化　　　　　　D. 适应性

2. 生产类型按组织生产的特点可分为（　　　　）。
   A. 备货型生产　　　　　B. 订货型生产　　　　C. 连续生产　　　　　D. 离散生产

3. 生产能力按照用途分类，可以分为（　　　　）。
   A. 现实能力　　　　　　B. 查定能力　　　　　C. 实际能力　　　　　D. 设计能力

4. 以下属于生产现场管理的是（　　　　）。
   A. 目视管理　　　　　　B. 定置管理　　　　　C. 5S 管理　　　　　D. 看板管理

5. 网络计划的优化包括（　　　　）。
   A. 工期优化　　　　　　B. 线路优化　　　　　C. 时间-资源优化　　D. 时间-成本优化

三、判断题

1. 批量小、工序时间短、零件比较轻适宜采用平行移动方式。　　　　　　　（　　　）
2. 核定生产能力一般先计算设备组的生产能力。　　　　　　　　　　　　　（　　　）
3. 精益生产在库存和质量上追求零库存和零缺陷。　　　　　　　　　　　　（　　　）
4. 车间生产计划是指车间根据各班组的实际情况安排生产任务的计划。　　　（　　　）
5. 因科技进步导致设备更新迭代，所造成的设备贬值属于有形磨损。　　　　（　　　）

四、思考题

1. 简述生产过程的定义及组成。
2. 合理组织生产过程应满足哪些要求？
3. 现代企业有哪几种生产类型？各种生产类型的特点是什么？
4. 设备布局应遵循的原则有哪些？
5. 5S 管理的内容及要求是怎样的？

6. 何谓流水线？流水线应具备怎样的特征？

7. 何谓定制生产？定制生产的基本思想有哪些？

8. 简述精益生产的基本原理。

9. 何谓生产计划？从制订计划的层次划分，主要分为哪几种？

10. 某产品的批量为 3 件，经历 5 道工序进行加工，其各道工序的单件加工时间分别为 $t_1=10$ min，$t_2=15$ min，$t_3=10$ min，$t_4=8$ min，$t_5=10$ min。

试绘制制品在工序间的三种移动方式图，并计算整批制品的加工周期。

11. 某项工程共有 7 项作业，其作业时间、费用及费用率如表 6-8 所示，该工程的间接费用为每天 10 000 元。

表6-8　某项工程作业情况

活动代号	紧后活动	作业时间		费用/千元		费用率
		正常	赶工	正常	赶工	千元/天
A	D、G	6	3	40	52	4
B	C	5	1	30	50	5
C	E、F	6	2	40	70	7.5
D	E、F	7	5	40	100	30
E	I	9	6	30	60	10
F	H	6	4	30	60	15
G	I	5	1	60	110	12.5
H	—	2	1	20	40	20
I	—	4	1	20	50	10

要求：

（1）根据表 6-8 中的数据，绘制网络图。

（2）找出关键线路，计算总工期。

（3）求该项工程的最佳工期，计算工程费用节约额。

五、综合实训

1. 实训目的

增强对企业生产作业计划的认识，养成编制生产作业计划的能力。

2. 实训内容

（1）企业背景资料：黎明纺机厂是以外协加工为主的离散装配型生产企业，有几十个产品系列，分别由四个分厂各自组织生产。产品零部件较多，有的产品零件达六七百种，加上标准件、配套件，产品清单物料约有上千种。企业的金一分厂零件全部外协，金二分厂只加工主关键件，其他零件全部外协，最终成品由本厂装配完成。各分厂全权负责各自的生产作业计划、物流控制、资金管理、物资准备等。各分厂生产管理的特征是：对于成熟产品、定型产品，企业按预测批量，重复组织产品生产；对于成熟、不定型产品，按预测结合市场要求，小批量均衡组织生产；对于用户定制的产品，根据客户提出的配置要求进行生产。

（2）根据背景资料，编制多品种、多任务的企业生产作业计划。

3. 实训组织

（1）以 5~8 人为一组，模拟编制企业生产作业计划。

（2）分组模拟企业现场生产，分析计划中存在的问题，并提出改进建议。

4. 实训考核

（1）各组提交实训报告和生产作业计划，由教师评价，占总成绩的 40%。

（2）各组代表汇报，师生互评占总成绩的 60%。其中，教师点评（30%）、小组互评（40%）、学生自评（30%）。

质量管理

第七章

学习目标

素养目标

- 培养追求卓越的质量管理意识
- 培养工匠精神，树立精益求精的质量观
- 贯彻质量标准，培养数智化的质量管理意识

知识目标

- 了解产品质量概念及其内涵
- 熟悉全面质量管理的基本思想及工作方法
- 掌握质量管理常用的统计控制方法

技能目标

- 能够用质量管理统计方法的基本原理分析企业质量问题
- 能够用质量认证知识帮助企业实施质量认证

思维导图

质量管理
- 质量及质量管理
  - 质量的内涵
  - 质量管理
  - 质量管理的发展历史
  - 全面质量管理
- 质量控制统计方法
  - 排列图法
  - 因果分析图法
  - 直方图法
  - 控制图法
  - 散布图法
  - 分层法
  - 统计调查分析表法
- 质量管理体系
  - 质量管理体系的内涵
  - ISO9001质量管理体系的主要内容
  - 产品质量及质量体系认证

学习计划

- 素养提升计划

_____

_____

_____

- 知识学习计划

_____

_____

_____

- 技能训练计划

_____

_____

_____

【引导案例】

质量握在每个人手中

依靠先进质量体系，潍柴发动机打造出全球高速重型发动机寿命的最高标准，塑造了"可靠、耐用"的品牌形象，荣膺中国质量奖。

1. 实施"大质量"管理

从"领导""战略""顾客与市场""资源""过程管理""测量、分析与改进""经营结果"7个方面，对运行质量进行自评，找出改进空间，整改提高。"大质量"管理倡导通过ISO/TS 16949质量认证来推进卓越绩效标准，依靠运营质量标准来保证产品质量；使企业从防守型质量管理转变为预防性质量管理；从质量人员参与转变为全员参与；从制造过程质量管理转变为产品全生命周期、全过程质量管控，包括产业链上下游的相关企业。

2. 构建质量持续改进体系

利用质量管理系统快速、准确地处理各种质量信息。实施精益六西格玛管理，以一到两个项目作为切入点，由"点"到"线"逐步推进，使"线"形成"面"。在此基础上推行潍柴特有的WOS质量管理模式，贯彻"WOS十项原则"，形成持续改进体系。辅以"内部质量认证"制度，确保体系有效性。

3. 塑造质量文化

塑造独特的质量文化，倡导"只给自己一次机会"，所有操作和检验都要一次通过。每个工艺操作都要一次到位，每一件产品出厂试车都要一次成功。

4. 前移质量控制防线

提高供应商门槛，定期审核，选择产品质量控制好、现场管理优、综合实力强的供应商作"标杆"，组织其他供应商观摩学习，推行基于潍柴质量体系的认证制度，提升产业链整体质量水平。将供应商质量控制防线前移，甲类及重要乙类零配件供应商，要通过ISO/TS 16949质量认证，并将高质量的外协产品更高质量地配套到主机上。

【启示】质量是企业生存和发展的根基，也是建设质量强国的基础。潍柴集团将战略、指标、价值链、制度流程、绩效评价与改进融为一体，形成一套以质量管理为统领，销售、研发、制造和管理质量相衔接的质量管理体系，以产品高质量行销全球，为建设质量强国做出了贡献。

第一节 质量及质量管理

质量有狭义和广义之分。狭义的质量是指产品质量，包括有形产品质量和无形产品（服务）质量。广义的质量是指"产品、体系或过程的一组固有特性满足规定要求的程度"，具体包含性能、附加功能、可能性、一致性、耐久性、维护性、美学性、感觉性、价值、响应速度、人性化、安全性等方面的含义。

质量的概念最初仅用于产品，逐渐扩展到服务、过程、体系和组织，以及以上几项的组合。目前国际上普遍采用广义的质量概念，即质量除了指产品质量外，还包括过程质量、工作质量和服务质量。

一、质量的内涵

质量是指产品、过程或服务满足规定或潜在要求（或需要）的特征的总和。质量除包括产品质量、过程质量、工作质量和服务质量四个维度外，还包括两个层次：一是必须满足规定或潜在的需要，二是涵盖各种特征。第一个层次是指产品的客观标准，第二个层次是指产品的内在要素。只有内在要素符合要求，又为用户所需要的产品才属于高质量的产品。

（一）产品质量

产品质量是指产品适合一定用途，满足社会和人们一定需要所必备的特性。它包括产品结构、性能、精度、纯度、物理性能和化学成分等内在的质量特性；也包括产品外观、形状、色泽、气味、包装等外在的质量特性。同时还包括经济特性，如成本、价格、使用费用、维修时间和费用；商业特性，如交货期、保修期；其他方面的特性，如安全性、环境性、美观性等。

一般将产品质量特性应达到的要求规定在产品质量标准中。产品质量标准，是指对产品品种、规格、质量的客观要求及其检验方法所作出的具体技术规定。它一般包括：产品名称、用途和适用范围；产品的品种、类型、规格、结构和主要技术性能指标；产品的检验方法和工具；产品的包装、储运和保管准则；产品的操作说明等。按其颁发单位和适用范围不同，有国际标准、国家标准、部门标准和企业标准等。产品质量标准是进行产品生产和质量检验的技术依据。

❖【管理洞察】

产品质量要符合新国标

面对羽绒服价格升高，生产者要生产物美价廉的羽绒服，需要关注新国标，如表7-1所示。

表 7-1　新国标《羽绒服装》说明

项目	内容	说明
执行标准	GB/T 14272-2021	新国标，2022年4月1日起实施
	GB/T 14272-2011	旧国标，已淘汰
绒子含量	<50%	不达标
	≥50%	数值越高，保暖性越好，75%即可满足普通消费者的日常需求，高品质羽绒要求高于85%

项目	内容	说明
充绒量	100 g 及以下	仅适用于 0 ℃及以上穿着
	200 g 以上	仅适用于-20 ℃以上穿着
充绒材质	鹅绒	相同蓬松度下，鸭绒和鹅绒保暖性无明显差异
	鸭绒	

《羽绒服装》（GB/T14272-2021）相较于《羽绒服装》（GB/T14272-2011）的最大变化，是将羽绒服标识中的"含绒量"改为"绒子含量"，且含量明示值不低于 50% 的产品才达标。绒子含量指绒子所占的质量百分比，绒子含量越高，手感越柔软，蓬松度也越高，同等质量时保暖性越好。研究表明，羽绒服保暖性并不是一直随着充绒量的增加而持续上升的，不同温度环境下，满足人们保暖需求的充绒量也各不相同。生产者可根据消费者需求和新国标的要求有针对性地进行生产。对于不在吊牌标注的蓬松度，新国标中未作详细规定，但蓬松度越高，保暖性和舒适度通常越好；至于填充灰鸭绒还是白鸭绒，生产者可根据实际进行考量。因此，生产羽绒服时，绒子含量和充绒量是重点关注指标。

【启示】生产者生产羽绒服，要在做好产品设计的前提下，关注羽绒服产品质量的执行标准，满足市场需求的同时，应做好质量管理，为消费者提供物美价廉的产品。

（二）过程质量

产品是通过工作过程完成的。过程质量是指过程满足规定需要或潜在需要的特征和特性的总和。制造业产品质量形成过程包括以下内容：①设计过程质量，是指产品设计符合质量特性要求的程度，一般通过图样和技术文件质量来体现；②制造过程质量，是指按设计要求，通过生产工序制造而实际达到的实物质量，是制造过程中操作工人、技术装备、原料、工艺方法，以及环境条件等因素的综合产物，也称符合性质量；③使用过程质量，是指在实际使用过程中所表现的质量，它是产品质量与质量管理水平的最终体现；④服务过程质量，是指产品进入使用过程后，企业对用户的服务要求的满足程度。例如，上海施耐德配电电器有限公司的设计人员利用条码自动识别技术，为企业构建起完整的物料、成品的自动识别和追溯体系。因为物料具备了"身份证"，员工在生产过程中，系统会自动记录每个成品使用了哪些物料，一旦发生质量问题，企业能迅速找到存在问题的物料，通过及时准确地为用户更换部件，使企业损失最小化，同时也保证了用户利益的最大化。

（三）工作质量和服务质量

工作质量是指企业的生产经营管理工作、技术工作、组织工作和职业道德教育工作都达到规定的标准，能够稳定地出产合格产品，提高产品质量的保证程度。工作质量包括员工的质量意识、业务能力、各项工作标准和规章制度的质量及贯彻执行这些标准、制度的质量。服务质量是指服务能够满足规定和潜在需求的特征和特性的总和，主要通过服务输入、服务过程、服务活动结果呈现。服务质量具有功能性、文明性、舒适性、时间性、安全性和经济性等特性。

员工的素质决定着产品质量、过程质量、工作质量和服务质量。提高员工的素质，对提高产品质量具有决定性的意义。

二、质量管理

质量管理是指在质量方面指挥和控制组织协调的活动，通常包括制定质量方针、质量目标、质量策划、质量控制、质量保证和质量改进。

（一）质量方针

质量方针是指由企业的高层领导发布的企业总的质量宗旨和质量方向。它是企业质量行为的准则，体现了管理者对质量的指导思想和承诺。质量方针要求语言通俗、简单、明确和易于理解，使各级人员都能理解和执行。

（二）质量目标

质量目标是指企业在质量方面所追求的目标，是质量方针的具体体现。它包括产品要求，以及为满足产品要求所需要的资源、过程、文件和活动等。质量目标既要先进可行，又要具有可测量性，且能细化分解和落实，以便实施和检查。

（三）质量策划

作为一种战略性策划，质量策划是指致力于制定质量目标并规定必要的运行过程和相关资源以实现质量目标的活动。高层管理者应在考虑市场变化、企业当前和未来的需要、现行产品和生产过程状况，以及各相关方对企业质量现状满意程度的基础上，制定企业总的质量目标，且要与企业的质量方针和持续改进的承诺保持一致，并层层分解，明确地传达给所有员工，使全体员工都为之奋斗。

（四）质量控制

质量控制是指为了使产品、体系或过程达到规定的质量要求，所采取的一系列作业技术和活动过程的控制措施。如质量方针控制、文件和记录控制、设计和开发控制、采购控制、生产和服务运作控制、测量和监视装置控制、不合格品控制等。通过质量控制，与产品质量有关的各个过程都能处于受控状态并保障企业能持续提供符合规定要求的产品。质量控制是动态的，随着企业技术水平、工艺水平、检测水平的提高，应不断研究新的控制方法以满足更高的质量要求。

◉【管理洞察】

质保数智化提质降费成效高

上汽大众汽车有限公司（简称上汽大众）通过实施数字化、智能化探索，开启了质保数字化转型的重点项目——过程质量系统（pqi）项目。pqi是基于物联网架构的一套系统，宁波工厂车身一期配备pqi后，实现了400台点焊机器人设备互联，满足了每天大约100万条焊接过程数据的实时监控、在线报警和有效追溯，帮助生产员工、技术员和管理者从多角度、多维度，更快、更精准地识别生产过程中产品的变异点和趋势，及时识别风险、快速响应，大幅提高了产品质量。项目实施后，因焊接毛刺造成的内部返工工时大幅降低，有效降低了生产成本。

【启示】为顺应新一轮科技革命和产业变革趋势，要加快工业互联网创新发展，加快制造业生产方式和企业形态的根本性变革，提升制造业数字化、网络化、智能化发展水平。上汽大众的数字化、智能化升级，不仅可以打通企业信息壁垒，实现互联互通、高效协同，而且可以实现提质降费。

（五）质量保证

质量保证是指对产品、体系或过程的固有特性能达到预期的质量提供的信任。其基本思想是强调对用户负责，其核心是使用户、第三方、本企业高层管理者相信企业具有质量保证能力，使他们树立足够的信心。为此必须提供充分必要的证据和记录，证明有足够的能力满足他们对质量的要求。为了使质量保证系统行之有效，还必须时常接受评价，如用户、第三方和企业高层管理者组织实施的质量审核、质量监督、质量认证、质量评价等。

（六）质量改进

质量改进是指企业为更好地满足用户不断变化的需求和期望，而进行的改善产品的特性，提高用于生产和交付产品的过程的有效性和效率的活动。它包括确定、测量和分析现状，建立改进目标，寻求可能的解决方法，评价并选定解决办法，实施选定的解决办法，测量、验证和分析实施的结果等。

三、质量管理的发展历史

（一）质量检验阶段（20世纪20—30年代）

这是质量管理的最初阶段。这个阶段主要依靠质量检验的手段对产品进行事后检验，剔出废品，挑出次品，防止不合格品流入下道工序或出厂。

（二）统计质量管理阶段（20世纪40—50年代）

这一阶段主要是运用数理统计方法，通过抽样检验这一手段，从产品生产过程的质量波动中找出规律性，对产生波动的异常原因事先采取预防措施，从而达到在生产工序间进行质量控制的目的。

（三）全面质量管理阶段（20世纪60年代初至今）

随着消费者对质量要求的提高，单纯靠数理统计方法进行质量管理，已无法满足要求。

因而，以系统的观点，全面控制产品质量形成的各个环节、各个阶段的全面质量管理应运而生。

质量管理的三个发展阶段是一个相互联系的发展与提高的过程。质量检验至今仍是防止不合格品流入下一工序和用户手中的不可缺少的质量管理环节；数理统计方法仍是生产过程质量控制的重要手段。

四、全面质量管理

全面质量管理，是指企业所有部门和全体人员都以产品质量为核心，把专业技术、管理技术和数理统计方法结合起来，建立起一套科学、严密、高效的质量保证体系，控制生产全过程影响质量的因素，以优质的工作、经济的办法，提供满足用户需要的产品（服务）的全部活动。全面质量管理的基本观点是：由事后检验转向事前预防；由管结果转向管原因，并使产品生产经营的全过程都处于受控状态。

（一）全面质量管理的特点

与以往的质量管理相比，全面质量管理具有以下特点：

1. 管理对象是全面的

全面质量管理既包括产品质量，也包括产品质量赖以形成的工程质量和工作质量，并将三方面的综合作为管理控制的对象，用优质的工作质量和工程质量来保证产品质量，要求保证质量、物美价廉、交货及时、服务周到，使用户满意。

2. 管理过程是全面的

产品质量始于设计，成于制造，终于使用。要保证产品质量，必须把产品质量形成的全过程的各个环节的有关因素都有效地控制起来，即从市场调查、产品设计、试制、生产、检验、仓储、销售，到售后服务各个环节都实行严格的质量管理，并形成一个综合的质量管理体系。

3. 管理人员是全面的

它要求员工树立"质量管理，人人有责"的观念，通过落实岗位质量目标责任制和对全体员工进行质量意识教育，把全体员工的积极性和创造性集中到参与质量管理的工作上。

4. 管理方法是灵活多样的

影响产品质量的因素异常复杂，必须对质量管理提出新的要求，即要求企业在建立严密的质量保证体系的同时，充分利用现代科学的成就，广泛灵活地运用现代化的管理方法、管理手段和技术手段。

◎【管理洞察】

全面质量管理赋能产品高质量

同仁堂集团作为首批中华老字号企业，在其百年发展历程中，始终坚持"配方独特、选料上乘、工艺精湛、疗效显著"的产品质量特色，这得益于企业健全的质量管理。

"药材好，药才好"，同仁堂从中药材原料质量保证入手，推行"公司＋合作社＋农户"的规范化药材种植基地模式，获全国首批 GAP 基地认证。打造中药材溯源管理系统，以气象、土壤、药材、物联网等数据为基础，以田块为单元，聚焦"从种子到杯子"的追溯，对种源的繁育、种植的管理、采收、加工、质检、仓储、运输等各环节严格把控。中成药生产溯源管理系统则聚焦从药材到成药全过程追溯，利用条码技术，赋予产品电子标签，实现原辅料、前处理、生产制剂、质量控制及成品市场流通等环节追溯。中药饮片溯源管理系统，聚焦从药材到饮片炮制全过程，串联药材入库、炮制加工、质量检测、库存和流通等关键环节，实现"人、机、料、法、环"的可溯源管理。同时，同仁堂组建上下协同的质量管控网络和质量监督检查队伍，完善从中药材种植到上市销售的"全员性、全过程、全覆盖"质量管理体系。

【启示】同仁堂产品的高质量靠的是"从田间到车间"的监管，从质量到供应的管控，从选地到农事的指导，以及搭建从药材生产到流通各环节的溯源系统，所实现的药材来源可溯、去向可查、责任可究、风险可控。产品全面质量管理的数字化、智能化提升，为企业高质量发展赋能。

（二）全面质量管理思想

1. 为用户服务

　　这是全面质量管理思想的精髓。衡量产品质量的好坏，应以用户的评价为标准。这就要求企业在全体员工中牢固树立"用户第一"的思想，不仅要求做到质量达标，而且要服务周到。同时还要倡导树立"下道工序就是用户"的思想，不合格的零部件不能转给下道工序，同理，不合格的产品也不能销售给用户。

2. 以预防为主

　　全面质量管理要求把质量管理的重点，从事后把关转移到事先预防上，实行以预防为主，防检结合，把设计、工艺、设备、操作、原材料和环境等方面可能出现的不良因素控制起来，发现问题随时解决，把不合格品消灭在形成过程中，真正做到"防患于未然"。

3. 用数据说话

　　用数据说话就是用事实说话，用数据判断问题比单纯以经验判断要更为可靠。因此，在企业生产经营过程中的各个方面，凡是能用数据说明的质量标准、质量问题，都要用数据加以反映。根据对数据的分析，找出规律，制定对策，解决质量问题。

4. 设计、制造是关键

　　影响产品质量好坏的真正原因并不在于检验，而主要在于设计和制造。设计质量是先天性的，在设计时就已决定了质量的等级和水平；而制造只是实现设计质量，是符合性质量。因此，设计制造出符合用户要求的产品是提高质量的关键。

5. 以质量求生存，以质量求繁荣

　　企业全体员工，特别是领导层，要有强烈的质量意识；要求企业在确定经营目标时，首先根据用户或市场的需求科学地确定质量目标，并安排人力、物力、财力予以保证。当质量与数量、社会效益与企业效益、长远利益与眼前利益发生矛盾时，应把质量、社会效益和长远效益放在首位，以保证企业的生生不息、繁荣发展。

（三）全面质量管理的基本工作方法

在质量管理活动中，要求把各项工作按照作出计划、实施计划、检查实施效果，然后将成功的计划纳入标准、不成功的计划留待下一循环去解决的工作流程进行。这就是全面质量管理的基本工作方法，简称PDCA管理循环。PDCA是英文Plan（计划）、Do（实施）、Check（检查）、Action（处理）四个词的缩写组合。它包括四个阶段、八个步骤，如表7-2所示。PDCA管理循环的过程反映了管理的前期预防机制、中期监控措施、后期处置举措，其要点包括道德风险、制度风险、职责风险，如图7-1所示。

表7-2　PDCA循环四个阶段的主要步骤及内容

阶段	步骤	主要方法或内容
P	1. 分析质量现状，找出存在问题	调查表、分层法、排列图
	2. 找出产生质量问题的各种原因或影响因素	因果分析图
	3. 找出影响质量的主要原因	排列图、相关图
	4. 针对主要原因，制定解决问题的对策	5W1H法： 目标为何这样制定（Why） 在哪里执行（Where） 谁来执行（Who） 何时执行（When） 完成什么（What） 怎样执行（How）
D	5. 按预定计划组织实施	计划、目标、措施
C	6. 检查计划的执行情况和实施效果	直方图、控制图
A	7. 总结成功经验，巩固提高	利用成功经验修改或制定未来工作的相应标准
	8. 把未解决的问题转入下一个管理循环	为下一循环提供质量目标

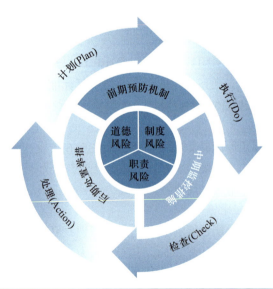

图7-1　PDCA管理循环示意图

PDCA 管理循环不停地运转，原有的质量问题解决了，又会产生新的问题，需要继续解决，如此循环不止。这就是管理循环不断前进的过程，也是全面质量管理工作必须坚持的科学方法。

动画：PDCA 循环

PDCA 管理循环的特点是：

首先，大环套小环、小环保大环，互相促进，如图 7-2 所示。整个企业的质量管理体系构成一个大的 PDCA 管理循环，而各个部门各级单位直到每个人又都有各自小的 PDCA 管理循环，依次又有更小的 PDCA 管理循环，从而形成一个"大环套小环，一环扣一环，小环保大环，推动大循环"的综合管理体系。

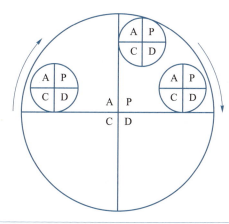

图 7-2　大循环套小循环示意图

其次，循环上升。PDCA 管理循环是螺旋式上升的，如同爬楼梯一样，每循环一次就前进、提高一步，循环往复，永无止境，质量问题不断解决，工作质量、管理水平和产品质量就不断提高，如图 7-3 所示。

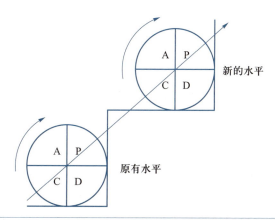

图 7-3　PDCA 管理循环逐级上升示意图

最后，处理阶段是关键。在这一阶段要总结经验，巩固成绩，纠正错误，吸取教训，并使质量管理工作制度化、标准化，使每经过一个工作循环，质量水平就能稳定到一个新的水平上。企业应通过不断研究解决质量问题的措施，不断推动产品质量提高。

质量管理　"矫枉"要"过正"

　　美的通过实施"精品战略"，质量管理从追求符合标准上升到了追求精益求精、用户满意。

　　组织上，成立科技与品质部，各事业部的品质部门上升为一级部门，其工作内容从原来的对外衔接和对内协调，转为主抓各事业部的质量问题和问题责任追究，以及品控能力提升。

　　考核上，品质指标压倒一切，对所有品类的品质指标进行每月大排名。为避免短期行为，延长质量考核周期，如维修率由年度转为三年累计等。

　　权责上，实施品质一票否决制。集团科技与品质部，可越过事业部总经理，罢免品控工作不力的事业部品质总监，并由事业部总经理承担连带责任。

　　流程上，从售后环节获取市场质量信息转为在新品开发前端，大幅增加新品试用、用户体验、入户调研等的力度。新品试用扩展至 10 个一二线以上的城市；用户体验，选择不同群体，且不低于一定人数的真实场景使用；研发和策划人员要入户调研，听原话，知实情。

　　标准上，提高供应链各环节质量标准，只和行业内品质前三的供应商合作。对于产成品的任何外观瑕疵，都不能放过。

【启示】美的质量管理通过眼光向内、反躬自省、苦练内功，改变了"差不多就行"的质量思维，大幅提升了产品质量，为企业的高质量发展创造了条件。

第二节　质量控制统计方法

　　质量管理的质量控制统计方法很多，这里只介绍常用的七种：

一、排列图法

　　排列图法又叫巴雷特图法或主次因素分析图法，是指通过排列图找出影响产品质量主要问题的一种有效方法。它是根据"关键的少数、次要的多数"原理（即"二八原理"）制作而成的。

　　由于影响产品质量的因素很多，而主要因素往往只是其中的少数几项，由这些主要因素造成的不合格品却占了总数的绝大部分，符合"关键的少数和次要的多数"的关系。排列图由两个纵坐标，一个横坐标，几个表示影响产品质量因素的直方形和一条折线组成，其形状如

图 7-4 所示。左边的纵坐标表示不合格件数（频数），右边的纵坐标表示累计频率，以百分数表示。横坐标表示影响产品质量的各项因素（即问题类型），按影响大小从左向右排列。直方形的高度表示因素影响大小。图 7-4 中的折线表示各因素影响大小的累计百分数，通常把累计百分数分为三类：0~80% 为 A 类因素，称为主要因素，一般有 1~3 个；80%~90% 为 B 类因素，称为次要因素；90%~100% 为 C 类因素，称为一般因素。主要因素找到后，影响产品质量的主要问题可加以解决。

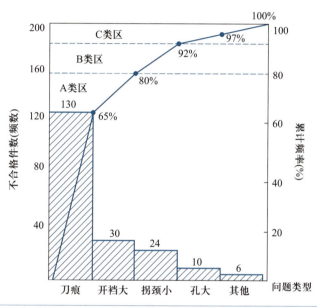

图 7-4　主轴加工不合格主次因素排列图

例 1　某曲轴厂检查 300 件主轴，查出质量不合格的产品有 200 件，具体情况如表 7-3 所示。根据表中资料画出它的排列图，如图 7-4 所示。从表 7-3 中可以看出，造成零件不合格的主要因素是轴颈刀痕和开裆大两个问题，解决了这两个问题，就可以减少不合格品 160 件，降低不合格品率 80%。

表 7-3　曲轴加工不合格品统计表

问题序号	问题分类	件数	百分率/%	累计频率/%
1	轴颈刀痕	130	65	65
2	开裆大	30	15	80
3	拐颈小	24	12	92
4	法兰销孔大	10	5	97
5	其他	6	3	100

　　　　　　　　　　　　　　　　　第七章　质量管理

二、因果分析图法

因果分析图法也称特性因素图法或石川图法、鱼刺图法，是指用来寻找某种质量问题可能原因的一种有效方法。在生产过程中，影响产品质量问题的原因很多，既有正常原因，也有异常原因。正常原因又称偶然原因，是指对产品质量经常起作用的固有影响因素，如机床的微小震动、刀具的正常磨损、操作和成分的微小差异、测试手段的微小误差等。这类因素很多，且具有偶然性，不易识别，但对质量特性值波动的影响较小，无须控制和管理。异常原因是指对产品质量影响很大的因素，这些因素大致可分为六个方面：材料、工艺、操作者、设备、测量和环境。这六大原因又可进一步划分为若干中原因，每个中原因又可划分为若干小原因。通过层层分析，直到找出最根本的原因并采取措施加以解决。在探讨质量问题产生的原因时，应广泛听取有关人员的意见，要从大到小，从粗到细，层层深入地分析问题产生的原因，实事求是地反映到因果分析图上。因果分析图的形式如图 7-5 所示。

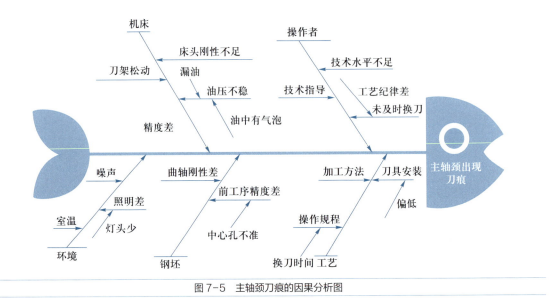

图 7-5　主轴颈刀痕的因果分析图

例如，例 1 中曲轴主轴颈出现刀痕的问题。经过相关人员的讨论分析，提出许多相关原因，用因果分析图法进行分析后，发现造成问题的主要原因是"未及时换刀"。

作因果分析图时应注意，原因的细分应以能够采取措施为原则。主要原因可采用排列图法、评分法确定。找出主要原因后，确定解决措施，措施实施后应进行实验，实验后仍可继续用排列图法检查结果。

三、直方图法

直方图法又叫质量分析图法，是指通过对质量数据的加工整理，分析和掌握质量数据的分布情况和用于工序质量控制的一种质量数据分析方法。它是把从工序收集来的质量数据分成若干组，以组距为底边，以频数为高的一系列直方形连接起来形成的图形。下面结合一个例子说明直方图的绘制方法。

例2 某主轴外径为 $\phi 5.50 \sim 5.55\ mm$（公差），对50个零件进行测量后，将测量数据进行分组，计算得到各组的分组组限、组中值、频数等数据，如表7-4所示。

表7-4 主轴外径频数分布表

按主轴外径分组组限	组中值（x）	频数（f_i）
5.510 0~5.514 0	5.512 0	1
5.514 0~5.518 0	5.516 0	3
5.518 0~5.522 0	5.520 0	7
5.522 0~5.526 0	5.524 0	9
5.526 0~5.530 0	5.525 0	12
5.530 0~5.534 0	5.532 0	8
5.534 0~5.538 0	5.536 0	5
5.538 0~5.542 0	5.540 0	3
5.542 0~5.546 0	5.544 0	2
合计	—	50

以主轴外径尺寸为横坐标，以频数为纵坐标绘制直方图，如图7-6所示。

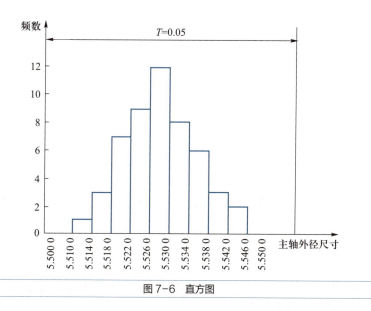

图7-6 直方图

直方图法可用于某些需要加强控制的工序，通过观察图形的形态，分析质量分布的状况。观察直方图的方法是：对图形的分布状态进行观察，并对照规定的标准（又称公差）进行比较。常见直方图的类型见图7-7。

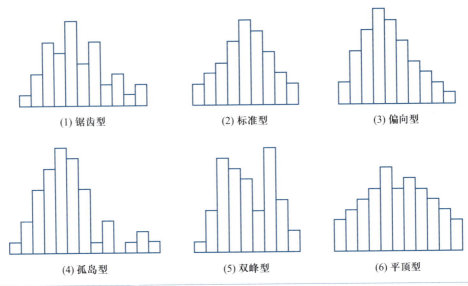

图 7-7　常见的直方图的类型

（一）锯齿型

锯齿型是指直方图大量出现参差不齐，但图形整体还是中间高，两边低，左右呈基本对称状。出现这种情况的原因可能是数据分组分得太细或测量方法不正确，应对数据重新分组或重新测量后再作观察。

（二）标准型

标准型是指直方图的图形大体上呈正态分布，即以中间为顶峰，两边低，呈左右基本对称的分布。这一般表明生产质量处于稳定状态。

（三）偏向型

偏向型是指直方图的顶峰偏向一侧，左右不再呈对称分布状态。这说明加工习惯不正确或工序异常，需调整工序。

（四）孤岛型

孤岛型是指在远离中心的地方出现小的直方图，形状像孤岛。这是由于工序或原料发生变化，或在短期内有不熟练的工人替班加工。

（五）双峰型

双峰型是指直方图出现两个顶峰。这有可能是由于绘制直方图时将来自两台不同机床或用两批不同材料加工出来的产品数据混在了一起。

（六）平顶型

平顶型是指直方图呈平顶状态。这可能是由于生产过程中存在缓慢变化的因素在对产品质

186

量产生影响。如工具的磨损、操作者的疲劳等因素。

另外，也可用直方图的实际分布范围和公差范围（质量标准）进行比较分析，为进一步判断质量情况提供可靠的信息。

四、控制图法

控制图法是指对生产过程的关键质量特性值进行测定、记录、评估并监测过程是否处于控制状态的一种图形方法。实践证明，在正常波动下，大量生产过程中产品质量特性波动的趋势大多服从正态分布。产品质量特性值落在 $[\mu-3\sigma, \mu+3\sigma]$ 范围内的概率为 99.73%，若控制在 6σ 水平，则产品不合格率不超过 0.002×10^{-4}%，即每 100 万件产品，不合格品不超过 0.002 件，考虑生产过程实际变化会造成产品正态分布的中心向左或向右偏移，即使出现 1.5 倍漂移，每 100 万件产品的不合格率也只有 3.4×10^{-4}%，接近于零缺陷水平，这就是著名的六西格玛（6σ）原则。如图 7-8 所示。

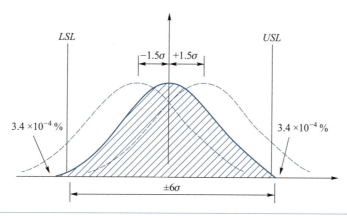

图 7-8　产品正态分布曲线（含 1.5 倍 σ 漂移）

根据 3σ 绘制的控制图如图 7-9 所示。图中的 $UCL=\mu+3\sigma$ 为上控制限，$CL=\mu$ 为中心线，$LCL=\mu-3\sigma$ 为下控制限。控制图有多种形式，归纳起来有两大类：计量值控制图和计数值控制图。计量值控制图包括单值控制图、平均数-极差控制图、中位数-极差控制图、平均数-标准差控制图。计数值控制图包括不合格品率控制图、不合格品数控制图、缺陷数控制图及单位缺陷数控制图。尽管种类很多，但其基本形式相同，如图 7-9 所示。

控制图的观察与分析方法是：当生产工序处于稳定状态时，图上的点均应在控制界限范围内和中心线两侧随机排列。如果控制图上的点出现下列情况则表明生产过程处于异常状态，应采取有效措施，使之迅速恢复正常状态：①有点落在控制限以外；②连续 9 个点落在中心线同一侧；③连续 6 个点递增或递减；④连续 14 个点中相邻点上下交替；⑤连续 3 个点中有 2 个点接近控制限；⑥连续 5 个点中有 4 个点落在中心线同一侧；⑦点出现倾向性变化，连续 7 个以上点上升或下降；⑧点出现周期性变化。

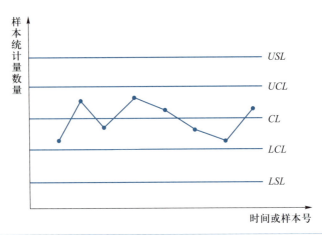

图 7-9　控制图

五、散布图法

散布图法，又名散点图法或相关图法，它是指用来分析研究某质量因素与质量特性之间相互关系及相关程度的方法。其做法是将两种有关数据列出，并且用点填在坐标纸上，进而观察两种因素（数据）之间的关系。散布图法在企业中被广泛使用。如磨床砂粒度数与被磨削零件表面光洁度之间的关系，纱线强力与捻度之间的关系，喷漆时漆料黏度与温度之间的关系等，都可以用散布图来观察和分析。图 7-10 就是某种金属材料淬火温度与硬度的散布图。

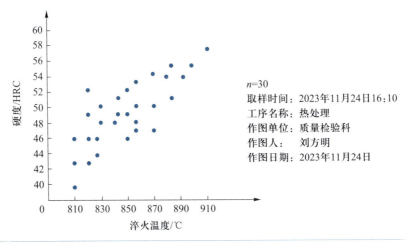

图 7-10　散布图

从图 7-10 中可以看出，随着淬火温度的提高，金属材料的硬度也随之增大。硬度（y）和淬火温度（x）间的关系可用直线方程 $y=a+bx$ 表示。

六、分层法

分层法又称分类法，它是指通过对数据资料进行分类，据以分析影响产品质量原因的一种方法，目的是把杂乱无章的资料加以分类、归纳和统计。影响产品质量的因素很多，如果混杂在一起往往会掩盖主要的影响因素。因此，应通过分组把性质相同的在同一生产条件下收集到的数据归集成一类，使数据所反映的事实、原因、责任等清晰地展现出来，进而找出主要问题，并采取必要的措施加以解决。根据分析目的的不同，分层法通常按以下标志进行：①按操作人员分层；②按不同时间分层；③按使用设备分层；④按使用原材料分层；⑤按检测方法分层；⑥按生产环境分层；⑦按其他标志分层。

七、统计调查分析表法

统计调查分析表法又称调查表法或检查表法，它是指利用统计图表进行数据搜集、记录并归纳、整理，粗略分析影响产品质量原因的一种统计调查方法。其具体做法是，针对具体生产作业现场，事先设计出调查表，每检查一个产品后，在调查表内相应的格子做一个标记。调查表的填写者既可以是检查员，也可以是操作员，调查过程与生产过程一起进行，以便及时掌握质量分布状况和不合格品出现的情况，随时调整生产过程，使其处于正常生产状态。

企业常用的统计调查分析表有：缺陷部位调查分析表、质量分布特性调查分析表、不合格项目和不合格品原因调查表等。它在质量管理中常与分层法配合使用。

【管理创新】

质量管理数字化

智能制造使质量数据采集、传输、存储及应用变得简洁高效。运用质量管理大数据手段，关键工序的生产数据可实时进入系统，系统实时运算并得到各工序级的质量情况，出现不合格产品可实时报警，减少不必要的生产浪费。同时，可以给每批次产品建立产品合格证，客户通过扫描产品的条码、二维码、RFID等自动获取产品全生产周期的健康状况。另外，随着区块链技术的进一步成熟，未来可将其引入制造业质量管理中，杜绝人为修改数据，实现质量管理"透明化"。

第三节　质量管理体系

完善的质量管理体系有利于保证产品质量，获得质量管理体系认证。

一、质量管理体系的内涵

质量管理体系是指在质量方面指挥和控制组织的管理体系。它是企业内部建立的、为保证产品质量或质量目标所必需的、系统的质量活动。企业要实现质量管理的方针目标，有效开展质量管理活动，就必须建立相应的质量管理体系。国际标准化组织的质量管理和质量保证技术委员会制定了 ISO 9000 族系列标准。该标准自发布以来，历经 4 次改版，形成现在适用的 2015 年版。该类标准由若干相互关联或补充的单个标准组成。在此标准基础上，不同行业又制定了相应的技术规范，如 IATF 16949《汽车生产件及维修零件组织应用 ISO 9001：2015 的特别要求》,ISO 13485《医疗器械质量管理体系用于法规的要求》等。2015 年版的质量管理体系规定了质量管理的七项原则：以顾客为关注焦点、领导作用、全员积极参与、过程方法、改进、循证决策、关系管理等。这七项只是质量管理的基本原则要求，企业达到 ISO 9000 族标准的要求后，还要通过持续改进，用更高的标准来指导质量管理工作。

二、ISO 9001 质量管理体系的主要内容

ISO 9001 是指 ISO 9000 族质量管理系列标准所包含的一种特定的质量管理体系，它体现了一种管理哲学和质量管理方法及模式，是目前较成熟的一套管理体系和标准。其主要内容包括：

（一）强调组织环境
企业要理解组织及环境，理解相关方的需求和期望，确定质量管理体系的范围，按照标准的要求建立、实施、保持和持续改进质量管理体系。

（二）强调领导者作用
企业最高管理者应发挥其领导作用，一要证实其对质量管理体系的领导作用和承诺，并证实其以顾客为关注焦点的领导作用和承诺；二要制定、实施和保持质量方针，并沟通质量方针；三是应确保组织相关岗位的职责、权限得到分配、沟通和理解。

（三）强调策划
在策划质量管理体系时，企业应做到以下几点：一是确定需要应对的风险和机遇，并策划相应的应对措施；二是要针对相关职能、层次和质量管理体系所需的过程建立质量目标，并策划如何实现质量目标；三是当确定需要对质量管理体系进行变更时，应按所策划的方式实施。

（四）强调支持
质量管理体系的内容包括 ISO 9001 要求的成文信息以及组织所确定的、为确保质量管理体系有效性所需的成文信息，应评审、批准创建和更新的成文信息，并对成文信息加以控制。企业要确定并提供建立、实施、保持和持续改进质量管理体系所需的资源，包括人员、基础设施、过程运行环境、监视和测量资源、必需的知识，以及相关的内部和外部沟通。

（五）强调运行

企业要对生产所需的过程进行策划、实施和控制，要与顾客沟通，确定向顾客提供的产品和服务，并对顾客所要求的产品和服务进行评审。企业要建立、实施和保持适当的产品设计和开发过程，以确保后续产品和服务的提供，以及外部提供的过程、产品和服务符合要求。企业要在受控条件下进行产品生产和服务，并在适当阶段实施策划的安排，以验证顾客对产品和服务的要求已得到满足，确保对不符合要求的输出进行识别和控制，防止非预期的使用或交付。

（六）强调绩效评价

企业要确定质量管理过程中监视、测量的对象、方法和时机，以分析和评价质量管理体系的绩效和有效性，并按策划的时间间隔进行内部审核，企业高层管理者要按策划的时间间隔对质量管理体系进行评审。

（七）强调持续改进

企业要选择和确定改进机会，并采取必要措施，以满足顾客要求，增强顾客满意。当出现质量问题时，应采取相应的纠正措施，通过持续改进，实现质量管理体系的适宜性、充分性和有效性。

ISO 9001 质量管理体系有利于帮助管理者提高质量管理绩效，以便更好地管理质量营运风险。

三、产品质量及质量体系认证

（一）产品质量认证

产品质量认证是指由公正的第三方依据产品标准和相应的技术要求，对产品质量进行检验、测试、确认，并通过颁发认证书和准许使用认证标志的方式来证明某一产品符合相应标准和相应技术要求的活动。它分为安全认证和合格认证两种：

安全认证属于强制性认证，即通过法律、行政法规或规章制度强制执行认证。

中国强制性产品认证制度（China Compulsory Certification，俗称 3C 认证），是我国最基础的安全认证。它是我国政府为保护消费者人身安全和国家安全、加强产品质量管理，依照法律法规实施的一种强制性产品合格评定制度。我国目前规定的 3C 认证标识有四种，一是安全认证标志，后缀用"S"表示；二是消防认证标志，后缀用"F"表示；三是安全和电磁兼容性标志，后缀用"S&E"表示；四是电磁兼容标志，后缀用"EMC"表示。如图 7-11 所示。

安全认证标志　　　　消防认证标志　　　安全与电磁兼容标志　　　电磁兼容标志

图 7-11　常用的 3C 认证标志示意图

目前，我国颁布的强制性产品认证目录共包含17大类103种产品，具体范围详见"强制性产品认证目录描述与界定表"。凡是列入目录的产品生产者或者销售者、进口商均应当委托经国家认监委指定的认证机构对其生产、销售或者进口的产品进行认证。3C认证的程序一般包括认证申请和受理、型式试验、工厂审查、抽样检测、认证结果评价和批准以及获得认证后的监督六大步骤，具体认证流程如图7-12所示。3C认证通过"统一目录，统一标准、技术法规和合格评定程序，统一认证标志，统一收费标准"等一系列解决方案，建立起与国际规则相一致的技术法规、标准和合格评定程序，有利于促进贸易的畅通与便利。

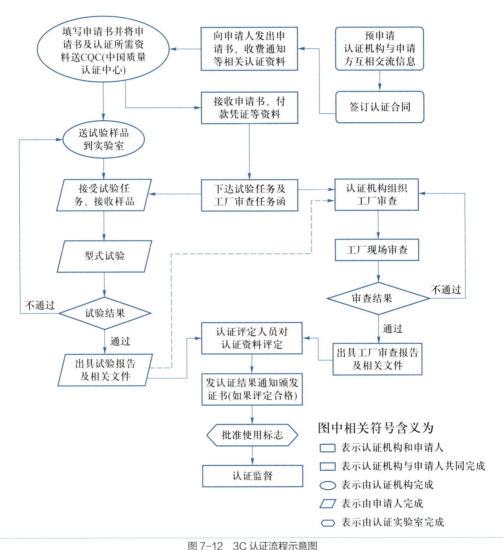

图 7-12　3C认证流程示意图

注：虚线表示初次参加3C认证的企业的路径。

合格认证属于自愿性认证，即是否申请认证，由企业自行决定。

企业取得产品质量认证资格后，要在合格的产品或其包装上使用认证机构发的特定认证标志。否则，不准生产、销售或进口和使用。产品质量认证的程序如下：

1. 企业申请

企业申请产品质量认证，应当向该产品归口的行业认证委员会提交申请书。

2. 认证机构审查和检验

企业的产品质量认证申请被受理后，认证机构应当对申请认证的生产企业进行质量体系审查，对产品及时进行型式试验，以证实该生产企业确实具备持续稳定地生产符合标准要求的产品的能力。

3. 认证机构审批发证

认证证书是证明产品质量符合认证要求和许可产品使用认证标志的法定证明文件。产品质量认证标志，是指产品经法定认证机构按规定的认证程序认证合格，准许在该产品及其包装上使用的表明该产品的有关质量性能符合认证标准的标识。

认证委员会对证书的有效性每年必须定期确认。证书持有者在证书有效期内，如出现认证产品标准变更、使用新商标名称或部分产品型号、规格受到撤销处理等情况，应按规定重新更换。

（二）质量体系认证

1. 质量体系认证的含义

质量体系认证是指依据一定的标准和要求，由认证机构对企业质量体系进行审核、评定，确认符合标准和要求时由认证机构向企业颁发认证证书，以证明企业质量体系符合相应要求的活动过程。

目前，我国等同采用的是 ISO 9000 系列标准。ISO 9000 系列标准是推荐标准，不是强制执行标准。但是，由于各国政府予以承认，因此，在国际贸易、产品开发、技术转让、商检、认证、索赔、仲裁等方面，已成为国际公认的标准。因此，采用 ISO 9000 系列标准有助于我国企业开拓国际市场。

2. 质量体系认证的一般程序

我国对质量体系认证工作作了规定。其一般程序为：

（1）供方填写质量认证申请表，向认证机构提出认证申请。

（2）认证机构审阅供方的认证申请资料后，通知供方是接受还是拒绝、推迟申请。如拒绝申请，应讲清理由；如推迟申请，应及时通知供方；如接受申请，认证机构就可对供方作出非正式访问，目的在于了解供方的基本情况来确定评审小组的技术专家类型。

（3）认证机构提出关于认证费用估价，认证费用估价供方应考虑能否接受。若不能接受，供方应撤销申请；若能接受，则供方准备质量手册及质量体系补充附件。

（4）认证机构审查文件，判断是否合格，对不符合要求的审查文件，应通知供方进行修正和补充。

（5）供方做好检查准备。

（6）认证机构确定检查时间，按时进行现场评审。

（7）现场评审。现场评审有两种结果，一种是检查合格，认证机构批准注册；另一种是检查不合格，则供方应调整体系并通知检查机构确定复查时间再进行现场评审。若评审通过，可注册合格；若评审不通过，供方仍要按上述程序调整质量体系，直到合格为止。

（8）批准注册。认证机构根据评审组的推荐，确认供方质量体系满足要求，即可批准注册，并颁发证书或可使用认证规定的标志。

（9）监督。质量认证注册的有效期一般为3年，在有效期内认证机构每年应派监督员去供方现场访问，访问次数一般2~4次，并且供方也必须按期作内部质量体系审核。

（10）注册到期重新评定。每隔3年，供方的质量体系应作一次重新评定。

◈【管理洞察】

质量管理体系完善之路

杭州海康威视数字技术股份有限公司（简称海康威视）作为安防行业先进企业，严格按照ISO质量认证体系进行质量管理。

1. 注重流程

推动业务流程电子化建设，从研发、供应链和服务三方面着手，优化跨部门流程，打破部门墙，提高公司整体运营效率和质量。

2. 建立数据和记录目标驱动改进的管理方法

注重数据的收集、记录和保存。形成涵盖研发、供应链、服务整个产品生命周期端到端的目标驱动改进方法。研发、生产和服务等的过程质量、产品质量，均靠质量数据说话。

3. 自我完善，主动提高

建立跨销售、研发、供应链与质量的合作团队，定期提供咨询服务和培训，通过持续学习，提高技术、工作方法、团队合作、时间管理、质量标准等方面的技能。以严格的HALT/HASS测试，3个月全负载的系统兼容性测试，来检验产品，做到高标准管控产品质量。

4. 加强供应商管理

制定供应商开发认证与导入流程、考核及淘汰流程、变更协议。从供应商体系和产品质量两个维度，定期进行评比和考核。共同推动DFM(可制造性评审)和质量及成本控制。

【启示】在国内安防行业整体质量管理方法和理念还处于初级发展阶段的情况下，海康威视就视品质为生命，靠先进的管理体系为高质量发展做出了有效探索。

ISO 9000系列标准要求企业建立标准化、系统化、程序化、文件化的质量体系。企业按ISO 9000系列标准要求，开展质量认证工作，不仅对产品质量进行验证，还要求对认证厂是否具备健全的质量管理、质量控制和质量保证体系进行审查。因此，推行ISO 9000系列标准，可以促进我国质量管理工作水平的进一步发展。

一、单项选择题

1. 以事后检验为主导的阶段是（　　　）。
    A. 质量检验阶段　　　　　　　　　　　　　B. 质量控制阶段
    C. 统计质量管理阶段　　　　　　　　　　　D. 全面质量管理阶段

2. 分析质量现状，找出存在问题属于 PDCA 循环中的（　　　）。
    A. 计划　　　　　　　B. 执行　　　　　　　C. 检查　　　　　　　D. 处理

3. PDCA 循环中的关键阶段是（　　　）。
    A. 计划　　　　　　　B. 执行　　　　　　　C. 检查　　　　　　　D. 处理

4. 安全认证属于（　　　）。
    A. 自愿性认证　　　　B. 强制性认证　　　　C. 质量认证　　　　D. 合格认证

5. 孤岛型直方图产生的原因有（　　　），以及工序或原料发生变化。
    A. 数据分组分得太细或测量方法不正确　　　B. 工人加工习惯不正确或工序异常
    C. 有不熟练的工人替班加工　　　　　　　　D. 操作者疲劳或工具磨损

二、多项选择题

1. 广义的质量包括（　　　　）。
    A. 产品质量　　　　　B. 工作质量　　　　　C. 过程质量　　　　D. 服务质量

2. 以下属于全面质量管理思想的有（　　　　）和以质量求生存，以质量求繁荣。
    A. 为用户服务　　　　　　　　　　　　　　B. 以预防为主
    C. 用数据说话　　　　　　　　　　　　　　D. 设计、制造是关键

3. 以下选项属于全面质量管理的特点的是（　　　　）和管理过程是全面的。
    A. 管理方法是灵活多样的　　　　　　　　　B. 管理对象是全面的
    C. 管理人员是全面的　　　　　　　　　　　D. 运用 PDCA 循环进行管理

4. 以下选项属于控制图中出现异常状况的表现的是（　　　　）。
    A. 有点落在控制限以外　　　　　　　　　　B. 连续 9 个点落在中心线同一侧
    C. 连续 4 个点递增或递减　　　　　　　　　D. 连续 7 个点上升或下降

5. 3C 认证作为依照法律法规实施的一种强制性产品合格评定制度，在认证过程中要做到（　　　　）。
    A. 统一目录　　　　　　　　　　　　　　　B. 统一标准、技术法规和合格评定程序
    C. 统一认证标志　　　　　　　　　　　　　D. 统一收费标准

三、判断题

1. PDCA 管理循环是螺旋上升的。　　　　　　　　　　　　　　　　（　　　）
2. 影响产品质量问题的原因中的异常原因是无须控制和管理原因。　　（　　　）
3. 排列图法遵循的基本原理是"关键的少数和次要的多数"。　　　　（　　　）
4. 根据质量数据加工形成的直方图，如呈现为锯齿形，说明工序或原料发生变化。　（　　　）
5. 我国的强制性认证标志是 3C 认证标志。　　　　　　　　　　　（　　　）

四、思考题

1. 何谓 PDCA 循环？如何推动 PDCA 循环？

2. 某厂生产某零件，技术标准要求公差范围（50+0.035）mm，随机抽取 100 个数据，测得样品公差数值的小数点后最后两位数如表 7-5 所示。要求：

（1）绘制直方图。

（2）对直方图进行分析。

（3）利用本题数据资料设计控制图。

表 7-5　样品公差数值小数点后最后两位数

23	19	26	11	20	11	17	16	14	16
22	20	70	10	15	14	7	19	9	18
16	17	14	17	17	24	20	16	27	15
21	14	20	16	15	9	14	8	16	14
14	17	13	9	20	21	8	14	19	19
0	6	9	10	14	16	13	8	18	19
20	16	11	19	16	27	16	22	16	17
19	9	11	13	19	13	8	5	14	13
27	17	14	17	16	5	17	13	20	8
27	3	12	20	13	25	16	13	29	10

3. 为获得质量体系认证，企业在质量管理方面应重点做好哪些工作？

五、综合实训

1. 实训目的

考察企业的全面质量管理情况，了解熟悉企业质量管理模式和具体操作方法。

2. 实训内容

（1）调查了解企业在生产经营过程中全面质量管理的执行情况。

（2）分析企业在质量管理过程中运用的方法。

3. 实训组织

（1）联系当地质量管理较好的企业，由教师带领学生考察其质量管理过程。

（2）运用质量管理知识，以组为单位与企业质量管理人员交流。

（3）参观后分组讨论，填写实训报告，包括企业质量管理的基本情况、企业质量管理的经验与不足、针对不足提出的改进建议。

4. 实训考核

（1）各组提交实训报告，由教师评价，占总成绩的 30%。

（2）各组代表汇报，师生互评占总成绩的 70%。其中，教师点评（30%）、小组互评（40%）、学生自评（30%）。

人力资源管理

第八章

学习目标

✦ 素养目标

- 培养人性化管理意识，营造人尽其才的管理环境
- 遵循激励要公平、公正的原则，激发员工奋发进取的职业精神
- 培养依法维护员工权益的精神，营造低碳环保的生产环境

✦ 知识目标

- 了解企业的薪酬制度及形式
- 熟悉企业人力资源规划及制度
- 掌握企业员工激励及薪酬制度设计方法

✦ 技能目标

- 能够结合实际实施富有成效的绩效考核
- 能够结合实际制定合理的人力资源管理规划

思维导图

```
                                            人力资源管理的特征
                         人力资源
                         管理概述                人力资源规划

                                            人力资源管理制度


                                            工作分析

                                            岗位设计

              人力                            人才招聘
    人力       资源
    资源       管理的内容
    管理                                      员工培训

                                            员工激励

                                            绩效考核


                                            直接经济性薪酬

                                            间接经济性薪酬
                         薪酬管理
                                            薪酬制度的设计原则

                                            员工健康安全管理
```

学习计划

- 素养提升计划

  _____

  _____

  _____

- 知识学习计划

  _____

  _____

  _____

- 技能训练计划

  _____

  _____

  _____

人才"活水"赋能企业高质量发展

长城汽车实施的"全球人才活水计划"的主要内容包括五个方面：

（1）实施强制轮岗制度。长城员工要经历供应链端、营销岗位甚至是生产车间、加工厂等艰苦、有挑战性的地方的轮岗锻炼，才能进入管理层。轮岗与交叉任职，在丰富了干部管理经验的同时，提升了干部的站位与格局，强化了协作意识和全局意识。

（2）创新干部管理机制，打破资历壁垒，大胆起用新人，让一批"90后"走到舞台中央，为长城输入活力和新动能。

（3）持续迭代，畅通不同专业、不同层级技术人才的发展通道，并从体系建设、等级评定等维度理顺机制，促进精深型专业人才深度发展，复合型人才综合能力全面发展，让员工获得多元化的成长机会，使职场晋升、加薪透明化。

（4）人才培养传承赋能，推行项目制运作、全球人才培养地图、人才曝光机制，实施有针对性、差异化的人才赋能策略，打造知识和经验汇聚、共享、传承的赋能平台，实现业务的规模复制、快速触达及高效精准赋能。

（5）与员工分利，打造充满活力的工作氛围。在给员工放权、分责、锻炼提升的同时，与员工分利。基于"把利益分给员工"的思路，推出了汽车业界前所未有的覆盖超万人的股权激励计划。连续两年的大规模股权激励，成功使许多"打工人"变成"合伙人"。"人才活水计划"推动了企业与员工的共赢发展，为长城汽车的长期发展储备了人才资源。

【启示】企业以人才作为自身发展的源头活水，使事业生生不息。长城汽车的"人才活水计划"通过重视人才，最大限度地放权，使责权利相统一，让员工从内心深处产生责任感和使命感，形成利益共同体，使人才"活水"成为赋能企业发展的动力。

第一节　人力资源管理概述

人才是企业的核心要素，先有合格的人，后有合格的产品。企业人员的素质提升，与产品的质量提升，可以说是相辅相成的。人力资源管理是指根据企业发展战略目标，有计划地对企业员工进行招聘、培训、使用、考核、激励、调整等合理配置，调动员工的积极性，发挥员工的潜能，为企业创造价值的一系列人力资源政策以及相应管理活动。

一、人力资源管理的特征

人力资源管理的主要特征包括：

（一）独立性

独立性是指企业享有充分的人力资源管理自主权。企业有权根据实际需要决定人员编制、用工形式，有权选拔使用企业的领导干部和高级管理人员，有权将那些勤政廉洁、品质优秀、经营素质高、管理能力强的人才吸纳到企业中来，有权拒绝企业不需要的人员。

（二）竞争性

竞争性是指企业要建立市场配置人才资源的调节机制，在人力资源管理中引入竞争机制，打破企业人力资源使用的各种限制，取消企业干部与员工之间、正式员工与临时员工之间的界限，使各类人员同处一条起跑线，面对同一尺度，公开竞争，以绩定取舍，择优录用。完善人事管理中的竞争激励机制，在企业内部也建立人才市场，调节企业内部人力资源的使用，同时还可以从本地区、国内、国际人才市场引进人才，大胆起用新人，不断进行人事更新，使企业始终保持一支生机勃勃的员工队伍。

（三）实效性

实效性是指建立科学的企业人才测评体系，以德、勤、能、绩作为统一评判的标准，重实绩，重效益。同时将定性考核和定量考核相结合，素质考核与实绩考核相结合，平时考核与定期考核相结合，为企业科学的招聘、选拔和使用人才提供手段和依据。

（四）开放性

开放性是指根据现代企业制度要求建立开放、多样的企业人力资源管理制度，通过多种渠道引进人才，采取多种方式管理人才、培养人才，提高人力资源管理的透明度。

◈【管理洞察】

不拘一格降人才

华为能做出优秀的产品，离不开公司为国内外优秀人才搭建的施展才能的大舞台。华为领导人曾经提出"公司处在战略生存和发展的关键时期，我们要进一步解放思想，敢于敞开胸怀吸引全世界最优秀的人才。不仅要引进来，还要激发好，更要能干出成绩。"他不仅是这样说的，也是这样做的。华为发起的"天才少年"招聘计划，仅两年就招聘了300多位"天才少年"，最高年薪达201万元。据华为发布的信息，一名"天才少年"用不到1年时间，就带领团队将AutoML算法研究应用到了千万台华为Mate系列和P系列手机上。正是华为在人才招聘上的大格局，使其在世界上率先突破了2G到3G的算法。进而快速完成3G到4G、4G到5G的突破。

【启示】华为从只有6个人的小公司，只用30多年就走向世界高科技前沿，靠的是其大格局、大战略所集聚的来自全世界的优秀人才。优秀人才的一个创新，可能给企业带来翻天覆地的改变。优秀人才创造的价值要远远大于招揽人才的巨额投入。

（五）法制性

法制性是指将人力资源管理的手段从行政、经济手段管理为主逐步转到依法管理上来，保证企业经营者的任免按照法律程序进行。与此同时，建立企业经营者管理上的监督和制约机制，防止滥用权力，使企业经营者在法律允许的范围内从事工作。

二、人力资源规划

人力资源管理的重点是人力资源的获得和科学使用，为此，需要做好人力资源规划。人力资源规划是进行人力资源管理的依据，是指预测和策划企业未来的任务和环境条件变化对企业的要求，以及企业为完成任务和满足要求而提供相应的人员的管理过程。它由以下四部分组成：

（一）晋升规划

晋升是调动人力资源工作积极性的一种重要手段，也是员工进入企业后，发展和提高的客观要求。有计划地晋升，满足有能力的员工对职务的需要，不仅是为了满足员工自我实现的需要，也是企业人力资源管理的常规工作方式。

（二）培训规划

根据工作需要对员工进行培训，是企业人力资源管理的常规性工作。在新形势下，科学培训规划不仅是企业提高员工素质的必需，而且正在成为企业留住优秀人才的重要手段。

（三）补充规划

面对各种各样的减员和日益频繁的人员流动，以及对应事业面的不断扩大和生产经营要求的不断提高，企业必须有到位的人力资源补充规划，以求合理地补充企业由于各种原因出现的职位空缺。

（四）待遇规划

为防止人才流失，不少企业提出了感情留人、事业留人、待遇留人等策略。其中待遇是必须高度重视的一个问题。为保证未来人力资源成本能在不超过合理支付限度的情况下满足员工的待遇要求，就必须制定相应的待遇规划。

三、人力资源管理制度

人本管理的核心是追求能力至上，即通过采取有效的方法，最大限度地发挥人的能力，从而实现能力价值最大化。一般来说，企业的人力资源管理制度主要从以下四个方面来体现：

（一）用工制度

企业要打破身份界限和人情关系对用工的干扰，凭人的才能选人、用工，确立用工问题上的才能观。其具体要求是：一要把好入口关，用工严格按照岗位的需求和人的才能安排，杜绝根据人情关系随意安排人；二要根据人的不同能力进行合理分工，对人力资源作巧妙安排和合理使用。

（二）用人制度

微课：人力
资源管理的
要点

企业要根据品德、才能和业绩选人，建立健全用人制度，把有能力、有业绩的人推到重要、合适的工作岗位上。首先，要做到"各尽其能"。一是给每个员工提供能发挥其才能的舞台、机会和条件；二是使人的才能价值体现在分配价值上，从分配机制上激发人的才能；三是敢于选拔出类拔萃、能独当一面的人才，以拔尖人才激励、带动其他员工。其次，要注重"各尽其才"。其原则是选才不拘一格，用人不求全，求才不嫌多，育才不惜金。最后，要注重"各尽其用"，即力图充分利用和发挥每个人的兴趣、爱好、特长和个性，把人的个性看作重要的价值，重视每个人与众不同的地方。

（三）分配制度

企业在分配制度上应实行"按能绩分配"，根据人的学历、能力、岗位贡献分配工资或收入。在岗位安排上，要善于把具有挑战性的工作安排给那些具有实战能力的人；在奖惩上，遵循各尽所能、多劳多得的原则，根据贡献大小实行不同层次、不同程度的奖励。

（四）领导制度

进入领导班子的人，必须是有能力且重能力的人；领导班子的成员作为管理主体，必须具有管理能力，要有能力建立一种使每个人的能力得到充分发挥的机制。在这种领导制度下，领导班子成员能尽心尽责地发挥其能力，使下属能各尽其能，凭能力在企业中立足。对于企业中不同层次的管理者，应进行相应的能力强化和培养。

◉【管理洞察】

大格局领导观产生"1+1>2"的奇妙效果

某企业由程某创办。宿某作为技术和算法驱动方面的一流人才，吸引了程某的注意。为让宿某加入公司，程某将公司的大股东身份让给宿某，并让宿某做公司的CEO，自己退居幕后专心负责产品开发。

宿某加入后，大幅精简软件界面和功能，并将其擅长的推荐算法应用到内容分发上，让该企业快速完成了从视频工具软件到视频社交软件的升级。短短7个月，软件日活跃用户就迅速从100万人增长到1000万人。在两人合力下，该企业日活快速达到百万人、千万人、亿人的体量，风险投资资本纷至沓来。

【启示】让出多年辛苦打拼出来的事业，换取人才的加入，需要极大的勇气。但正是创始人的大格局，才产生了"1+1>2"的效果。企业领导要有超越自我的能力，要有重视人才的智慧和远见。

第二节　人力资源管理的内容

人力资源管理的目的是发挥人的潜能，做到事得其人、人尽其才。为此，应搞好工作分析、岗位设计、人才招聘、员工培训、员工激励、绩效考核等方面的工作。

一、工作分析

工作分析又称职务分析，是指对企业中各项职务的工作内容、规范、任职资格、任务与目标进行研究与描述并制定具体职务说明的一项管理活动。它由工作说明书和任职要求两部分构成。

（一）工作说明书

工作说明书是指明确工作职位的对应责任、工作条件，以及完成工作所需工具、材料和设备的规范性文件。它是对工作目的与任务、工作内容与特征、工作责任与权利、工作标准与要求、工作时间与地点、工作流程与规范、工作环境与条件等问题的规范性说明。

（二）任职要求

任职要求是指对一定工作所需要的生理要求和心理要求的资格与条件的确认。生理要求包括健康状况、力量与体力、运动的灵活性、感觉器官的灵敏度等；心理要求包括智力、观察能力、记忆能力、理解能力、学习能力、解决问题能力、创造力、计算能力、语言表达能力、决策能力、交际能力、性格、气质、兴趣、爱好、态度、事业心、合作性、领导能力等多项指标。因此，对于职位所要求的技能、能力和条件，要尽力做到具体、明确与可测量。

二、岗位设计

岗位设计是指根据企业的组织结构和各部门工作职责所进行的岗位设置，以及与之对应的工作职责、权利、与其他岗位之间的工作联系、任职资格要求等具体规定。岗位设计的内容包括：①将性质相同的工作任务归类合并为一个岗位；②确定总岗位数；③确定每个岗位的定员定编；④根据管理幅度，明确上下级垂直管理关系，绘制岗位图，设计、制定高效运行的企业组织结构。

三、人才招聘

企业在招聘员工之前，要分析需要多少人，什么人能胜任，据此选择和录用人员。人员选择的范围大体上可分为两个方面：一是在企业内部选调，二是从社会上公开招聘。一般来说，招聘的程序是按审查申请表→初次面试→录用面试→测试→人才评价的步骤进行。

（一）审查申请表

申请表的内容包括：姓名、年龄、性别、家庭情况、受教育情况、特长、简历等。在申请表的具体编排上，应依据企业及职务的要求而定，尽量做到与职位密切相关。企业可通过审查申请表，初步获取应聘者的信息，并安排符合要求的应聘者参加初次面试。

（二）初次面试

初次面试是指根据招聘的标准与条件进行人员筛选，决定对哪些应聘者进行进一步考核，淘汰掉明显不符合职位要求的应聘者。

（三）录用面试

面试的目的是进一步获取应聘者的信息，在审查申请表和初次面试的基础上，加深企业对应聘者的认识，有助于对应聘者合格与否做出判断。同时，恰当的面试还可以达到使应聘者了解企业和宣传企业形象的目的。

（四）测试

测试是指运用系统、统一的标准及科学、规范化的工具，对不同人员的各种素质加以公正客观的评价。对于那些用上述步骤无法确定的个人素质，如能力、个性特征、实际技能等，测试是不可或缺的补充步骤，现在正逐渐被企业关注和应用。最常用的测试包括智力测试、知识测试、个性测试和兴趣测试等。

（五）人才评价

人才评价是指让应聘者参加一系列管理模拟情景活动，让评价人员观察和分析应聘者在一个典型的管理环境中如何工作，以考察其实际管理技能。如"公文处理模拟测试""无领导小组讨论"和"企业决策模拟竞赛"等。

◈【管理洞察】

美的集团的用人之道

美的集团的人力资源战略远景是成为员工的优秀雇主，打造保留与吸引人才的竞争优势。基层岗位员工通过人才网站、现场招聘会、校园招聘、公司人才库搜寻、员工推荐等渠道招聘；中层岗位采取内部竞聘，为有才能之人提供发展机会；高层次人才，通过博士后工作站接收、行业与供应商推荐等方式引进。

美的集团设立"美的学院"，用于培养高素质专业人才，帮助更多员工成长。美的在赋予人才施展能力的空间之余，充分给予人才人文关怀，为人才提供施展才华的广阔舞台。

【启示】企业的竞争是人才的竞争。谁拥有一流的人才，谁就拥有在竞争中的主动权。美的打破单一用人枷锁，为人才施展能力创造良好环境，形成了"以人才成就事业，以事业成就人才"的良性循环。

四、员工培训

员工培训包括以下两方面内容：

（一）职前培训

职前培训是指使新聘人员熟悉和适应工作环境的培训。职前培训的任务包括：使新职员了解企业的文化观、价值观、传统、政策、标准、行为规范、企业的发展目标和工作技术规程方面的规章制度，了解企业对他们的期望和要求，了解企业社交行为特征，如企业氛围、与同事之间的交往方式、上下级关系等。同时，还要通过示范教育和实习操作，使新职员学会基本的工作技能，学会解决工作中的有关技术问题，养成与人合作的团队精神等。

（二）岗位培训和再教育

为了适应多变的外部环境，企业要根据职业技能和产业结构变化预测产业趋势，实行有效的岗位培训和再教育工作，具体方式主要包括以下几种：

1. 轮换工作

轮换工作是指为了扩大员工的知识面，通过不同岗位的轮换，使员工了解企业不同岗位的职能，掌握公司业务与管理的全貌，培养他们的协作精神和系统观念。

2. 设立"助理"职位

设立"助理"职位是指使受培训者逐步接触高层次的管理实务，并通过处理这些实务，积累高层管理经验，熟悉高层管理工作的内容与要求，学习主管人员的管理经验与方法。

3. 参加委员会工作

参加委员会工作是指让受培训者参加委员会等组织的工作，使其有机会与有经验的管理者交流，与他们一起参与管理决策工作，学会在集体中进行协调与决策，便于他们从中得到锻炼。

4. 在岗辅导

在岗辅导是指受培训者在执行工作职务的同时，除自我提高外，还要接受有经验的管理者的辅导。辅导下属是每一个部门经理的职责。有效的辅导能调动下属的积极性，发挥其潜在的能力，并帮助他们克服缺点。

5. 外部培训

外部培训是指派受培训者去大学、培训中心等专门的学校进行培训。现在，越来越多的企业选择与学校联合为本企业培养各级各类管理人才和技术人才。

五、员工激励

企业在分析员工的需要，制定激励政策时，要特别注意员工所处地位和分工上的差别。应针对员工的不同需要，采取相应的激励措施。其主要原则包括：

（一）激励要渐增

根据边际效用递减规律，对于同一个人采用同一种激励手段，激励效果会随着使用次数的增加而减少。为防止员工固守舒适区，防止激励效果的时间边际递减效果逐步显现，使员工勤勉尽责地为企业长期发展服务，激励要根据企业的发展状况进行动态、分层、渐进地调整。无论是奖励还是惩罚，其分量都要逐步增加，以延长激励效果的持久性。

（二）情境要适当

动画：员工
激励要恰当

企业在实施激励措施时要因人、因时、因地、因事制宜，选择适当的机会和环境。具体来说，情境由五个方面的因素组成：一是来自员工方面的，如员工的性格特征、情绪状态、所要求的激励措施等；二是来自管理者方面的，包括实施激励措施时所持的态度、艺术和技巧等；三是实施激励措施的时机，其时机要选在能对激励对象起作用的时刻；四是实施激励措施的地点，即要选在对激励对象能起有效作用的地点；五是事件本身的性质，即因为什么要实施激励措施。这五个方面因素的有机结合，才能起到最佳激励作用。

（三）激励要公平

激励公平要求企业要遵循社会的公平规范，或者是员工普遍接受的公平规范来实施激励措施。激励公平原则具体包括：①机会均等，即所有员工在获得或争取奖酬资源方面机会要均等；②激励措施实施的程度要与员工的功过相一致，实施的原因必须是相关事件的结果，不能以功掩过；③激励措施实施的过程要公正，即要做到过程的公开和可监督。

🪷【管理洞察】

多措并举实施人才激励

字节跳动非常注重员工激励，企业创始人主动要求 HR 部门至少每年要对市场薪酬做一次定位，保持员工薪酬在业内领先。在期权激励方面，让员工以更低的价格，获得更多的股票，受益员工超过 3 万人。为促进激励公平，按照岗位级别和绩效评估确定薪酬，且业务主管只能定岗位，由 HR 定薪酬，以防止新人溢价、熟人溢价造成分配不公。

为了迎合新生代年轻员工，还设置了工作激励。营造高效的信息共享机制，并建立了 OKR（Objectives & Key Results，目标与关键成果）机制：公司员工可以查看其他人的 OKR，包括 CEO 的 OKR。这能帮助员工和别人的目标对齐，和上级的目标对齐，以可视化的方式看到自己的工作如何支持公司的目标，形成全局意识。让员工认为自己的工作"不是在搬砖，而是在建设一座大厦"。

【启示】要通过激励留住人才，提高业绩，就要采取多元化、针对性及富有成效的激励手段，并在提高激励机制上创新，持续提升企业效能。

六、绩效考核

绩效考核是指对员工完成任务情况的跟踪、记录和考评。其目的是改善工作业绩和提升员工能力，自下而上地达成公司的生产经营目标。绩效考核的关键是制定科学的考核标准。概括地说包括两个方面：一是数量标准，即员工应该做什么，他们的任务、职责、工作要点是什么；二是质量标准，即员工应该做到怎样的程度，应该怎样做，达到何种标准。具体包括五个方面：

（1）要有明确的岗位说明书，有岗位职责和工作标准；

（2）要有具体的考核方案和目标；

（3）做好原始记录，原始记录是考核的重要依据，要通过事实和数据说话；

（4）要有详细的检查记录。对生产过程记录、员工工作记录、交接班记录、出勤情况进行整理统计；

（5）考核结果要反馈，让被考核人知道不足的地方是什么。

◉【管理洞察】

S公司员工的绩效考核

S公司是一家百年企业，其绩效考核采取季度绩效评估和年度绩效总结相结合的方式，采用1至5分的五级绩效评分制分别代表：低于要求、部分达到要求、达到要求、超出要求、持续地超出要求。考评结果为3分（不含）以下的员工为不胜任工作。每次的绩效评估完成，员工和直接上级要对绩效评估结果签字确认，季度评估结果提交给部门人力资源经理处保存，年度绩效总结提交给人力资源部存档。绩效评估成绩突出的员工，在第一时间加以肯定，如提拔或者委以重任。对绩效不达标的员工，公司会和员工沟通，并分析原因；安排相应培训，并通过上级经理在岗辅导来帮助员工提升；沟通与培训后若仍不达标，对该员工进行调岗。

【启示】任何管理者都无法做到让每个下属都满意，一些员工工作绩效不佳，换一下部门就可能发挥其才能。构建既规范又人性化的绩效考核机制，多从员工的角度考虑，采用积极的沟通，能有效提高员工忠诚度。

真正有效的绩效考核要基于公司的战略目标，与业务运作紧密结合并建立高绩效的文化理念。绩效考核要自上而下进行，上级对下级要以协商的方式进行指导，倾听员工意见，共同总结经验，找出差距，分析原因，提出改进办法，使员工能自觉按目标要求检查实际工作成果，总结经验教训，保持旺盛的工作热情和奋发进取的精神。

第三节　薪酬管理

薪酬管理在人力资源管理体系中占据重要位置。科学的薪酬管理，可以帮助企业招揽人才、留住人才，还可以调动员工积极性，助力企业深挖人力资源价值，实现长期可持续发展。

薪酬包括企业向员工提供的经济性薪酬和非经济性薪酬。其中，经济性薪酬包括直接经济性薪酬和间接经济性薪酬。企业给员工创造的能带来心理愉悦效用的因素，属于非经济性薪酬，主要包括工作本身的因素、价值实现因素，以及工作条件等因素。近年来，非经济性薪酬的激励效果越来越明显，是企业吸引人才、留住人才的重要手段。

一、直接经济性薪酬

直接经济性薪酬主要包括工资、奖金、津贴和股票期权等。

（一）工资

工资是薪酬的主要形式，是企业以货币形式直接支付给员工的劳动报酬。

1. 工资制度

在企业管理实践中，常用的工资制度主要有以下几种：

（1）技术等级工资制。是指根据各工种的技术水平、工作繁重程度、劳动熟练程度和责任大小等因素，划分工资等级并规定其标准的制度。它由技术等级标准、工资等级表和工资标准三个因素组成。技术等级标准一般包括"应知""应会""工作实例"三个方面。"应知"规定为某等级员工应具备的技术理论知识；"应会"规定为完成该等级工作所应具备的实际操作技能；"工作实例"是员工应能担任的工作。工资等级表规定工资等级数目和各级之间的工资差别。工资标准规定一定工作时间各个工资等级的基本工资数额。

（2）结构工资制。是指按照工资的不同职能，把工资分解成若干项目，并相应规定不同的工资额。一般有基础工资、工龄工资、职务或岗位工资、效益工资和岗位津贴等。

（3）岗位技能工资制。是指按照员工在生产过程中的劳动质量和数量来确定劳动报酬的一种新型工资制度。岗位技能工资由三部分构成：①岗位工资。根据员工所处岗位的轻重、繁简、苦乐、安危和责任大小不同，分别规定相应的工资标准。员工上哪个岗，发哪个岗的工资。②技能工资。根据员工的劳动能力（包括知识、技能和经验），通过考核、试用而评估确定的工资。③辅助工资。根据员工劳动实绩和经济效益，采取实绩和技能考评双挂钩的办法确定奖金，或按一定比例升降核定的工资总额。岗位技能工资有一岗一薪和一岗数薪两种模式。

（4）浮动工资制。是指把工资收入与个人贡献、企业经营状况更加紧密地联系起来而实行的一种工资制度。常见的浮动工资形式有：奖金浮动，工资、奖金部分浮动，全额浮动等。

（5）保密工资制。是指灵活反映企业经营状况和劳务市场供求状况，并对员工的工资收入保密的一种工资制度。这种工资制度在外资企业及民营企业中比较流行。

（6）薪点工资制。是指一种新的效益工资模式，在岗位劳动评价的基础上，用点数（通过岗位劳动评价确定）和点值（与本单位效益挂钩）并通过量化考核来确定员工实际劳动报酬的一种工资制度。

2. 工资形式

工资形式是指企业核算和支付员工报酬的形式，属于直接的劳动报酬。我国企业工资的主要形式有计时工资、计件工资、奖金和津贴等，前两种是工资的基本形式，后两种是工资的辅助形式。

（1）计时工资。计时工资是指根据企业采用的工资制度规定的标准，按照工作时间来支付劳动报酬的一种分配形式。常见的有小时工资、日工资、月工资等。

（2）计件工资。计件工资是指按照员工所完成的合格产品（或工作）数量和预先规定的计件单价支付劳动报酬的一种工资形式。其中，计件单价是指员工完成一件产品（或一项工作）应得的工资额。

好的工资制度及形式，能够在不增加支出的情况下提高员工满意度。工资制度和形式应随着企业发展阶段及战略目标的调整而变化，使其具备战略导向性。

（二）奖金

奖金是指企业对员工超额劳动或取得的突出业绩所支付的激励性报酬。奖金的形式灵活多样，有综合奖、超额奖、单项奖、绩效奖、协作奖、发明奖、合理化建议奖、安全奖、特殊贡献奖、节约奖等。

（三）津贴

津贴是指为补偿员工额外（如夜班、加班加点等）和特殊（如高温、高空、井下作业等）的劳动消耗，弥补实际工资降低（如伙食津贴、住房津贴等）而发放的辅助性工资。现行津贴包括补偿性津贴、保健性津贴、技术性津贴、年功性津贴和其他津贴五种类型。

（四）股票期权

股票期权是指通过经营者（员工）持有公司股票或股票期权，激励经营者（员工）致力于企业长期价值提升的一种激励方式。股票期权是指买方在交付了期权费后即取得在合约规定的到期日或到期日以前按协议价买入或卖出一定数量相关股票的权利。股票期权作为一种受益权，持有员工可享受期权项下的股票因价格上涨而带来的收益。

二、间接经济性薪酬

间接经济性薪酬通常包括劳动保险以及各项福利，如员工福利、有偿假期、生活福利等。间接经济性薪酬，不仅可以给员工带来生活上的便利，而且减少了员工的额外开支或者减轻了员工的后顾之忧。

（一）劳动保险

劳动保险是指依据国家法律规定筹集资金，对劳动者在生、老、病、死、伤残和待业的时候，以及由于暂时或永久地丧失劳动能力或暂时失去工作时，给予物质帮助的一种社会保障制度。它是由国家、企业、个人共同负担，全社会统筹管理的保障制度，即保障管理社会化，保险全方位，结构多层次，费用由国家、企业、个人共同负担的新型外部保障体制。

劳动保险的主要内容包括：生育保险、伤残保险、养老保险、医疗保险、工伤保险、失业保险等。

（二）福利

福利是指企业为员工提供的除金钱之外的一切物质待遇，如企业主要依靠自己的力量兴办的集体福利和设施，以及提供的个人福利和补贴。企业除了法律政策规定的福利以外，可以提供其他有利于企业和员工发展的福利项目。企业经常选用以下福利项目：

1. 员工福利

员工福利是指企业根据自身的发展需要和员工的需要选择提供的福利项目，主要包括公积金、年金等保障福利，人寿保险、人身意外保险、出差意外保险等其他保险，辞退金、住房津贴、交通费、工作午餐、海外津贴、健康体检、教育培训，等等。

2. 有偿假期

有偿假期是指员工不上班工作，仍可取得收入的福利项目。主要包括产假、病（工伤）假、事假、探亲假、婚假、丧假等国家法定假期，企业规定的公休假期，春节、国庆等国家法定节假日及企业自己设定的厂（司）庆日等。

3. 生活福利

生活福利是指企业为员工的生活提供的其他各类福利项目。主要包括工会提供的节日福利、生日福利、体育场、员工宿舍、员工食堂、内部优惠商品、搬家津贴、俱乐部等福利。

◈【管理洞察】

企业员工合作共赢的薪酬理念

京东基于其"三毛五理论"，宣布将员工的平均年薪由14薪逐步涨至16薪。所谓"三毛五理论"是指如果公司赚一块钱，只拿走其中的七毛，给合作伙伴留三毛，七毛中拿出三毛五给员工作为福利和激励，剩下的三毛五留给企业未来发展。

薪酬结构上：年薪＝月薪×12＋N，N为年终奖，一般为1~2个月的月薪。总薪酬包括基本工资、奖金津贴和餐补、工龄补贴等，以及特殊情况下支付的工资，中高层管理人员外加股票期权。员工福利不仅有救助基金、特殊环境补贴等，还有"免费托幼中心"、春节团聚补贴等多项身体安康、安居乐业、子女关怀等方面的福利。住房福利有"安居计划"，为集团员工提供最高100万元的无息无抵押购房贷款，五年以上的老员工的重大疾病可享"无限额"报销。办公楼配有：咖啡厅、茶餐厅、水果摊、理发店、洗车房、健身房等，以及菜品丰富的食堂。员工福利、行为激励等奖励以积分形式发放至员工个人账户。员工可以用积分在福利平台提供的商品中兑换喜欢的东西。

【启示】企业对员工好，员工才能用真心去服务客户，客户才能用信赖回馈企业。这个朴素的商业逻辑被京东以"三毛五理论"提出并践行，让合作伙伴有赚头，让员工有奔头，让股东有甜头，让企业有效率，实现了多方合作共赢。

三、薪酬制度的设计原则

（一）效率优先，兼顾公平的原则

效率优先，主要体现在根据员工劳动岗位的类别和劳动贡献的大小拉开工资分配差距，对员工形成强烈的激励作用。兼顾公平，是指强调收入机会的均等，也就是同工同酬。使员工认识到人人平等，只要在相同岗位上做出相同的业绩，都将获得相同的报酬。

（二）市场调节，内外衔接的原则

企业要根据市场供求关系变化制定工资标准，企业内部各类人员的工资关系应与外部劳动力市场工资率对接。对少数素质高的经营管理人员、科技人员及稀缺技工，应给予较高的工资，充分调动员工的积极性，增强企业的竞争实力。

（三）以按劳分配为主体，多种分配形式并存的原则

企业要根据员工对企业作出的贡献实行多劳多得、少劳少得、奖勤罚懒的工资分配制度。在此基础上，根据经营者的贡献大小，考虑其才能、素质的高低，责任心的强弱，以及所承受的经营风险等因素，合理确定其工资，以利于挖掘其潜力，发挥其创造性。

（四）民主管理，多数认可的原则

企业决策层对有关工资问题的决策应能反映员工的意见，并得到大多数员工的认可，这样会起到更好的激励作用。如目前有些企业实行的集体谈判工资制就是这一原则的具体贯彻。

（五）适度与平衡性原则

工资制定要考虑到各方面的平衡，工资要有上限和下限，在一个适当范围内变动，并接受成本控制，也就是在成本许可的范围内制定工资。

（六）在国家相关法律和政策指导下进行管理的原则

企业要接受国家有关宏观政策的指导，如要接受国家制定的最低工资线、工资增长指导线及其他分配政策。

四、员工健康安全管理

企业要做好劳动保护和优化环境，以保障员工的健康与安全。

（一）劳动保护

职业健康与安全是许多行业都涉及的问题。如水泥厂粉尘对肺部的危害，机械加工断指、断臂的危险，化工、能源、医药行业对员工呼吸、神经系统的危害，煤矿瓦斯爆炸和塌方危险等。除无法控制的客观原因外，绝大部分工伤事故和职业病的出现与企业对员工健康安全的重视程度和所采取的措施是否有效有关。劳动保护包括建立和组织实施保障员工权利、创造安全

卫生的劳动条件，预防和消除生产活动中的工伤事故隐患、职业病源等方面的规定和措施。它有潜在性的特点，具有相当重要的"排险"作用。

为了有效推动职业安全卫生管理工作，提高企业职业安全卫生管理水平，降低安全卫生风险因素及相关费用，降低生产成本，提高企业的市场竞争力，可借鉴国际标准组织发布的ISO45001:2018职业健康安全管理体系标准，规范企业的职业安全卫生管理行为，保障员工的安全与健康。

（二）优化环境

企业应采取积极有效的措施创造优良的工作环境，防治"三废"及噪声等对员工身心健康的损害和对社会环境的污染，并且注意培养员工自觉进行环境保护的良好意识，实现企业经济效益的提高与环境优化的协调发展。

1. 运用空间环境色彩

空间环境色彩对人的感觉、情绪、思维、言行甚至生理变化，有着强烈的控制与调节作用。如果能够从生理、技术、工作特征、社会心理等各方面综合考虑，使劳动空间具有与劳动者生命情感相适应的色彩，不仅有利于缓解疲劳，而且有利于提高劳动效率。如在喧闹、多噪声的车间（棉纺厂的细纱车间等）涂刷绿色、紫罗兰色等低调色彩，有利于增加劳动环境的安静感。

2. 运用音乐节奏

用音乐节奏调节人的情绪和活动状态是可行的优化劳动环境的方式。安徽省阜阳印刷厂曾用《步步高》《欢乐之声》等节奏欢快的曲目来激发员工的劳动热情，用《梅花三弄》《春江花月夜》等节奏舒缓的曲目来缓解员工的紧张情绪，收到了良好的效果。

一、单项选择题

1. 对企业中各项职务的工作内容、规范、任职资格、任务与目标进行研究与描述并制定具体职务说明的管理活动是（　　　）。
   A. 工作分析　　　　　B. 工作说明　　　　　C. 工作规范　　　　　D. 岗位设计

2. 以下属于企业向员工提供的间接经济性薪酬的是（　　　）。
   A. 工资　　　　　　　B. 奖金　　　　　　　C. 津贴　　　　　　　D. 福利

3. 通过经营者（员工）持有公司股票或股票期权，激励经营者（员工）致力于企业长期价值提升的一种激励方式是（　　　）。
   A. 股票期权　　　　　B. 奖金　　　　　　　C. 津贴　　　　　　　D. 社会保险

4. 工资、奖金、津贴和股票期权属于（　　　）。
   A. 直接经济性薪酬　　B. 间接经济性薪酬　　C. 非经济性薪酬　　　D. 薪酬

5. 以下不属于劳动保险的是（　　　）。
   A. 养老保险　　　　　B. 生育保险　　　　　C. 医疗保险　　　　　D. 人寿保险

二、多项选择题

1. 企业人力资源管理的特征包括（　　　）以及法制性。
   A. 独立性　　　　　　B. 竞争性　　　　　　C. 实效性　　　　　　D. 开放性

2. 企业人力资源规划包括（　　　）。
   A. 晋升规划　　　　　B. 培训规划　　　　　C. 补充规划　　　　　D. 待遇规划

3. 企业可以从（　　　）渠道进行人员招聘。
   A. 企业内部选调　　　B. 社会上公开招聘　　C. 猎头公司　　　　　D. 校园招聘

4. 属于工资的基本形式的是（　　　）。
   A. 计时工资　　　　　B. 计件工资　　　　　C. 奖金　　　　　　　D. 津贴

5. 非经济性薪酬包括（　　　）等因素。
   A. 工作本身的因素　　B. 工作环境　　　　　C. 价值实现因素　　　D. 工作条件

三、判断题

1. 企业在用人制度上需要做到"各尽其能、各尽其才、各尽其用"。（　　　）
2. 任职要求是指对一定工作所需要的生理条件的确认。（　　　）
3. 侧重于使新聘人员熟悉和适应工作环境的培训是职前培训。（　　　）
4. 企业采用"岗位工资+技能工资+辅助工资"的工资结构形式是结构工资制的运用。（　　　）
5. 企业发放的高温费属于福利。（　　　）

四、思考题

1. 如何激励才能调动员工的积极性？
2. 企业常用的工资制度有哪几种？
3. 企业该如何进行员工培训才能提高员工素质？

五、综合实训

1. 实训目的

运用企业人力资源管理知识进行工作分析，按照流程要求进行员工选聘。

2. 实训内容

（1）根据企业需求设计工作岗位，制作工作说明书。

（2）按照人员选聘流程开展员工招聘工作。

3. 实训组织

（1）以 8~10 人为一组，各组调研一家小企业，根据该企业的实际岗位情况，进行工作岗位优化设计，绘制岗位图，制定工作说明书。

（2）每组制定企业校园招聘面试提纲，以组为单位现场模拟招聘。

（3）各组将模拟过程写成实训报告上交。

4. 实训考核

（1）各组提交实训报告和工作说明书，由教师评价，占总成绩的 40%。

（2）各组代表汇报，综合评价，占总成绩的 60%。汇报评分标准：岗位设计（30%）、模拟招聘（30%）、分析讨论（10%），教师点评（10%），小组评价（10%），学生自评（10%）。

第九章

供应链管理

学习目标

素养目标

- 贯彻全链路管理，树立高质量发展理念
- 构建供应链合作关系，培养共同体意识
- 植根成本理念，培养库存与配送管理数智化意识

知识目标

- 了解供应链管理的要求与内容
- 熟悉供应链合作伙伴选择的步骤
- 掌握库存管理的内容及降低配送成本的策略

技能目标

- 能够选择适合企业的合作伙伴
- 能够设计和优化配送路线
- 能够运用降低配送成本的策略

思维导图

供应链管理
- 供应链管理概述
  - 供应链管理的基本要求
  - 供应链管理的基本内容
  - 供应链合作伙伴的选择
- 供应链中的库存管理
  - 库存管理的内涵
  - 供应链中的库存管理类型
  - 供应链中的库存管理优化
- 供应链中的配送管理
  - 配送作业流程
  - 配送路线及其优化
  - 降低配送成本的策略

学习计划

- 素养提升计划

  _____

  _____

  _____

- 知识学习计划

  _____

  _____

  _____

- 技能训练计划

  _____

  _____

  _____

现代物流赋能"中国制造"

　　海尔较早地参透了现代企业运作的驱动力是订单这一"奥秘"：没有订单的采购，意味着制造库存；没有订单的生产，代表增加库存；没有订单的销售，是在处理库存。基于此，海尔把订单作为供应链的源头，按订单组织采购、生产、销售等经营活动。为使供应链效率最大化，追求"零库存"，将传统的仓库由"蓄水池"变为流动的"河"，即仓库变为配送中心，成为下道工序配送而暂时存放物资的地方。

　　基于"零库存"的目标，海尔借助先进的信息技术，发起了一场以订单信息流为中心的管理革命。通过构建3个JIT，即JIT采购、JIT配送、JIT分拨物流来实现同步流程。形成了以订单信息流为核心的各子系统之间无缝连接的系统集成，进而带动了物流、资金流的运动。订单在系统发布的同时，所有部门都可以看到，并同时开始准备，工作并行推进。例如，有客户在海尔电子商务平台下了5台商用空调订单，物流采购部门和生产制造部门同时接到订单信息，计算机系统马上显示出负责生产制造的海尔商用空调事业部的缺料情况，采购部门与压缩机供应商在系统上完成招投标，配送部门根据系统配送清单4小时送料到工位，6天后完成产品定制并入库。海尔集团平均每个月接6 000多个销售订单，定制产品7 000多个，需采购物料15万多个。而基于订单的供应链管理，使采购周期缩短到3天，生产周期缩短到一周之内；配送到中心城市在8小时以内、辐射区域在24小时以内、全国在4天以内。JIT助力海尔实现了市场需要多少就采购多少，并在短时间内把配置好的零部件直接配送到装配线上，成品快速配送到位，降低了经营成本，提高了企业运营效率。

【启示】海尔依托订单，对供应链模式进行数字化变革，将过去串联模式下的"设计—寻源—竞标—订单"，变革为并联模式；开放平台，供应商与多个解决方案有一定的联系互动，从收到订单到最后的交付订单、财务结算，整个供应链的信息即时流动，实现了"零库存"的目标。高效的供应链管理，使产品从设计、生产到运输、销售用时更短，成本更低，效率更高。

第一节　供应链管理概述

　　在竞争日益激烈的市场环境下，企业不仅要销售产品，还要为客户提供满意的服务。这需要企业协同供应链，快速、敏捷、灵活地响应客户需求。

　　供应链是指由供应商、制造商、仓库、配送中心和渠道商等构成的物流网络。供应链管理（Supply Chain Management，SCM），是指在满足一定客户服务水平的条件下，为实现整体成本最低化而把供应商、制造商、仓库、配送中心和渠道商等有效组织起来，协同进行产品的制造、转运、分销及销售。其目标是通过实物流、资金流和信息流的高效运作，以较少的成本、准确的数量、优良的品质、在确定的地点、时间，以正确的价格销售，实现运作成效提高。

一、供应链管理的基本要求

（一）突出客户中心

供应链管理始于最终用户，是以客户为中心的"拉式"营销推动的结果，其出发点和落脚点，都是为客户创造更多的价值，更好地满足市场需求。因此，企业要根据客户需求组织生产，使产品从设计开始，就让客户参与，决定如何组织资源、在何地生产、怎样生产及如何提供服务，使成本更小，利润更大。

（二）聚焦企业核心竞争力

企业无论规模大小、实力强弱，资源都是有限的，企业要在各个行业和经营领域都获得竞争优势是十分困难的。因此，企业必须将资源集中在某一个或几个擅长的领域，即企业具有核心竞争力的业务领域。突出自身的核心业务竞争力，以及自己在供应链中的优势地位。欧菲光是一个被市场看好的镜头模组生产企业，其镜头模组、光学镜头、微电子等产品广泛应用于智能手机、智能家居、智能汽车等行业。在因未接受某国际手机巨头去印度建厂的建议，被该巨头以优化供应链之名撕毁合同后，欧菲光的营业收入一度下降 90%。面对困境，欧菲光审时度势地配合国内手机厂商加大对光学产品的研发力度。随着华为"Mate 60"系列产品的热销，欧菲光迎来了自己的"黄金发展期"。据媒体推算，单台华为手机中欧菲光供应的零部件价值高达 500 多元。欧菲光这场漂亮的翻身仗背后，是其依靠多年的技术积累而形成的竞争力。欧菲光依靠其核心竞争力赢得了国内市场，成为国产手机供应链中的"硬汉"。

（三）坚持协作共赢理念

在供应链管理视角下，整条供应链上的企业，一荣俱荣、一损俱损。因此，供应链上各企业要有协作共赢的理念，通过有效合作实现供应链整体利益最大化。供应链上的供应商、分销商、零售商等要形成一个融合贯通的网络整体，基于整体利益最大化原则，在市场预测、产品设计、生产、运输计划和竞争策略等方面进行协作，在为客户提供有针对性服务过程中，实现互利共赢。

（四）保障信息资源的优化与共享

信息流程是指企业内员工、客户和供货商的沟通过程。为实现供应链管理信息资源的优化与共享，必须在由采购到送达最终客户的过程中，让各节点的企业都具有处理信息流、实物流和资金流的自组织和自适应能力。形成贯穿供应链的分布数据库的信息集成，集中协调不同企业的有关订货预测、库存状态、缺货情况、生产计划、运输安排、在途物资等关键数据信息。保障信息在供应链各企业之间迅速、准确地传递及分享，实现整体效益最大化。供应链"三流"概况如图 9-1 所示。

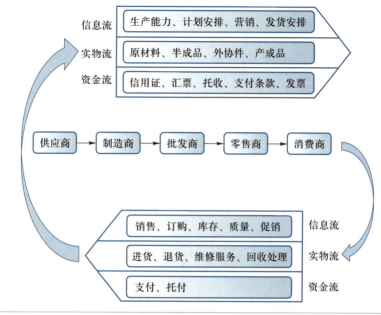

图 9-1 供应链"三流"概况图

二、供应链管理的基本内容

供应链管理的基本内容包括计划、采购、制造、配送、退货五个方面。

（一）计划

计划是供应链所有活动有序开展的保障，它涉及物料、采购、生产、仓储、配送、销售、履约、库存等各环节。计划能有效指导及监控供应链，使供应链合作伙伴能高效率、低成本地为客户配送高质量和高价值的产品或服务。为使供应链合作企业在协同中有的放矢。高效运行，企业要做好市场需求预测，并运用 ERP 系统模块汇总信息和编制计划。

（二）采购

采购是指企业选择能为自己的产品和服务提供对应所需的货品和服务的供应商，和供应商建立一套定价、配送和付款的流程，并与供应商提供的货品或服务的管理流程结合起来，进行有效监控。采购包括订购、收货、管理存货和授权供应商付款四个关键环节。采购的目标是指在恰当的时间（Right Time）、恰当的地点（Right Place），从恰当的渠道（Right Source），以恰当的价格（Right Price），购买恰当的数量（Right Quantity）和恰当的质量（Right Quality）的恰当的物品（Right Goods），简称"7R"。企业在采购过程中，询价、供应商管理、议价、签订合同、采购订单、采购送货、采购收货、验收、采购结算等采购全链路管理的每一个环节都要处理好。

动画：走进采购

基于"按需定制"生产模式的采购管理

小米手机通过"按需定制"生产模式获得市场的需求信息，按需通过供应链采购，获取在元器件采购、生产和供货上的主动权。使零部件等物料储存、采购成本实现大幅降低。

小米供应链模式下的采购优化主要体现在两方面：一是对需要采购的零部件进行分类管理。小米按照零部件对企业的重要程度，零部件获得的难易程度和可靠程度，供应市场的风险程度，以及供应商的相对优劣势等因素，采用不同的管理模式和供应商发展合作伙伴关系。二是选择合适的供应商。为提升合作伙伴关系紧密度，降低风险，成立组员来自企业采购、质检、研发、生产及信息技术等与供应链合作关系密切的跨部门联合小组，制定合作伙伴的评价标准，建立合作伙伴关系的综合评价指标体系，用于评价供应商的服务质量、供应价格及其拥有的信息、技术、人才、获得资源能力、企业战略目标、企业文化、企业信誉等影响长期协同的综合能力。集成优质供应商形成风险共担、全面配合的战略联盟，促进采购供应链各节点企业的协同及整体效能发挥。

【启示】小米供应链模式下的采购管理通过与供应商形成目标和利益紧密相关、全面配合的战略联盟，不仅能使各节点供应商协同处理各种冲突，而且还能以更低的成本更快的速度响应全球用户的订单。

（三）制造

制造是指企业安排生产、测试、打包和准备送货等系列活动。制造需要测量的内容较多，包括质量水平、产品产量和工人生产效率等。按制造活动的生产方式，分为商品生产和订单生产。商品生产是指将原材料制造成成品的过程，涉及产品工艺管理、加工组装等过程管理。订单生产是指仓库、配送中心或门店将客户的订单进行打包发出的过程，涉及订单波次、分拣规则、复核打包等过程管理。无论哪种方式，都要按照客户要求履约。

（四）配送

配送又称"物流"，是指供应链的上游供应商将产品送达下游用户的过程。即将商品送达用户手中，完成实物流和资金流的双向交割，包括协调用户订单、安排交货、分派货物、给用户开票和接收付款。配送过程涉及物流配送的过程管理、时效管理、资金结算管理等。

（五）退货

退货是指供应链中的问题处理部分，是产品经下游用户返回上游供应商的逆向过程，如退货退款、C2B（Customer to Business，消费者到企业）回收等。退货主要涉及售后管理、逆向物流和资金管理等。为提供优质的售后服务，企业要建立售后网络以接收客户退回的次品和多余的产品，并为客户使用中出现的问题提供支持。

供应链管理"三板斧"

名创优品在全球 80 个国家布局 4 200 家门店，年收入 90 亿元。其成功的秘诀是卓越的供应链管理，使其产品从设计、生产到配送用时更短，周转更快，成本更低。

1. 去除中间渠道

由公司直接向制造商下订单，商品经全球 18 个仓库中转后，直接发往区域门店，消除中间商差价。为避免被供应商控制，规定单个供应商对库存的贡献不能超过 10%。同时，规范供应商的交货要求和质量控制标准，违约一方要支付违约金。

2. 大单采购及时付款

公司采用"一把手、用钱砸、下大单、给现金"的策略吸引优质供应商。公司高层与大供应商谈判以示重视，集中采购下大订单和及时付款打动多名供应商。

3. 供应链数字化

为有效管理 600 个供应商以及供应链各环节，公司建立供应链管理系统，实现数字化管理，大幅提升了存货管理效率，缩短了完成订单的时间。产品经理将产品初步设计发给供应商征求意见，确定上市后，系统会自动向供应商下单，供应商依单生产，并在规定的时间地点，用系统管理从工厂到仓库的物流。系统自动补货模块，能调节门店畅销品库存的补货流程，还可以计算门店之间滞销 SKU（Stock Keeping Unit，库存量单位）并作出及时调整。系统在线质量控制模块，能将标准质量检查程序可视化，便于公司及时与供应商、零售合作伙伴共同检测和纠正产品质量问题。

【启示】快消品需要很强的供应链管理能力。名创优品的供应链管理使其能掌控从设计到销售的各个环节，并利用供应链能力变现。

三、供应链合作伙伴的选择

供应链合作伙伴分为重要合作伙伴和次要合作伙伴。重要合作伙伴与企业关系密切。这里主要介绍供应链重要合作伙伴。

（一）影响合作伙伴选择的主要因素

供应商的产品价格、质量、可靠性、售后服务、地理位置、财务状况、技术能力等都会直接影响企业的最终产品质量及经济效益。其中的关键因素有以下四个：

1. 交货提前期

交货提前期是指企业从发出订单到收到订货为止的时期。提前期越短，说明合作伙伴的响应效率越高。缩短供应商的交货提前期，可有效压减需求方的库存水平，降低成本，优化物流组织结构，提高供应链的客户满意度。

2. 供货质量

供货质量是指供应商的产品质量满足企业需求的程度，主要包括合格率、废品率、退货率、破损率、破损物价值等指标。其中，合格率指标最为重要。合格率是指合格产品占总产品的比重，该指标值越大越好。为确保供货质量，采购部门要将采购质量与整个企业的业务活动融合在一起，以客户满意度作为采购质量管理的目标，加强与供应商的合作与沟通。

3. 交货可靠性

交货可靠性是指供应商及时满足企业订单的程度，用及时交货的订单数占总订单数的比例或及时交货的产品数占订货总产品数的比例来表示，该指标值越大越好。交货可靠性和交货提前期是影响供应链敏捷度的两个重要因素。

4. 供应价格

供应价格是指供应商对自己的每一单位产品提出的销售价格。通常有送达价、出厂价、现金价、期票价、净价、毛价、现货价、合约价等。供应价格由成本、需求以及交易条件决定。在现代供应链管理中，产品价格虽不再是选择供应商时考虑的首要因素，但仍是选择供应商的重要因素。

（二）合作伙伴的选择步骤

供应链合作伙伴的选择步骤可概括为 9 个方面，如图 9-2 所示。

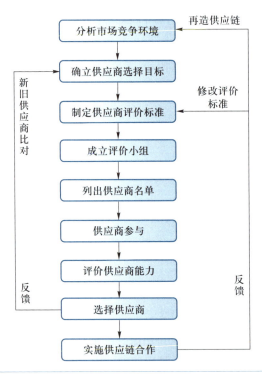

图 9-2　供应链合作伙伴选择步骤

1. 分析市场竞争环境

要建立基于信任、合作、开放的供应链长期合作关系，必须先分析市场的竞争环境，搞清客户需要的产品类型和特征，确认建立基于供应链的合作关系的必要性，进而与在某些产品市场上富有竞争力的供应商构建供应链合作关系。对已建立的供应链合作关系，要了解现有供应商现状，分析、总结存在的问题，并根据需求的变化调整供应链合作关系。

2. 确立供应商选择目标

要本着提高企业经济效益、优化业务流程的原则，对供应商服务本企业目标的实现程度进行评价：①能够提供的符合本企业总体质量和数量要求的产品或服务情况；②能够提供的符合质量要求的产品或服务的及时性；③能否以最低成本获得最优的产品或服务；④本着淘汰不合格供应商、开发有潜力的供应商的原则，进行动态调整；⑤维护和发展服务良好、长期稳定的优质供应商的合作伙伴关系。

3. 制定供应商评价标准

要建立科学的供应商评价指标体系，作为对供应商进行综合评价的依据和标准。做到不同行业、企业，不同产品需求和环境下的供应商评价标准一致。

4. 成立评价小组

为提高供应商选择的科学性，防止个别采购人员依据个人主观意愿行事，要建立由生产、技术、计划、财务、物流、市场等部门人员组成的小组对供应商进行综合评价，实行集体讨论决策。对于技术要求高、重要的采购项目，必须要设立跨职能部门的供应商选择工作小组。组员必须有高度的责任感和团队合作精神，且具有一定的专业技能。

5. 列出供应商名单

通过企业已建立的供应商信息数据库，以及采购人员、销售人员或行业杂志、网站等媒介渠道，获取能提供所需物品的供应商，列出供应商名单。

6. 供应商参与

兼顾合作伙伴的利益和诉求，才能调动其积极性。评价选择供应商时，评选小组必须与初步选定的供应商进行沟通，确认他们是否愿意与企业建立供应链合作关系。对企业精选确定的少数关键供应商，要保持紧密的合作关系，并尽可能早地让供应商参与到评选的设计过程中。

7. 评价供应商能力

要通过调查，收集供应商在经营管理、质量保证等方面的信息，利用相关工具和技术方法进行客观评价。具体分为两步：一是初步筛选。制订统一的供应商情况登记调查表，包括注册地、注册资金、主要股东结构、生产场地、设备、人员、主要产品、主要客户以及生产能力等。通过评估其工艺能力、供应的稳定性、资源的可靠性及其综合竞争力，剔除明显不符合要求的供应商。二是实地考察。组建包括质量和生产部门工艺工程师在内的评价团队，对初审合格的供应商进行实地考察评价。

8. 选择供应商

利用科学的考核评价方法，在综合考虑多方面的重要因素之后，对每个供应商进行定性与定量相结合的综合评价，选出合格的供应商。

9. 实施供应链合作

按照合作共赢、相互信赖、信息分享和整体利益最大化原则，进行供应链企业合作。同时，要根据实际需要及时修改供应商评选标准，或根据服务状况动态评选调整供应商。在重新选择供应商时，应给新旧供应商以足够的时间来适应变化。

动画：如何筛选供应商

第二节　供应链中的库存管理

企业怎样控制库存水平，以平衡因存货不足带来的短缺风险，或者因库存过多造成的仓储成本和资金成本，是企业要考虑的重要问题。

一、库存管理的内涵

库存是指以支持生产、维护、操作和客户服务为目的而存储的各种物料，包括原材料和在制品、维修件和生产消耗品、成品和备件等。库存管理是指对制造业或服务业生产、经营全过程的各种物料资源进行管理与控制，使其储备保持在合理水平上。库存管理的对象是企业中的所有物料，包括原材料、零部件、在制品、半成品及成品，以及辅助物料。库存多，占用资金就多，利息负担就重。但库存不足，又会出现供应断档。因此，库存管理就是在供需之间建立缓冲区，以缓和客户需求与企业生产能力之间、最终装配需求与零配件之间、零件加工工序之间、生产厂家需求与原材料供应商之间的矛盾。

二、供应链中的库存管理类型

动画:供应
管理库存
（VMI）利与
弊

较为典型的库存管理有以下几类：

（一）供应商管理库存

供应商管理库存（Vendor Managed Inventory，VMI），是指供应商经客户允许，管理客户的库存，由供应商决定每种产品的库存水平和维持库存水平的策略。VMI

突破了传统的"库存由库存拥有者管理"的模式，是建立在零售商、供应商伙伴关系基础上的供应链库存新模式，它以实际或预测消费需求开展库存补货，能提高零售商预测销售的准确性，缩短生产商和分销商的生产和订货提前期，优化补货频率和批量，使供需双方利益共享、合作共赢。其本质是将多级供应链问题变成单级库存管理问题。

（二）客户管理库存

客户管理库存（Customer Managed Inventory, CMI），是指客户作为管理库存的主体，供应商通过关注客户库存，帮助客户保持合理的库存量。由于零售商在配送系统中更接近消费者，在了解消费者消费习惯方面更有发言权。因此，客户管理库存会更有依据。供应商要加强对零售商库存的跟踪管理，并根据订单的实际变动状况帮助其优化库存，强化成品库存控制。

◈ 【管理洞察】

由"压货"到"统仓"

格力的仓储以前主要是以经销商仓储为主。由于空调产能固定，旺季会供不应求，淡季会供大于求。为解决淡季产能闲置造成的资源浪费，过去格力是全年都满负荷生产。旺季通过快速卖货清仓；淡季通过返利，激励各省级经销商低价购买囤积，俗称"压货"。其实质是凭借格力的品牌影响力，将库存转嫁给渠道商，在淡旺季之间形成"蓄水池"，达成年度产销均衡。近年来，格力为将较厚的渠道利润释放给终端经销商和消费者，实施了渠道层级改革：削弱省级销售公司承担的职能，去掉市县级代理商，将物流由"总部→销售公司→代理商→经销商→消费者"转变为"总部→销售公司→经销商→消费者"，致使省级代理商失去淡季购买空调存储的动力。为应对淡季产能过剩造成的成品积压，格力进行了物流改革：在将11个生产基地的中心仓作为"统仓统配"的核心仓的基础上，另选取要地补建更多中心仓。格力的仓储体系逐步实现从"压货"向"统仓"过渡。

【启示】统仓统配即统一仓储、统一配送，到直达用户，降本增效。格力的统仓统配使渠道扁平化，虽然短期会对企业造成一定的损失，但长期来看，能更好地适应电商物流的需要。制造业应提高渠道敏捷性，尽快完成去库存化。

（三）联合库存管理

联合库存管理（Jointly Managed Inventory, JMI），是指建立在供应商与经销商一体化基础上的风险分担库存管理模式。它介于上述二者之间，强调双方同时参与，共同制订库存控制计划，共同管理库存及共同作出库存决策，使库存管理成为供需双方连接的桥梁和纽带。在JMI环境下，经销商可以从供应商那里得到最新的商品信息以及相关库存控制的指导或建议，建立覆盖整个经销网络的库存池。一体化的物流系统，不仅能使库存更低，而且能快速响应客户需求。

（四）第三方物流供应商管理库存

第三方物流供应商管理库存，是指由现代物流经营企业提供库存管理服务，并通过信息管理系统与委托方建立密切联系，以达到对货物库存全环节质量信息动态管理和控制的一种物流运作管理模式。第三方物流供应商提供库存管理服务，提供超过雇主期望的多样化服务，不仅可以消除供需双方各自的库存，提高供应链竞争力，而且还可以使供应商将精力集中于核心业务，提升自身竞争力。

随着信息化进程加快，库存管理逐渐趋向于信息化、网络化和高度集成化，作为现代企业物流管理核心部分的库存管理，要适应时代发展，与时俱进地进行库存管理改革。

◉【管理洞察】

全渠道"一盘货"库存共享

　　Y 公司的销售模式涵盖面向 B 端的线下代理商、商超、KA 卖场的仓储分销，以及面向 C 端的线上传统电商、社区团购新零售、直播带货等新兴模式。过去，不同地区的代理商各自独立仓储，各仓储间的库存难以互通互用。在多渠道运营模式下，产生了大量"必然库存"。

　　佳怡物流承接 Y 公司全国范围内配送中心业务后，利用自己的 WMS、TMS、DMS 等仓储管理信息系统，为 Y 公司提供了"2B、2C 全渠道一盘货"服务。佳怡物流为 Y 公司在全国设立了多个分仓，每个分仓线上线下全渠道库存共享、对库存的每一件商品进行可视化调配与运营，提升了库存周转率，降低了 B 端品牌客户的库存压力与物流成本，也令 C 端消费者获得更便捷的服务体验。在精益生产的情况下，每个款式、尺码的产品数量有限，但线下门店较多，铺完货后导致大仓内的库存较少。在"一盘货"模式下，每家线下门店的备货库存全部集中在共享库存池，线上可用库存就是总库存。线上产生订单可分配给就近的门店发货，每家门店既是零售商，也是一个小的"分仓"。

【启示】线上线下商品库存"一盘货"，全渠道库存共享，不仅解决了传统的不同渠道之间"多盘货"库存的不通畅与冗杂等问题，而且能把离消费者最近的商品，以最快的方式送到消费者手中。

三、供应链中的库存管理优化

库存作为满足未来需求而暂时闲置的有价值的资源，具有保障供应链正常运行与导致资金占用的两重性，为降低供应链成本，要科学实施库存管理优化。

（一）提升库存管理意识

企业产品的设计、采购、库存、生产、配送等各个环节环环相扣，为最大限度地降低库存成本，提高仓库管理效率，要从研发、销售、采购、制造、仓管、财务等部门入手，全面加强库存管理意识，定期从供应链视角进行全流程分析，及时发现工作中的问题，逐步优化完善。

（二）实施供应链协同管理

要从库存全面管理的视角，加强供应链协同，推进相关信息数据共享。企业销售部门要及时了解客户信息，提高销售预测的准确性，并及时将信息传递到制造、采购、设计部门。此外，还要与供应商保持良好的沟通关系，不仅要关注自身的库存情况，还要关注供应商的库存情况。对于因特殊情况而引发的物料短缺，要提前做好库存储备，以规避或减少生产经营的风险。

（三）完善采购及库存策略

要注重订购与库存决策优化方法的应用，可以采用 ABC 分类管理方法，将品种数量少、价值高、占用资金多的物资，划为 A 类；将品种数量较少，价值中等的物资划为 B 类；将品种数量繁多，而价值较低的物资划为 C 类。对价值高的 A 类存货，可按需下单、分拆采购订单或者要求分次交付；对中间价值的 B 类存货可以适当备库存；对价值较小的 C 类物资采用经济订货批量。

第三节　供应链中的配送管理

配送是指在经济合理区域范围内，根据客户订货要求，对物品进行拣选、加工、包装、分割、组配等作业，并按时送达指定地点的物流活动。配送是"配"和"送"两种活动的有机结合，是一种特殊的、综合的物流活动形式，既包含物流中若干功能要素，也包含商流活动，是对包括商家物流和消费者物流在内的一切配送活动。

一、配送作业流程

配送以客户要求为出发点，在满足客户利益的基础上，利用规模优势取得较低的送货成本来获取自身利益，实现自身价值。一个较为完整的配送工作流程如图 9-3 所示。

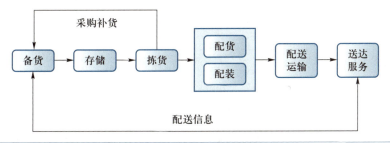

图 9-3　配送流程图

（一）备货

备货是指将分散的或小批量的物品汇集起来，以便进行运输、配送作业。主要内容包括筹集资源、订货或购货、集货、进货及有关的质量检查、结算、交接等。备货是决定配送成败的初期工作，如果备货成本太高，会大大降低配送效益。

（二）存储

存储包括储备及暂存两种形态。储备是指按一定时期配送规模要求形成的存储数量，它是配送的资源保证。暂存是指在进行配送过程中，为方便作业、在理货场所进行的少量货物储存准备。暂存主要用于调节配货与送货的节奏，时间不长，结构也易于变化。

（三）拣货

拣货是指对货物按照进货和配送的先后次序、品种规格和数量大小等所进行的整理工作。在实际工作中，拣货应与保管、补货等紧密衔接，谨防由于环节上的脱节而造成不应有的损失。

（四）配货与配装

配货是指依据客户要求，从仓库中提取货物而形成的不同货物组合。配装是指根据运能及线路等形成的货物装配组合。配货是完善送货、支持送货的准备性工作。配装是提高送货水平，降低送货成本，提高配送效率的有效手段。要充分利用信息化及先进科学技术手段，实现分拣、配货及配装的有效衔接。

（五）配送运输

配送运输是指将装配好的货物送达目的地。配送运输属于货物的末端及支线运输，距离短、规模小、频次高。要根据客户要求、送达地点、运输时间，以及运输工具等，科学规划配送运输路线，提高配送效率。

（六）送达服务

送达服务是指将货物交付给客户，并有效、方便地办理相关手续，完成结算。送达服务是配送独有的特性。

配送作业过程的6个环节紧密衔接、相互促进、相互制约。要提高客户的满意度及配送效率，需要处理好这些环节之间的衔接关系。

◈【管理洞察】

仓配模式创新提升配送效率

　　随着B2C电商的快速发展，物流成本越压越低，对配送时效的要求却越来越高。为顺应社会需求，京东物流以减少物品的搬动次数、降低运输成本、提高下单后的送达速度为核心，构建"区域仓-前置仓-末端网点派送"的仓配模式，建成全国多层次的仓储网络，

　　　　　　　　　　　　　　　　　　　　　　　　现代企业管理

并推动其自营商城和第三方商家将货物运入自建仓库。通过对消费者数据的分析进行库存前置，将商品放在离消费者较近的地方，直接改变货物运输的距离，缩短货物交付时间。货物从供应商送达京东仓库后，在 IT 系统的支持下，实施标准化的流水作业，并在验货、摆货、出库、扫描、打包、发货以及发货后的配送环节都设置监控点。一旦某个环节出现问题，系统会立刻报警，相关部门能立即查出问题，快速处理。此外，京东将信息系统与大型制造商对接，实现库存数据共享。如消费者在京东商城下订单时，若京东的库存中没有此产品，系统就会直接访问制造商库存数据库，并预约此产品，从而加快了库存商品的周转。

【启示】利用互联网高效地将产品快速送达终端消费者，既能帮助制造商降低成本，又有利于京东物流获得更多的利润。京东"区域仓-前置仓-末端网点派送"的仓配模式，能快速送达消费者，实现降本增效。

二、配送路线及其优化

配送路线是指送货车辆向客户送货时所经过的路线。科学确定合理的配送路线是配送活动的一项重要工作。配送路线要根据配送货物的数量、特性、客户的地理位置、距离、交通状况、运送成本、客户对配送服务的时间要求等因素确定。

配送路线对配送速度、成本、效益影响很大。近年来，由于小批量，多批次的及时配送方式快速发展，运输费用逐年提升，许多企业的运费开始超越库存费用。为此，需要科学合理地优化配送路线，以更短的里程，用更少的动力，花更少的费用，经更少的环节，以更快的速度把货物运至客户手中。

配送线路优化作为配送网络优化的关键环节，优化方法很多，既可采用方案评价法，拟定多种方案，以使用的车辆数、司机数、油量、行车的难易度、装卸车的难易度及送货的准时性等作为评价指标，对各个方案进行比较，从中选出最佳方案；也可以通过数学模型进行定量分析优化。由于配送路线受多因素影响，配送路线的优化要尽可能多地使用信息化手段，结合智能化算法计算，对配送能力（车次、负荷）以及配送距离等进行综合优化，制定配送方案，使车辆运输总吨数和公里数尽可能小。

三、降低配送成本的策略

配送成本是指配送过程中所支付的各种费用的总和。主要包括库存成本、订单处理成本、装卸搬运成本、包装加工成本、运输成本等。为了在一定的顾客服务水平下使配送成本更小，需要采用一定的策略。

（一）混合策略

混合策略是指配送业务的一部分由企业自身完成，即合理安排企业自身完成的配送和外包给第三方物流完成的配送，使配送成本降低。在当前企业产品生产日趋复杂的情况下，配送货物品种多变，规格不一，需求量不等，如果配送只由企业自身完成，会造成规模不经济的问题。通过部分配送业务外包给第三方物流完成，能使配送成本降低。

（二）差异化策略

差异化策略是指商品特征不同，顾客服务水平也应不同。当企业拥有多种商品线时，不能对所有商品都按同一标准的客户服务水平进行配送，而应按商品的特点和销售水平来设置不同的库存、不同的运输方式及不同的储存地点，以差异化服务降低配送成本。

（三）合并策略

合并策略是指企业在安排车辆配送货物时，要充分利用车辆的容积和载重量，通过满载满装，降低成本。由于企业一次配送的物品可能有多个品种，不同货物不仅包装形态、储运性质不同，在密度方面，也往往相差甚远。密度大的物品往往达到了车辆的载重量，但体积空余很大；密度小的商品虽达到车辆的最大体积，但达不到载重量。通过轻重配装、容积大小不同的货物搭配装车，既能使车辆满载，又能充分利用车辆的有效体积，减少配送费用。企业可借助计算机来计算货物配车的最优解。

（四）共同配送

共同配送又称集中协作配送，是指由几个企业联合，集小量为大量，共同利用同一配送设施进行配送。其标准运作形式是：在中心机构的统一指挥和调度下，各配送主体以经营活动或资产为纽带联合行动，实施广域协调运作，共同对某一个或某几个客户提供系列化的配送服务。它有两种情况：一是中小生产、零售企业之间分工合作，共同配送，达成能力互补；二是几个中小型配送中心之间联合，将所在地区用户所需物资集中起来，共同配送，提高配送设施利用率，降低配送费用。

（五）延迟策略

延迟策略的基本思想就是对产品的生产、组装、配送应尽可能推迟到接到客户订单后确定。其前提是信息传递要快，接到订单就能快速反应。"延迟"包括生产延迟（或称形成延迟）和物流延迟（或称时间延迟）。实践上，在诸如贴标签、包装和装配环节可采用形成延迟，在发送环节可采用时间延迟。

（六）标准化策略

标准化策略是指尽可能多地采用标准零部件、模块化产品，以减少因品种多变而导致的附加配送成本。采用标准化策略要求制造商从产品设计开始就要去考虑怎样节省配送成本，而不要等到产品定型生产出来才考虑采用什么技巧去降低配送成本。

智能物流助力物流业提质增效

　　智能物流是指利用先进的物联网技术将生产运作信息融合于企业生产、仓储、运输、装卸、配送等各个环节，以低成本实现仓储与配送全过程的资源优化。智能物流设施包括智能化仓储设备和自动物流，包括电子料架、自动化仓库、智能料仓仓储设备，以及自动传送带、AGV机器人、自动叉车等配送设施。智能物流能依据设备的技术优势，运用数据追踪，实现物料识别、地点跟踪、物流追溯、过程监控、实时响应，根据消费者需求变化灵活调节生产工艺，保证货物的精确生产和配送。

一、单项选择题

1. 供应链管理，是指在满足一定客户服务水平的条件下，为实现（　　）而把供应商、制造商、仓库、配送中心和渠道商等有效组织起来，协同进行产品的制造、转运、分销及销售。

    A. 整体成本最低化　　　B. 经济效益最大化　　　C. 人员精简化　　　D. 路线最短

2. 以下（　　）不是影响合作伙伴选择的主要因素。

    A. 交货提前期　　　B. 供货质量　　　C. 供应价格　　　D. 供货时间

3. 确立供应商选择目标的原则是（　　）。

    A. 符合企业总体质量和数量要求　　　　　B. 提高企业经济效益、优化业务流程

    C. 以最低成本获得最优的产品或服务　　　D. 与供应商合作伙伴的关系

4. 客户作为管理库存的主体，供应商通过关注客户库存，帮助客户保持合理的库存量的库存管理类型是（　　）。

    A. 供应商管理库存　　　　　　　　　　B. 客户管理库存

    C. 联合库存管理　　　　　　　　　　　D. 第三方物流供应商管理库存

5. 配送过程中所支付的各种费用的总和是（　　）。

    A. 运输成本　　　B. 卸搬运成本　　　C. 配送成本　　　D. 库存成本

二、多项选择题

1. 供应链管理的基本要求是（　　）。

    A. 突出客户中心　　　　　　　　　　　B. 聚焦企业核心竞争力

    C. 坚持协作共赢理念　　　　　　　　　D. 保障信息资源的优化与共享

2. 采购包括（　　）等关键环节。

    A. 订购　　　B. 收货　　　C. 管理存货　　　D. 授权供应商付款

3. 供应链中的库存管理包括（　　）等类型。

    A. 第三方物流供应商管理库存　　　　　B. 供应商管理库存

    C. 客户管理库存　　　　　　　　　　　D. 联合库存管理

4. 配送路线要根据（　　）等因素确定。

    A. 配送货物的数量　　　B. 客户的地理位置　　　C. 距离　　　D. 运送成本

5. 以下属于降低配送成本策略的是（　　）。

    A. 差异化策略　　　B. 标准化策略　　　C. 个性化配送　　　D. 共同配送

三、判断题

1. 供应链管理始于最终用户。　　　　　　　　　　　　　　　　　　　　　　　　（　　）

2. 供应链上各企业要有协作共赢的理念，通过有效合作实现供应链整体利益最大化。（　　）

3. 供应商管理库存是指建立在供应商与经销商一体化基础上的风险分担库存管理模式。（　　）

4. 配送以客户要求为出发点。　　　　　　　　　　　　　　　　　　　　　　　　（　　）

5. 尽可能多地采用标准零部件、模块化产品以减少因品种多变而导致的附加配送成本的策略是标准化策略。　　　　　　　　　　　　　　　　　　　　　　　　　　　　　　　　　　（　　）

四、思考题

1. 影响供应链合作伙伴选择的主要因素有哪些？

2. 一个完整的配送工作流程是怎样的？

3. 降低配送成本可以运用哪些策略？这些策略的适用条件是什么？

五、综合实训

1. 实训目的

学会根据具体运输需求情景设计配送路线，运用合并策略降低配送成本。

2. 实训内容

（1）进行配送路线设计，绘制简单的配送路线图。

（2）车辆配装与降低配送成本策略结合运用。

3. 实训组织

（1）以5~6人为一组，分组上网搜索学校所在市区的电子地图，以组为单位实地调研了解当地知名超市位置及内部布局。结合电子地图，各组讨论配送路线设计影响因素、绘制配送路线图，为教师指定的几个超市模拟送货。

（2）利用车辆的容积和载重量，在计算机上绘制单车货物装配布局图。

（3）以组为单位制作汇报PPT。

4. 实训考核

（1）各组提交配送路线图、单车货物装配布局图与汇报PPT。

（2）各组代表汇报，师生综合评价。总成绩构成：实际操作（30%）、团队合作（20%）、展示汇报（20%）、师生评价（30%）。其中，师生评价由三部分成绩构成，教师点评占40%，小组评价占40%，学生自评占20%。

财务管理

第十章

学习目标

素养目标

- 协调利益相关方，树立合作共赢的财务观
- 优化资本配置，培养成本控制意识和可持续发展观
- 贯彻科学发展观，养成财务管理变革意识

知识目标

- 了解企业财务管理的原则与内容
- 熟悉权益资金与负债资金的筹集方式
- 掌握成本管理的内容及成本控制策略

技能目标

- 能够根据企业实际财务状况选择适宜的筹资方式
- 能够进行企业成本管理
- 能够综合运用成本控制策略提升企业成本控制效果

思维导图

```
                              ┌─ 财务管理的内容
              ┌─ 财务管理      │
              │   概述   ──────┼─ 财务管理的目标
              │                │
              │                └─ 财务管理的原则
              │
  ┌────────┐  │  ┌─ 筹资及      ┌─ 筹资管理
  │ 财务   │──┼──│   投资管理 ───┤
  │ 管理   │  │  └─            └─ 投资管理
  └────────┘  │
              │                ┌─ 成本管理的过程
              │                │
              └─ 成本管理 ──────┼─ 成本的构成
                               │
                               ├─ 成本控制的内容
                               │
                               └─ 成本控制的策略
```

学习计划

- **素养提升计划**

_____

_____

_____

- **知识学习计划**

_____

_____

_____

- **技能训练计划**

_____

_____

_____

有效降低成本的"财务管理经"

春秋航空公司（简称春秋）的单位营业费用比三大航空公司低 27% 的秘诀有四点：

1. 飞机利用率最大化

飞机折旧及租赁、维修、部分薪酬等固定成本约占总成本的 1/3。根据"单位营业成本＝客运营业成本÷可用座公里（ASK）"公式，增加可用座位和飞行公里数能降低单位营业成本。为此，春秋只设经济舱位，增加座位密度，拆掉厨房和卫生间，增设更多座位，由160 座增至 186 座；利用 8 点前和 21 点后的延长时段编排航线，增加飞行公里数。

2. 使用单一机型

使用单一的空客 A320 机型，配备统一的 CFM 发动机。规模化采购降低了飞机购买、租赁及自选设备、自备航材的成本，减少了备用发动机数量，节省了维修费和飞行员转机型培训费；实施集约航材储备降低了航材日常采购、送修、仓储等管理成本。

3. 节油精细化管理

自行开发数据分析与采集系统，监控每个航班速度、高度、航迹等动态数据。制定针对性的节能政策：鼓励飞行员进行节油操作，严格按照 CI 指数飞行，让飞机"飞得更高些"，减小空气阻力，降低油耗，该项每年可节约成本 3 000 万元。

4. 精打细算降低费用

建立独立的分销、订座、结算和离港信息化系统，进行电商平台直销，经常发布特价机票促销，节约代销费；利用自主研发的收益管理系统、航线网络系统、航班调配系统、机组排班系统、维修管理系统、地面管控系统和安全管理系统等信息化手段提高运营效率，降低管理费用。

【启示】春秋通过高效利用飞机资源，大幅降低了成本支出，实现了公司的高效运营。而支撑其成功实现成本控制的秘诀在于其对管理信息化技术及成本管理方法的创新所形成的独特"财务管理经"。

第一节　财务管理概述

企业要实现生存、发展和营利目标，就必须要求企业的财务管理契合企业的经营管理需要，使资金活动和财务活动与企业经营目标同频共振。

一、财务管理的内容

（一）财务管理的内涵

财务活动是指企业为生产经营需要而进行的资金筹集、资金投放、资金运用和收益分配等一系列活动。其本质是资本活动的经营。财务管理是指在一定的整体目标下，关于资产的购置（投资）、资本的融通（筹资）和经营中现金流量（营运资金），以及利润分配的管理。其本质是对资本价值经营进行管理，即通过价值形态对企业资金运动进行决策、计划和控制，包括对企业生产经营活动所需各种资金的筹集、使用、耗费、收入和分配等，以及进行预测、决策、计划、控制、核算、分析和考核等一系列工作。

（二）财务管理的主要内容

财务管理主要围绕筹资管理、投资管理、成本管理、营运资金管理和利润管理展开。

1. 筹资管理

筹资管理是指企业为满足经营活动、投资活动、资本结构管理等需要，运用一定的筹资方式，通过一定的筹资渠道，筹措和获取所需资金的一种财务活动。筹资要本着既为经营活动提供资金保障，又要降低资金成本，增加营利，减少风险的原则进行。企业无论是购置设备，还是兼并、产品研发、资金周转，都要弄清楚为什么要筹资，筹集多少，从什么渠道、以什么方式筹集等，并权衡好财务风险、资本成本和资本结构之间的关系。

2. 投资管理

投资管理是指对企业投资活动进行的管理。投资是企业生存和发展的前提，是获得利润的条件及风险控制的重要手段。企业为实现提高利润、降低风险、实现价值最大化，要根据自身的战略规划，对资金投入营运情况进行管理，包括投资项目的提出、评价、决策、执行和再评价等内容。

3. 成本管理

成本管理是指企业生产经营过程中各项成本核算、成本分析、成本决策和成本控制等管理行为的总称。具体来说，包括成本规划、成本信息、成本控制和业绩评价四部分。成本规划是指根据企业竞争战略和所处的经济环境，对成本管理做出的规划。成本信息是成本管理系统的信息基础。成本控制是指利用成本信息，采取经济、技术和组织等手段改善成本。业绩评价是指通过对成本控制效果进行评估，改进原有的成本控制和激励约束员工的成本行为。

4. 营运资金管理

营运资金是指企业流动资产总额减去流动负债总额后的净额，即在企业经营中可供运用和周转的流动资金净额。营运资金要从流动资产和流动负债两方面入手，流动资产管理要求加快现金、短期投资、应收票据、应收账款和存货等的周转速度，减少资金占用成本，降低财务风险。流动负债包括短期借款、应付票据、应付账款、应付工资、应付税金及未交利润等短期融资。流动负债管理是指利用商业信用，解决资金短期周转困难，以及适当向银行借款，利用财务杠杆，提高权益资本报酬率。

5. 利润管理

利润是指企业一定时期内从事生产经营活动及其他业务取得的净收益，是企业生产经营活动效率和效益的最终体现。利润管理的内容包括以下几点：

（1）利润总额。企业利润总额由营业利润、投资净收益和营业外收支净额组成。

计算公式：

$$利润总额=营业利润+投资净收益+营业外收入-营业外支出$$

（2）净利润。企业通过投资取得的收入，用以弥补生产耗费，按规定缴纳各种税金后，剩余部分就是企业的净利润。

计算公式：

$$净利润=利润总额-应缴所得税$$

（3）利润分配。企业税后净利润按以下顺序进行分配：用于抵补被没收财产的损失，支付各项税收的滞纳金和罚款；弥补以前年度的亏损；按税后利润扣除前两项后的 10% 提取法定盈余公积金；提取公益金；向投资者分配股利。以前年度如果有未分配利润，可以并入本年度分配。

上述内容中，筹资管理是财务管理的基础，成本管理贯穿于投资、筹资和营运活动全过程，投资和筹资的成果都需要依赖资金的营运才能实现。

二、财务管理的目标

财务管理的目标是指企业进行财务活动所要达到的根本目的。它是财务活动的出发点和归宿，是评价企业财务管理活动是否合理的基本标准。为使企业资金活动和财务活动完全契合企业目标，财务管理的目标要满足以下三个方面：

（一）提高企业经济价值

提高企业经济价值是财务管理目标的关键和核心。要采用合理的财务政策，充分考虑资金的时间价值、风险与回报的关系，在保证企业长期稳定发展的基础上，使企业经济价值最大化。要以价值代替价格，把长期、稳定发展和可持续盈利放在首位，合理配置生产要素，重视经济核算，加强管理，改进技术，提高劳动生产率，降低成本，注重整体经济效益提升，避免片面追求利润的短期行为。

（二）提高企业运营、营利和偿债能力

企业经营，是指从现金到现金的循环。经营成效取决于运营能力、营利能力和偿债能力。运营能力是指公司整体运营效率，即一个财务周期内能卖多少产品。营利能力是指单位产品能赚多少钱。偿债能力是指现有资产偿还债务的能力，通常用净营运资金周转率表示。净营运资金周转率是指销售收入与净营运资金平均占用额的比率，净营运资金是指流动资产与流动负债的差额，也就是指企业在业务经营中不断周转使用的资金。该资金越充裕，对短期债务的及时偿付越有保证，但获利能力则会降低。周转率越高，营运越有效。毛利大于 0 时，应收账款周转率和存货周转率越高，获利越多；毛利小于 0 时，恰好相反。流动资产周转速度快，预示着节约了流动资金，相当于扩大了资产投入，增强了企业的盈利能力。

（三）维护利益相关者的利益

这是指在权衡企业相关者利益的约束下，实现企业和股东以及其他利益相关者的利益最大

化。企业财务管理涉及所有者（股东）及债权人、员工、用户、供应商和政府等多元主体。股东在企业中承担着最大的义务和风险，其他利益相关者也因为企业而承担了相当的风险。因此，确定企业财务管理目标，要对各财务主体之间的财务关系进行协调和优化，以合作共赢的价值理念，相向而行，以实现整体权益最大化。

⬤ 【管理洞察】

合作共赢的财务观

　　一件衣服从设计到打样、生产，工序繁杂。SHEIN 作为一家国际 B2C 快时尚电子商务公司，其供应商有几百家。他们在经营中将供应商当成合作伙伴，实现了合作共赢。

　　SHEIN 重视和信任合作伙伴，不仅不拖欠供应商货款，有时还为他们提供资金上的帮助。供应商表示：传统的服装品牌商通常不会按时支付货款，合同写明的一个月账期，有时会延长到三个月。但 SHEIN 却能准时付款。有时一些小供应商的现金流出现问题，SHEIN 还会先把钱打过去，确保供应。SHEIN 时常会下一些小额订单，但订单量小意味着成本高，100 件/次小单没有厂家愿意接，小单的利润甚至无法覆盖制造商机器开动一次的成本。为帮助供应商降低成本，SHEIN 自己承担样衣打版，并主动给工厂补贴资金，确保供应商小单也不亏。另外，SHEIN 还允许供应商把产品卖给其他客户，以形成规模效益。相互扶持换来彼此之间的精诚合作，供应商的计算机都安装有 SHEIN 的 SCM（供应链管理）系统，能动态响应 SHEIN 的生产计划：新下单的任务、交工时间，距离交工还剩多少天，哪些产品已经完工上架，哪些即将到期需尽快处理，保障了产品的及时供应。

【启示】SHEIN 通过与供应商建立深度信任合作关系，帮助中小供应商完成 IT 系统和数字化升级，为供应商提供资金保障和资金支持，让供应商获得回报，提升了供应商配合意愿，有利于按预定合同实现预期利润。

三、财务管理的原则

　　财务管理的原则，也称理财原则，是企业进行财务管理活动的行为规范。

（一）系统原则

　　企业是指由人、财、物和信息等要素组成的有机系统，企业生产经营活动必须从整体效益出发，在系统、要素、环境的有机联系和相互作用中，揭示系统的性质和运动规律，力争实现系统的高效运行。财务管理由筹资、投资、分配管理等子系统组成。系统原则要求做到三点：①整体优化，即系统整体最优化。财务管理要服从企业整体战略，各财务管理子系统要围绕企业财务目标进行，不能"各自为政"；②结构优化，在企业资源配置上，要保证整体结构比例优化，做到资金结构、资产结构、分配结构合理配置；③环境适应性强，财务管理系统要保持适当的弹性，资金等资源运用要留有余地，以适应环境的变化。

（二）现金收支平衡原则

企业现金收入（流入）与现金支出（流出）既要在数量、时间上保持动态平衡，也要保持一定时期内的总量平衡及每个时点上的协调平衡。如果资金收不抵支，就会导致资金周转中断或停滞。如果收支总额虽然平衡，但支出在前，收入在后，也会妨碍资金顺利周转。要提高资源配置和运营效率，积极运用筹资和短期投资来调剂资金短缺或宽裕。资金短缺时，积极采取多种方式筹措资金；资金宽裕时，适当进行短期投资，保持动态收支平衡，保证企业健康、稳健发展。

（三）"成本-收益-风险"权衡原则

成本、收益、风险三者之间相互联系、相互制约，要想获取收益，就要付出成本，经营过程就会面临风险。企业要对成本、收益和风险进行综合权衡。

微课：企业
财务管理

1. 成本、收益权衡

对项目所需成本与所获收益，分别进行计量，以便从量上进行分析对比，权衡得失。具体分析方法有三种：①在成本相同的情况下，比较收益大小；②在收益相同的情况下，比较成本大小；③在成本与收益都不相同的情况下，以成本与收益的比率和变化关系来比较。要将成本与收益权衡贯穿财务管理的全过程。筹资要进行筹资成本与筹资收益权衡；投资要进行投资成本与投资收益权衡；资金运营要追求成本最低化；分配管理要追求以合适的分配管理成本，获得各种财务关系的妥善处理。

2. 收益、风险权衡

财务活动面临的风险主要有市场风险和特别风险两种。市场风险是指所有企业的共同风险，特别风险是指个别企业特有的风险，即因经营活动的不确定性和举债经营的不确定性而造成的企业预期财务成果的不确定性。要经营获利，就要面对风险，风险中蕴含着收益，应合理权衡风险和收益。企业的每一项财务活动都要全面分析其收益性和安全性，按照风险和收益均衡的要求制定方案，趋利避害，做到既能降低风险，又能取得较高的收益。

3. 成本、收益、风险综合权衡

企业要通过对成本、收益、风险三者的综合权衡，做出财务决策与计划。如企业融资要付出成本，在筹资决策时，要合理确定融资规模，以免因融资过多，造成资金闲置浪费而增加融资成本，或者因企业负债过多，无法偿还，增加经营风险。同时，要选择合适的融资机会来尽可能规避风险，降低融资成本。

（四）利益关系协调原则

企业财务管理的过程是一个协调各种利益关系的过程。企业要正确处理与股东、债权人、经营者、员工、内部各部门、债务人、被投资企业、国家（政府）、社会公众等利益主体之间的财务关系。依据国家法律法规、企业合同、企业章程及内部财务管理制度，依法依规管理。

（五）货币时间价值原则

货币时间价值是指货币在经过一定时间的投资和再投资所增加的价值，即货币投入市场后其数额会随着时间的延续而不断增加。货币时间价值原则要求进行财务计量时要充分考虑货币的时间价值因素。要把投资项目未来的成本和收益都以现值来表示，如果未来收益的现值大于成本现值，且此时的未来风险投资收益高于无风险投资收益，则对项目予以肯定，否则予以拒绝。至于未来收益和成本的折现，要依据货币机会成本的大小或利率进行。风险投资的收益要高于无风险投资的收益。如购买股票的风险肯定大于将货币存入银行的风险，因此，股票投资收益率应高于存款收益率。另外，要强调"早收晚付"，即对不附带利息的货币收支，晚收不如早收，早付不如晚付。

第二节　筹资及投资管理

资金是企业的血液。企业经营包含了一个融资、发展、再融资、再发展的过程。

一、筹资管理

动画：筹资
筹划要科学

企业只有及时获取所需资金，才能在市场竞争中处于有利地位。企业筹资的方式主要包括权益资金筹集和债务资金筹集。

（一）权益资金筹集

权益资金筹集是指通过权益资金筹集形成股权资本，企业能自主调配运用，是企业从事生产经营活动和偿还债务的本钱，反映了企业的资信状况。主要通过以下方式取得：

1. 吸收直接投资

吸收直接投资是指企业以合同、协议等形式吸收国家、其他法人、个人、外商和我国港澳台地区等主体直接投入的资金。出资者作为企业资产的所有者，按照"共同投资、共同经营、共担风险、共享利润"的原则，依法对企业享有经营管理权，并按出资比例分享利润，承担损失。

2. 普通股筹资

普通股是指股份公司依法发行的具有表决权和剩余索取权的一类股票。普通股票发行遵循公平、公正等原则，同股同权、同股同利原则。即每一份股权包含对公司财产享有的平等权利。发行普通股票所筹资本是公司永久性资本，是公司最稳定的资金来源，公司清算才需偿还。

3. 企业内部积累筹资

企业内部积累筹资，是指通过企业内部留存形成的用于扩大企业生产经营规模的资金，包括通过计提折旧形成的现金来源和通过留存利润等而增加的资金来源。计提折旧金额的多少取决于企业折旧资产规模和折旧政策，它虽然不增加企业的资金规模，但资金形态发生了转化，为企业增加了现金来源；留存利润是指企业上缴税利以后留归企业支配的纯收入，其多少取决于企业可分配利润和利润分配的政策。企业内部积累筹资无须筹资费用，是企业最为稳妥、也最有保障的筹资来源，但留存利润存在机会成本。

（二）债务资金筹集

债务资金筹集简称债务筹资，是指企业通过借款、发行债券、融资租赁，以及赊购商品或服务等方式取得的资金，形成在规定期限内需要偿还的债务。

1. 财政贴息贷款

财政贴息贷款是指国家为了扶持某一行业，用于指定用途并由国家或银行补贴其利息支出的一种银行专项贷款。其实质是利息补贴。贷款利息可以是全部补贴或者是部分补贴。政府除了对开发先进产品、采用先进技术的企业设置财政贴息贷款外，还设置有重点科技项目贷款、支农贷款、扶贫贷款、环境治理贷款等低息或贴息贷款等，符合项目条件的企业可积极争取。

2. 银行贷款

银行贷款是指企业通过抵押、质押或信用担保的方式向银行取得资金。信用担保贷款主要凭借款企业或担保人信誉，只用于信誉良好的优秀企业；抵押贷款是企业以固定资产、证券、名牌商标等作为抵押借贷。银行贷款的期限长短、利率高低各不相同，企业要根据贷款用途与期限，选择恰当的银行及贷款品种。

3. 直接融资

直接融资是指以协议等方式，由国家、企业、个人和外商等直接融入资金。直接融资多用于企业设立时的资本筹集。

4. 发行股票

通过发行股票面向社会公开筹集资金是企业筹资的一种重要方式。对少数获准的上市公司，也可以通过非流通股解禁流通及增发募集资金。

5. 发行债券

企业也可以通过发行债券的方式筹集资金。发行债券会增加企业负债率与经营风险，需要慎重决策并做好到期还本付息的计划。

6. 融资租赁

融资租赁是指一种"融资"与"融物"相结合的租赁方式，简单说就是"借鸡下蛋，以蛋还钱，最终得鸡"。一般由专业的租赁公司按承租企业要求，向银行贷款，购入承租企业的选定设备，租赁给承租企业使用。当租金付清后，企业取得设备的所有权。租金包括设备价款、租赁公司利润和租赁公司贷款所付利息三部分。如中国重汽财务公司对国内有购买其生产的"斯太尔"及"红岩"牌汽车的意向，又无力付款的企业实施融资租赁，不到4年便通过融资租赁实现销售额达16亿元，使生产企业、承租企业与租赁企业多方受益。

7. 商业信用

商业信用是指企业间的临时性短期赊销赊购的融资形式，如商品赊销、预收货款、预收服务费、汇票贴现、拖后纳税及企业之间的资金拆借等方式。

8. 风投融资

对于有着高风险、高潜在利润的高科技企业，可通过风险投资公司筹资。近年来很多高科技公司借助风险投资快速发展起来。

9. 利用外资

利用外资包括直接利用外资与间接利用外资两种。直接利用外资不仅包括利用国际性组织、外国政府、外国社团、外国企业与外国个人的货币资金，也包括利用外国设备、原材料等有形资产与专利、商标等无形资产筹资。例如，海上石油资源勘探开发等，一般在勘探阶段由外方投资并承担风险，开发阶段由双方共同投资，中方用开发收入还本付息。间接利用外资主要包括外国商业银行贷款、发行国际债券、国际金融组织贷款、政府间技术经济援助贷款、出口信贷和补偿贸易等方式。

此外，还有一些衍生工具。无论采取何种筹资方式，都要权衡好融资成本和风险。

二、投资管理

企业经营是指一个资金投放、耗费和回收的过程。投资是指企业将其拥有或筹集的资金加以运用，期望在未来获取收益的经济行为。企业在筹集到资金后要将资金尽快投放到收益高、回收快和低风险的项目上，以期获得更大的投资效益。

（一）企业投资类型

按不同标准，企业投资可分为不同类型，具体见表 10-1。

表 10-1　企业投资类型

分类标准	类型	含义	示例
投资对象形态	实体投资	投资于具有物质形态的实物资产和非物质形态的无形资产	厂房、机器、专利、专有技术、商标权、商誉和企业形象等
	金融投资	投资于金融资产或金融产品	存款、股票和期货合约等
投资与经营关系	直接投资	投资于生产经营性领域，获取直接收益	厂房设施、机器设备和技术等
	间接投资	投资于有价证券等金融资产，获取投资利润和资本利益	债券、股票和期货合约等
投资方向	内部投资	对本企业的生产经营投资	固定资产、无形资产等
	外部投资	对其他单位的投资	债券、股票、联营和兼并等投资
投资期限	短期投资	一年以内收回的投资	货币资金、应收款项、存货和短期有价证券等
	长期投资	一年以上才能收回的投资	固定资产、无形资产和长期有价证券等

企业在经济特区、保税区、经济技术开发区投资经营往往能享受低税率优惠，投资成本也会因不同行业、不同地域等优惠政策不同而享受不同的税收待遇。因此，企业投资要向零税率或低税率的投资项目集中，或者向可以获得财政资金补贴的冷链物流、甩挂运输、各类出口退税项目靠拢，以便达到较好的投资效果。

（二）企业投资决策分析方法

企业投资决策分析的重要依据是现金流量，即某一段时期内企业现金流入和现金流出的数量。销售商品、提供劳务、出售固定资产、分得股利、债券利息、向银行借款等取得现金，形成企业的现金流入；购买原材料、接受劳务、购建固定资产、对外投资、偿还债务等而支付现金等，形成企业的现金流出。企业在考虑资金时间价值的情况下，常用以下技术方法进行投资决策：

1. 净现值法

净现值是指一项投资项目所产生的现金净流量，按资金成本折现后与原始投资额现值的差额。净现值法是指根据净现值的大小来评价投资方案优劣的一种比较科学、简便的评价方法。净现值为正值，代表投资方案可行；净现值越大，代表投资方案越好。

计算公式：

$$净现值 = \sum_{i=1}^{n} \frac{I_i}{(1+r)^i} - \sum_{i=1}^{n} \frac{Q_i}{(1+r)^i}$$

式中，n 表示投资涉及的年限，I_i 表示第 i 年的现金流入量，Q_i 表示第 i 年的现金流出量，r 表示预定的资金成本。

2. 现值指数法

现值指数是指某一投资方案未来现金流入量的现值，同其现金流出量的现值之比。现值指数法是指把某投资项目投产后的现金流量，按预定投资报酬率折算成项目建设完成当年的现金流入和现金流出的现值，相除计算比率。该比率大于 1 则表示方案可行，且该比率越大越好。

计算公式：

$$现值指数 = \sum_{i=1}^{n} \frac{I_i}{(1+r)^i} \div \sum_{i=1}^{n} \frac{Q_i}{(1+r)^i}$$

例 1 华艺公司准备新建一生产线，两年建成，每年需投入 600 万元。建成后可用 10 年，每年能获得净收益 300 万元。若企业资金成本率为 9%，该投资是否可行？

解：总投资 $= \sum_{i=1}^{n} Q_i (1+r)^n = 600 \times (1+9\%) + 600 \times (1+9\%)^2 = 1\,366.86$（万元）

投资完成年收益总现值 $= \sum_{i=1}^{n} \frac{I_i}{(1+r)^i} = \sum_{i=1}^{10} \frac{300}{(1+9\%)^i} = 1\,925.30$（万元）

净现值 = 1 925.30−1 366.86 = 558.44（万元）

净现值大于零，故投资可行。同理也可用现值指数评估。

3. 内含报酬率法

内含报酬率作为方案本身的投资报酬率，是指能够使未来现金流入现值等于未来现金流出现值时的贴现率，或者说是使投资方案净现值为零的贴现率。内含报酬率法是根据投资项目的内含报酬率高低来评价方案优劣的一种方法。内含报酬率大于资金成本率则表示方案可行，内含报酬率越高，方案越优。计算公式为：

内含报酬率 = 低报酬率+［低报酬率净现值÷（低报酬率净现值−
高报酬率净现值）］×100%

内含报酬率的计算需用"逐步测试法"。估计一个贴现率并以此计算方案的净现值。如果净现值大于零，说明方案的报酬率超过估计贴现率，应提高贴现率后进一步测试；如果净现值为负数，说明方案的报酬率低于估计的贴现率，应降低贴现率后进一步测试。

经过多次测试，寻找出使净现值接近于零的贴现值，即为方案本身的内含报酬率。如果对测试结果的精确度不满意，可以使用"内插法"作进一步改善。

❋【管理洞察】

科学投资　稳健发展

　　雅戈尔集团（以下简称雅戈尔）的成功不仅体现在服饰制造，还体现在其科学投资所形成的发展、收购、扩大影响力、再融资、再扩张和收购的良性循环。公司刚上市时，其主营业务是衬衫和西服。上市第二年，公司筹资3.2亿元投资发起成立中信证券股份有限公司，并成为持股9.61%的第二大股东。仅用八年时间，雅戈尔投资基金就获得了140余亿元的浮动利润。在服装主营业务领域，根据公司经营战略，通过与子公司共同出资、与外资合资，以及股权收购等方式投资组建了30多家子公司：组建雅戈尔领带有限公司等主营细分产品业务；收购宁波雅戈尔时装有限公司等相关企业股权，将产品领域扩展至领带、休闲服、制服、时装；通过组建纺织城、与国际知名跨国公司合作，进军色织和针织服装面料领域，向上游产业链延伸；与子公司合资收购宁波雅戈尔进出口有限公司发展进出口业务、开拓国际市场；收购外资公司旗下的核心男装业务，获得其设计开发能力、国际经营管理能力，以及分销网络，打通纺织服装产业链。

【启示】雅戈尔通过科学投资，让资本向高效率领域流动，不仅提升了资本配置效率和营利能力，且在遇到外部环境变化时，能有效缓冲不利因素对某一业务领域的冲击，保证企业整体的稳健发展。

　　筹资是投资的前提，投资是筹资的目的。二者科学匹配才能取得更好的效益。

第三节　成本管理

一、成本管理的过程

　　成本管理是指将成本信息贯穿于整个管理循环的全过程，通过对企业成本结构、成本行为进行全面分析、控制与改善，实现降本增效。成本管理主要包括以下步骤：

（一）成本决策

　　成本决策是指根据企业外部环境和内部影响因素的变化，在预测一定时间内的成本目标、成本水平，以及成本变化趋势的基础上，规划一定时期的成本水平和成本目标，通过对比分析实现成本目标各项方案的费用和效果，优化选择做出有效的决策。

（二）成本计划

成本计划是指在成本决策的基础上，根据计划期成本目标，调动全体员工的积极性，群策群力地开展"自上而下"和"自下而上"的分析，制订富有可操作性的成本控制计划体系，以此作为成本控制和成本考核的依据。

（三）成本核算

成本核算是指将成本计划分解到各单项工作中，形成一个可操作、可衡量的基准计划。并以此作为成本控制的依据，加强日常成本的审核监督，建立健全成本核算制度。企业应严格执行成本开支范围，及时发现并减少经营过程中的损失浪费，采用适当的成本核算方法，准确计算产品成本。

（四）成本分析

成本分析是指运用成本核算信息，通过对成本的确认、计量、记录、分配、计算等一系列活动，进行同行比较和关联分析，找出成本升降变动的原因，确定成本控制效果，总结经验教训，挖掘降低生产耗费和节约成本开支的潜力。通过评价各部门的成本管理业绩，促进企业不断改善成本管理措施，提高企业的成本管理水平。

二、成本的构成

成本是指企业在产品经营中所耗费的资金总和，主要由生产成本及期间费用构成。生产成本亦称制造成本，是指企业为生产产品而发生的成本，主要包括生产产品所使用的原料及辅助材料、煤水电、机器折旧、工人工资、生产期间产生的废品损失。它是衡量企业技术和管理水平的重要指标。期间费用是指企业本期发生的、不能直接或间接归入营业成本，而是直接计入当期损益的各项费用，包括销售费用、管理费用和财务费用。

三、成本控制的内容

成本控制是指成本管理者根据预定的目标，对成本发生和形成过程，以及影响成本的各种因素条件施加主动影响或干预，把实际成本控制在预期目标内的成本管理活动。企业要节约资金支出，获得更大的盈利空间，增强抵御市场风险的能力并提高竞争力，就必须要控制成本，并将其贯穿到企业经营管理的全过程。成本控制的内容包括以下几个部分：

（一）材料成本控制

材料成本应从材料消耗和采购两方面加以控制。

在材料消耗方面，应严格执行消耗定额，严格实行限额领料，加强下料管理，搞好废料回收和综合利用。

在材料采购方面，应加强材料采购成本控制和配合料的配比控制。一是合理选择采购地点和运输方式，科学计算采购批量，减少储备量，减少途中材料损耗量，加强材料入库验收管理。二是合理设计配合料的科学配方，在保证产品质量的前提下，尽量增加低价材料的比重，减少贵重材料、高价材料的比重，以降低配合料的平均单位成本。

（二）直接人工成本控制

要搞好劳动定员和劳动定额，科学派工，防止窝工损失，提高工时利用率，减少人浮于事而造成的无效人工成本支出。

（三）制造费用控制

对制造费用中的变动费用或半变动费用，可采取定额控制的方法，按每一单位产量核定耗用量；对于固定部分的费用，可采用编制固定预算的方法，并将预算控制指标下达到每个部门包干使用。

（四）期间费用控制

要在对期间费用项目指标实行分级归口管理、明确责任单位的基础上，正确制定费用定额和费用指标，作为各项费用控制的标准。某公司实行会议成本分析制度。每次开会时，总是把一个醒目的会议成本计算公式贴在黑板上。公式是：会议成本=每小时平均工资的3倍×参会人数的2倍×会议时间（小时）。照此计算，参会人数越多，成本越高。因此，员工开会时就会更慎重，会议效果也会更明显。

四、成本控制的策略

成本控制对企业来说是一种将资金发挥出效果的艺术，但也需要讲究一定的策略。

（一）以节俭文化赋能成本控制

节俭文化是一种潜在的、无形的力量，具有道德的"软"约束功能。企业要倡导节俭文化，让节俭成为企业精神，让节俭作为一种美德深入人心。

在决策方面，要抓住决策龙头，企业领导人的日常工作、生活要带头节俭，使节俭精神蔚然成风，重大事项要始终遵循科学决策，每个项目都力争以更小的投入获得更大的产出。

在管理方面，要将精细化管理贯穿产、供、销、财务等成本控制的全过程。要将构成生产成本的原材料、辅助材料、燃料、动力、人力成本、制造费、行政费等每笔费用都细化分解到单位产品成本中，使成本核算进车间、算到人。形成全员、全过程、全方位的成本控制管理体系。

在供应链和产品销售方面，加强供应链管理，同质材料低价买，同价材料就近买，同质同价用国产。全力降低销售成本，售前核查客户营运状况和承付能力，符合要求后发货，避免损失，对业务人员的工资、奖金、差旅费、补助等费用进行严格管理，依法考核与奖惩，对客户拖欠的货款要积极清收。加强对资金的管控，避免支出无计划、开支无标准，杜绝资金"跑冒滴漏"现象发生。

极具节俭意识的公司创始人

春秋航空的创始人曾经说过:"钱,一半是赚的,一半是省的。"他对于节俭的理解是"物尽其用,高效利用"。作为市值 400 亿元的上市公司的创始人,他在衣食住行方面都身体力行地践行着自己的节俭理念。在其影响下,公司形成独具一格的节俭文化。办公大楼是旧宾馆改造的;为降低起降费、机场服务费,公司采取着陆于相对空闲的二类机场、远机位停靠等手段,大幅度降低泊机费;复印纸严格执行正反两面用;采用优质低价的国产行李车等。深入骨髓的节俭精神,凝聚成独特的企业文化,把经营成本压减到了极致。

【启示】在市场竞争充分的微利时代,企业要控制成本,应倡导节俭精神。要将全员节俭精神作为员工敬业的现实体现,贯穿于工艺、材料、技术、管理等各个环节,才能助力企业走向成功的高质量发展道路。

(二)以创新手段赋能成本控制

企业在一定的技术、工艺及管理条件下,成本降低到一定限度后,很难再继续降低,要想突破瓶颈,只能进行技术改造,用新技术、新工艺、新材料提高产品技术含量,减少材料费用支出,实现产品质量与成本控制双目标的达成。因此,企业要树立"创新是控制成本的重要途径"的观念,建立企业创新激励机制。以技术创新降低原料用量或找到价格便宜的替代材料;以工艺创新提高材料利用率,降低材料损耗,提高成品率;以操作流程和管理方式创新提高劳动生产率和设备利用率;以营销方式创新降低单位产品的营销成本。

(三)以科学管理赋能成本控制

管理者要通过科学的管理激发员工积极性,控制成本,提升效益。改革人力资源管理制度实行招聘与聘任制相结合的管理制度,优化劳动组合,竞争上岗,优胜劣汰,使人员合理流动,增加员工的责任感和危机感,调动全员降本增效的积极性,提高劳动生产率。核定劳动定额和定员,减少因非生产性人员过多而造成的窝工、怠工及班组劳动量不足造成的过量在制品资金占用消耗。建立科学合理的分配制度,资源分配向苦、脏、累、险和高技能岗位倾斜,激发员工的工作热情,通过员工有效劳动时间的增加,实现降本增效。

【管理洞察】

向财务管理流程变革要效益

某网约车企业致力于以共享经济实践响应中国互联网创新战略,运用大数据驱动的深度学习技术,进行财务管理变革,使财务部门从成本中心转向利润中心,实现整体财务成本下降。以其财务报销管理改革为例:一是实行报销预付款方式。根据传统的报销流程长、员工资金被占用、满意度不高等问题，借鉴信用卡的理念，重新设计报销流程。给每个员工设定信用额度，在信用额度内提交的报销申请，立即预付，事后再审核票据入账。若事后提交的报销单据合规，则逐渐提升其信用额度；若有误，则降低其信用额度。二是简化审批流程。分类制定报销审批标准，符合标准的直接通过，超过标准的严格审核管理，存在问题的则降低其信用额度。该制度的实施，不仅大幅提升了员工严格遵守报销制度的自觉性、行为规范性以及基于规则的自我管理能力，而且大幅减少了财务人员工作量，降低了财务部门的成本，提高了员工满意度。

【启示】有效的财务管理不仅可以推动企业实现对资金、资源的合理配置，而且能够为企业带来更好的经济效益。因此，企业管理变革，要按照业务与财务融合的理念，统筹推进，通过二者的同频共振，保障企业的可持续发展。

（四）以结构优化赋能成本控制

成本控制要从企业全局着眼，有重点、有秩序地展开。要从成本中影响较大的部分或环节入手，如产品结构的合理性问题。要重点分析产品结构的合理性，审时度势地改变生产经营战略。对畅销产品，要采用先进技术，提高生产机械化、自动化水平，进而提高其市场份额；对市场份额较大的产品，要加速产品扩散，加快市场渗透，提高市场的相对占有率，减少资金占用；对市场形势不好，库存积压的产品进行限产和转产；及时追踪市场发展潮流，开发需求前景好的新产品，增加受市场欢迎的产品数量。形成满足不同地区、不同层次消费者需要的产品结构，扩大市场份额，加速资金周转。避免不分轻重、不加区分地对产品进行成本控制。

（五）以管理制度赋能成本控制

要建立成本核算管理制度、费用审报制度、定额管理制度和成本预算制度，让成本划分、内部定价、企业预算、费用分摊、责任承担、奖励与处罚等都有据可依，以制度来校验与评价各责任单位的成本控制结果。生产稳定的企业，要根据制定的定额，控制成本的产生。定额是指企业在一定生产技术水平和组织条件下，人力、物力、财力等各种资源的消耗所达到的数量界限，常用的定额有：

1. 工时定额

工时定额是指生产单位产品所必须消耗的时间。主要包括作业时间、布置工作的时间、生理需要和休息的时间、准备与结束的时间。通常可结合自身设备技术状况及管理水平，利用经验估计法、统计分析法、典型推算法和技术测定法进行计算。依据所在地收入水平、企业工资策略、人力资源状况等因素，以及企业生产经营特点来核定定额工资，控制工时成本。

2. 物料消耗定额

物料消耗定额是指在节约和合理使用的条件下，生产单位合格产品所需要消耗的一定品种规格的材料、半成品、配件和水、电、燃料等的数量标准。产品主要原材料消耗一般由三部分构成：一是构成产品净重的物料消耗，这属于有效消耗，是消耗的主要部分；二是工艺性消耗，即由于工艺技术原因而不可避免地产生的原材料消耗，如机械加工过程中的铁屑及非人为因素产生的废品；三是非工艺性消耗，如因运输、保管、管理不善造成的消耗。

物料消耗的具体控制方法包括：①优化产品设计，减少构成零件净重的物料消耗；②采用先进工艺，减少工艺性物料消耗；③采用新材料和代用料，降低产品成本；④实行集中下料方法，先下大料、再下小料，提高材料的利用率；⑤加强物料的运输保管工作，尽量减少物料在流通过程中的损耗问题，如容易散失、锈蚀变质的物料；⑥回收利用废旧物料等。

定额管理是成本控制的基础工作，也是成本预测、决策、核算、分析、分配的主要依据。企业要充分利用定额这一管理制度，对工时及物料的消耗进行控制和监督，降低成本。

企业成本水平的高低直接决定着企业产品营利能力的大小和竞争能力的强弱。控制成本对企业具有重要意义。财务部门要利用财务信息优势，运用多种分析方法，合理压缩成本，改善企业成本状况。

一、单项选择题

1. 贯穿于投资、筹资和营运活动全过程的是（　　　）。

   A. 筹资管理　　　　　B. 投资管理　　　　　C. 成本管理　　　　　D. 利润分配管理

2. 货币在经过一定时间的投资和再投资所增加的价值是（　　　）。

   A. 货币时间价值　　　B. 货币价值　　　　　C. 货币收益　　　　　D. 货币成本

3. 以下不属于债务资金筹集方式的是（　　　）。

   A. 吸收直接投资　　　B. 银行贷款　　　　　C. 发行债券　　　　　D. 融资租赁

4. 将成本计划分解到各单项工作中，形成一个可操作、可衡量的基准计划是（　　　）。

   A. 成本决策　　　　　B. 成本计划　　　　　C. 成本分析　　　　　D. 成本核算

5. 生产稳定的企业，要根据制定的（　　　），控制成本的产生。

   A. 产量　　　　　　　B. 成本　　　　　　　C. 定额　　　　　　　D. 工时

二、多项选择题

1. 企业财务管理的主要内容包括（　　　　　　）以及营运资金管理。

   A. 筹资管理　　　　　B. 投资管理　　　　　C. 成本管理　　　　　D. 利润管理

2. 企业筹资的方式主要包括（　　　　　　）。

   A. 银行贷款　　　　　B. 发行股票　　　　　C. 权益资金筹集　　　D. 债务资金筹集

3. 企业成本包括（　　　　　　）。

   A. 生产成本　　　　　B. 营业成本　　　　　C. 期间费用　　　　　D. 税金及附加

4. 成本控制的内容包括（　　　　　　）。

   A. 材料成本控制　　　　　　　　　　　　B. 直接人工成本控制

   C. 制造费用控制　　　　　　　　　　　　D. 期间费用控制

5. 企业成本控制的策略要求以（　　　　　　）和节俭文化赋能成本控制。

   A. 结构优化　　　　　B. 科学管理　　　　　C. 创新手段　　　　　D. 管理制度

三、判断题

　　1. 财务管理的本质是资本价值经营的管理。　　　　　　　　　　　　　　　　（　　　）

　　2. 财务管理必须从企业整体效益出发，做到整体优化、结构优化和环境适应性强是企业财务管理的利益关系协调原则的要求。　　　　　　　　　　　　　　　　　　　　　　　　　（　　　）

　　3. 筹资形成股权资本的是债务资金筹集。　　　　　　　　　　　　　　　　（　　　）

　　4. 投资是筹资的前提，筹资是投资的目的。　　　　　　　　　　　　　　　（　　　）

　　5. 企业重大事项要始终遵循科学决策，每个项目都力争以更小的投入获得更大的产出。（　　　）

四、思考题

　　1. 企业债务资金筹集有哪些方式？

　　2. 企业可以从哪几方面进行成本控制？

　　3. 企业成本控制策略有哪些？如何运用？

五、综合实训

1. 实训目的

熟悉初创企业财务管理的侧重点，分析企业成本控制策略及其执行效果。

2. 实训内容

（1）调查了解初创企业的生产经营状况、融资情况和成本控制情况。

（2）分析所调研企业财务管理中出现的问题，提出解决办法。

3. 实训组织

（1）以8~10人为一组，以组为单位准备走访调研提纲。

（2）调研校友创办企业，与财务人员就投融资和成本控制进行交流。

（3）小组讨论，写成一份不少于1500字的调查报告。包括但不限于企业基本情况、投融资情况、成本管理现状、企业财务管理问题及改进建议等。

（4）以小组为单位制作汇报PPT。汇报内容包括小组成员及任务分工、调研过程、调研数据分析、企业财务管理的问题、解决问题的方法与措施等。

4. 实训考核

（1）各组提交调查报告与汇报PPT，由教师评价，占总成绩的40%。

（2）各组代表汇报，师生综合评价，占总成绩的60%。成绩构成：调查资料翔实程度（10%）、讨论（20%）、展示汇报（30%）、师生评价40%。其中，在师生评价环节教师点评占该部分成绩的40%，小组评价占该部分成绩的40%，学生自评占该部分成绩的20%。

［1］由建勋. 管理学基础［M］. 北京：高等教育出版社，2021.

［2］由建勋. 创新创业实务［M］. 3 版. 北京：高等教育出版社，2023.

［3］徐盛华，刘佳禄，王宁. 现代企业管理学［M］. 4 版. 北京：清华大学出版社，2021.

［4］李萌. 不懂带团队. 你就自己累［M］. 成都：成都地图出版社，2018.

［5］黄燕萍，王玫. 现代企业管理［M］. 北京：清华大学出版社，2020.

［6］李亚民. 企业管理［M］. 2 版. 北京：科学出版社，2018.

［7］林忠，金延平. 人力资源管理［M］. 6 版. 大连：东北财经大学出版社，2021.

［8］杨善林. 企业管理学［M］. 4 版. 北京：高等教育出版社，2020.

由建勋，全国高职高专经济管理类专业教学资源建设专家委员会委员、教育部特约全国职业指导课程培训教师。主编教材 10 部，其中《现代企业管理》获普通高等教育国家精品教材、普通高等教育"十一五"国家级规划教材、"十二五""十三五""十四五"职业教育国家规划教材、山东省高等学校优秀教材一等奖等多项奖励。主持全国高职首门创新创业教育国家精品在线开放课程"创新创业实务"；主持国家科技计划项目、山东省职业教育教学改革研究重点项目、山东省软科学计划项目等省级以上教科研课题 8 项。获省级教学成果一等奖、省级软科学优秀成果一等奖等省级以上奖励 8 项。

郑重声明

高等教育出版社依法对本书享有专有出版权。任何未经许可的复制、销售行为均违反《中华人民共和国著作权法》，其行为人将承担相应的民事责任和行政责任；构成犯罪的，将被依法追究刑事责任。为了维护市场秩序，保护读者的合法权益，避免读者误用盗版书造成不良后果，我社将配合行政执法部门和司法机关对违法犯罪的单位和个人进行严厉打击。社会各界人士如发现上述侵权行为，希望及时举报，我社将奖励举报有功人员。

反盗版举报电话 （010）58581999 58582371

反盗版举报邮箱 dd@hep.com.cn

通信地址 北京市西城区德外大街 4 号 高等教育出版社法律事务部

邮政编码 100120

读者意见反馈

为收集对教材的意见建议，进一步完善教材编写并做好服务工作，读者可将对本教材的意见建议通过如下渠道反馈至我社。

咨询电话 400-800-0598

反馈邮箱 gjdzfwb@pub.hep.cn

通信地址 北京市朝阳区惠新东街 4 号富盛大厦 1 座
　　　　　高等教育出版社总编辑办公室

邮政编码 100029

防伪查询说明

用户购书后刮开封底防伪涂层，使用手机微信等软件扫描二维码，会跳转至防伪查询网页，获得所购图书详细信息。

防伪客服电话 （010）58582300

网络增值服务使用说明

授课教师如需获取本书配套教辅资源，请登录"高等教育出版社产品信息检索系统"（http://xuanshu.hep.com.cn/），搜索本书并下载资源。首次使用本系统的用户，请先注册并进行教师资格认证。

高教社高职经管论坛教师交流及资源服务 QQ 群：101187476